JN142353

老いること

エイジレス・ソウル

人生の意味と喜びを探求する
生涯にわたる旅路

トマス・ムーア 著
Thomas Moore
青木 聡 訳

Ageless Soul
The Lifelong Journey Toward
Meaning and Joy

コスモス・ライブラリー

相棒（ヒルマン自身の言葉）そして導き手であるジェイムズ・ヒルマンに捧ぐ。

目次

Contents

目次

謝辞

本を執筆している間、私は友人、同僚、家族と一緒にいるときに起きるすべての有用なアイディアに耳を澄ましています。彼らが何か刺激的なことを言ったとき、私が心の中でメモをとることに、彼らはたいてい気づいていません。私は次の人々に対して言葉にならないほど感謝しています。私が新鮮な考えや新しい方向を必要としていたときに、彼らは惜しげもなく私に与えてくれました。私の友人：ロバート・シム、パトリース・ピネット、ゲイリー・ピネット、キャロル・レンウィック、ジュディス・ジャクソン、ジョエル・ラスキ、ジョン・ヴァン・ネス、リズ・トーマス、パット・トゥーメイ、マイク・バリンジャー。私の同僚（そして友人）：トッド・シュスター、デニース・バラック、ナンシー・スロニム・エイロニー、ジョージ・ニッケルスバーグ、ヒュー・ヴァン・ドゥセン。新しい知人：バート・バカラック、クリスタン・アルティマス、カール・シュスター。私の人生の愛：アジートとエイブ。私の魂の伴侶：ハリー・キリン。セント・マーティンズ・プレスのジョージ・ウィッテとサリー・リチャードソンにも深く感謝しています。

序文

アメリカの大都市の静かな美しい区域で、建築学科の学生が長い冬の後の新しい季節に向けて日本庭園を整えていた。そのとき、一人の老僧が道路の向こう側のベンチに座って彼を見守っていた。若い学生は、地面を覆っていた落ち葉をかき集め、植え込みや茂みを刈り揃えた。彼は大きな布袋に落ち葉を集め、布袋を縛って、庭の端に引っ張っていった。

若い学生は老僧に目を向けた。彼は老僧が日本庭園設計の有名な教師であることを知っていた。老僧は立ち上がると、「とても素敵な庭園だ」と言った。

「ありがとうございます」と学生は答えた。「認めてもらえますか？」

「一つ足りない」と老僧は言った。学生は老僧を庭に招き入れた。すると、老人は布袋へとまっすぐ歩いていき、縛りを解いて、落ち葉を庭に戻し、風に吹かれるままにまかせた。老人は新たに落ち葉で乱れた空間を見て微笑み、「美しい！」と言った。

侘び・寂びとは、不完全さ、古さ、壊れ、枯れといった外観を美しいと捉える日本の美意識である。これは現代の視点からすると奇妙ではない。たとえば、現代では、傷つき、へこみ、塗装が退色した家具を高く評価することもある。風化した家屋は年老いた人によく似ている。侘び・寂びは、人の二つの基本的側面、すなわち時間の経過と永遠性の謎について論じるのに適した出発点といえる。

私たちも、傷つきを抱えていることがある。それにもかかわらず、美しい場合がある。流れていく人生において満足感と不安感という両面を経験していくとき、「不完全さの美」という簡単なフレーズを覚えておくとよいだろう。老いには良い面と悪い面がある。だからこそ、私たちは不完全な人生の価値を理解する必要がある。

禅の老師は「老いはただ生じる」と言うのではないだろうか。私たちの仕事は、老いに向かう中で、それがどのような形で示されても、それと闘うのではなく、それと共にいることである。何かと闘うとそれは敵になり、もっと悪く見えるようになる。老いと向き合うことに抵抗するならば、あなたはやがて闘いの中で何かを失うことになるだろう。

老いに向かう秘訣は、若々しい美しさや強さの喪失と向き合うことである。その地平において、創造的、肯定的、楽観的になるためのあらゆる資源を使うことだ。私は、「楽観主義」という単語を使うときはいつも、ローマの女神オプスと、彼女が人間に与える豊かさのことを考える。彼女はサトゥルヌスの妻そして妹であり、まさに古い時代の元型であった。豊穣の女神オプスは、私たちの老いに、もっとも深い方法で豊かさや喜びを与えてくれる。

心理療法家は、人が自分のいる地点に気づくよう励ますことによって最善の援助ができる。私は、虐待的な結婚のような、改善が必要な悪い状況を受け入れることや、降伏や退却について話しているわけではない。しかし、自分の置かれている状況を十分に理解することなく、それと闘うならば、人は最終的に何かを失うことになるだろう。

例を挙げよう。ある女性が、私との心理療法で、結婚生活に終止符を打ちたいと不満を言い続けていた。彼女は結婚生活を耐えられないと感じていた。しかし、何年にもわたって、彼女は何も行動しなかった。彼女は、友人や家族が彼女に離婚するよう説得しても、自分を凍り付かせるだけだったと述べた。彼女は離婚する前にもっと状況の中に深く入っていくことを必要としている、と私は感じた。私は、結婚生活を終わらせるためにではなく、彼女が自分はどこにいるかを理解するために心理療法を続けた。やがて、彼女は不満を言ったり、逃げたりすることをやめ、離婚した。その後、彼女は自分の決断にとても満足していると言い、私が彼女を援助したことに感謝してくれた。しかし、私は、彼女の全呼吸と息を合わせながら、苦しい決断までの長い道のりに同行しただけだった。

これは歳を重ねることに似ている。あなたが老いと闘い、その悪い面について不満を言い続けるならば、残りの人生は悲惨なものになるだろう。なぜなら、老いることは止められないからだ。今あなたが老いを受け入れることができれば、さらに五歳年を取ったときも、同じように平穏であるだろう。老いを受け入れることができるならば、あなたは良い出発点に立っている。そのとき、自分の状況を改善するために他のことができる。過去の黄金時代の回顧に溺れたり、別の未来を切望したりしてはいけない。風に吹かれる落ち葉はあなたの思い通りにならないが、そのままにして、あなたの人生の美しさを見るのだ。

私はすべての著作で、数多くの先駆者たちに従い、日常の経験の表面下にある深層の物語、神話、永遠なる元型的テーマを探してきた。私たちは時間に単純に支配され、望ましくない影響を受けているわけではない。私たちは永遠を生きる人でもある。私たちは永遠なる不変の自己——私はそれを魂と呼ぶ——が、時間と共に可視化されていく神秘的な素晴らしいプロセスに参加している。それは老いの重要な徴候である。あなたは単純に時間を浪費しているのではない。徐々に、あなたは自分の原初の自己、自分自身の存在の本来的あり方を発見していく。

老いは活動である。それはやってくるものではなく、あなたの行いである。あなたが老いに向かうとき（積極的な動詞である)、あなたは前進する。あなたが素敵に歳を重ねるならば、あなたはより魅力的な人物になる。逆に、あなたが単に消極的に老けるならば、あなたは悪化する。時間に対抗して実りのない闘いを続けるならば、あなたは不幸になるだろう。

私たちは工場のコンベヤーベルトのように、単調に動く直線として時間を見る傾向がある。しかし、人生はそれほど機械的ではない。ラルフ・ワルド・エマーソン(訳注：米国の思想家、哲学者、作家、詩人)はかつて、あなたが老いを見る見方を変化させるシンプルな一節を書いている。

「魂の進化は、直線の動きによって表現されるような漸進的変化ではなく、卵から虫へ、虫から蝶へという変態によって表現されるような状態の上昇である」

状態の上昇。私はこの上昇を、一連の移行期、イニシエーション、段階の通過として想像する。人生は直線ではなく、ある段階から次の段階に移行する一連のステップである。それぞれの段階はおそらく数年続く。新しい段階への上昇は、病気や関係の終結、失職や転居など、特別な出来事によって誘発される。

エマーソンが、虫の状態から変身する蝶について語っていることに注目したい。古代ギリシア人は、魂と蝶の両方にプシュケー(psyche)という言葉を使った。私たちは、小さくてかわいらしい姿から出発し、歳を重ねて、蝶の美しさと羽根を身にまとう。

エマーソンのいう「状態の上昇」とは、私たちが一連の段階や移行期を通過する、ということを述べているのだと思う。これまでの人生を振り返るとき、私は特別な出来事に焦点を当てる：カトリックの寄宿学校のために家を離れたこと、修道院生活を終わらせたこと、大学の職を失ったこと、結婚、離婚、娘の誕生、本の成功、手術。これらの出来事は歩みを示しているが、それぞれの出来事は長期にわたり、その期間に私は成長し、老熟した。私の魂はいくつかの明確に区別できる期間を通過して羽化したのである。

老いの構造について、もう一つのポイントがある：ある段階から次の段階へと移行しても、以前の段階を完全に離れることはできない。それらは去ることなく、常に足元にある。これはときに人生を複雑にするが、豊かさや拠り所にもなる。あなたは児童期、思春期、中年期の経験を利用できる。あなたの若さは今でも利用可能である。あなたの性格、あるいは、もっと深いあなたの魂でさえ、様々な年齢期や成熟度で構成されている。あなたは多層的な存在なのだ。あなたは同時に様々な年齢を生きている。それらすべての層が交差することに対応する法則がある：あなたの中には時間の筆に触れない永遠の部分がある。

老いることは何を意味するか？

私は、時間をかけて十全な人そして十全なあなたになるという意味で、「老い」という単語を使う。私の念頭には、チーズとワインのイメージがある。それらはシンプルに時間の経過と共に熟成していく。私たちはチーズやワインを熟成するまで寝かせておく。それらは時間によって熟成する。内なる見えない錬金術が変容を促し、味と香りを与える。

人が老いることも同様である。人生にあなたを形作らせるならば、時が経つにつれ、あなたはより豊かで、より魅力的な人物になるだろう。それがチーズとワインのスタイルによる老いである。その意味で、人生におけるあなたの目的は、老いること、老熟した人物になることである。あなたの生来的な本質を明らかにし、展開させるのである。あなたは、あなたの永遠の自己、あなたの魂を解放し、計画と勤勉さによって成功しようと苦闘する、いつも不安で焦っている自我の背後から人生を眺める。

この考え方においては、深い意味での老いが、道の途上のどこででも起こり得ることに注意してほしい。あなたは三十五歳で、何かを経験したり、ある事実を学んだり、さらにあなたを一歩成長させてくれる魅力的な人物に出会うかもしれない。あなたはそうした瞬間に、私のいう老いを迎えている。あなたの魂は老いる。世界とつながり、世界に参加し、生き生きと生きるために、あなたは一歩前進している。幼児も老いる。非常に老熟した幼児もいる。逆に、高齢でそこまで老いのプロセスが進んでいない人もいる。

老熟することなく高齢になること

高齢になっても世界との相互関係が未熟なままの人もいる。そういう人は自分自身に焦点を当てたままである。それでは共感を得られないし、コミュニティはそういう人を避ける。彼らは他人に心を開くことができない。彼らは人生の早い段階でもたらされた怒りやその他の難しい感情にこだわっている。そういう人は、経験を得たにもかかわらず、成長しない。誕生日を迎えているのに、老熟することがない。

私は著述家として、老いという困難なプロセスに悩まされたくない人々にときどき出会ってきた。著述家志望の人やすでに著作のある人から、原稿を見てほしいと何度も頼まれたことがある。多くの場合、原稿を読むと、彼らのアイディアや作品は成熟していないと感じることが多かった。最近の話だが、私はある女性に、表現方法や文法の本を読むとよいのではないかと伝えた。彼女は私に侮辱されたと感じたようだった。彼女は、基本について教えず、出版に向けたエキサイティングな方法を強調するような、あるワークショップに参加していた。

私はそのワークショップのウェブサイトを見て、次のような言葉を見つけた。「私たちはつまらない基本は扱いません。著述家としての華麗なキャリアを創造するテクニックを強調します」。私はこの広告が経験を重視する老熟に対抗していると感じた。やっている仕事が何であれ、スキルを磨くことは必要である。スキルをすっ飛ばして、栄光と成功の幻想に飛び込むことはできない。エマーソンの言葉を借りるならば、挑戦的なイニシエーションなしに、ある段階から次の段階へ進むことはできない。あなたは自分の宿題に取り組まなければならないのである。

私はこうした言葉が老人の視点から来ていることを自覚している。私は自分の経験から、若くて冒険的な著述家が栄光をまっすぐ撃ち抜きたいことを知っている。私は、経験を重ねるという考え方が重たくなり過ぎず、若者の意欲をそがないように願うことができるだけだ。理想的には、若々しい熱意を傷つけることなく、あなたの洞察を伝えることができるとよいと思う。

影響を受けるというアート

よく老いるためには、経験を重ねるだけでは十分ではない。あなたは影響を受けなければならない。影響を受けない人生を過ごすならば、ずっと無意識のままであり、自分に何が起きているか、決して考えないだろう。自分に何が起きているかを理解できない場合、あなたは保護されているか、麻痺しているか、単純に知性が足りないかに違いない。立派な人物になる重さに耐えられず、何も考えない気楽な感覚を好む人もいる。

人生を肯定し、世界に参加する人は、青年期から高齢期のあらゆる段階で、一歩一歩成長していく。あな

た の人となりを引き出す何かが起きたとき、あなたは誕生後六か月かもしれない。深刻な生活に飛び込むとき、あなたは九十九歳かもしれない。老熟の可能性は決して終わらないのである。あなたは成長するには歳を取り過ぎたと考えているかもしれないが、老熟にタイムリミットはない。逆に、老熟することがない場合、それが問題である。あなたは人生のあらゆる段階で立ち往生する。そのとき私は古代ギリシアの哲学者ヘラクレイトスによる「パンタ・レイ（万物流転）」という言葉を思い起こす。

私は、ある日セラピールームに駆け込んできた六十代後半の女性のことが忘れられない。彼女は、もううんざりと言いに来たのだ。彼女は厳格な宗教的家庭で育てられ、自分自身のことを肯定できなかった。彼女はどれだけ努力しても、自分は罪人だと感じていた。彼女はまた、自分が夫に厳しく、夫がちょっとでも楽しんでいると不満を感じることに気づいていた。彼女は飲酒、ダンス、スポーツ、そして、ほんの少し寛いだ時間を過ごすことでさえ、自分に厳しく禁じていた。

「もう止めます」。その日、彼女は宣言した。「もう一度、私は光を見ました。それはこれまでとは違う色です。私はもう隠れません。私は夫の良心であることを止めます。私は自分自身を生きていきます」

その日、この女性は前向きな方法で老いることを始めたと私は思う。彼女は、他の人だったら思春期後期に経験するような決断を下した：もう狭い家族の枠組みに縛られない、と。彼女は子どものときに自分に刷り込まれた固い教えに今後は支配されないと選択することで、大人へと成長した。「これまでの私はずっと五歳でした。もう大人になります」

家族神話からの脱却は、老熟のプロセスにおいてもっとも決定的なことの一つである。多くの大人はそれを成し遂げておらず、引き続き苦しんでいる。見かけは大人になっているが、感情生活において六歳、十二歳、二十三歳といったことがあり得るだろう。

六十代や七十代になって、ようやく両親に対する不安、圧倒的かつ負担の大きい影響を揺らしてみることを決断する人もいる。何十年にもわたって、彼らは成長の可能性を麻痺させてきた。しかし、ひとたび何が起きていたかを理解すると、彼らは熱い気持ちで古いパターンを手放す。そして彼らは、自分自身であることを味わい、生まれ変わったと感じるのである。

老いの喜び

歳を重ねることの悪い面については現実的でありつつ、同時に、老いの喜びについては肯定しよう。老いを悲しい、怖い、不快なものとして見ているならば、あなたの想像力には微調整が必要である。あなたは絶望だけを見る前に、意味を探求することができる。あなたがより深く探求すれば、禅の寓話を理解できるはずだ――悪い時は良い時を美しくするのである。そのときあなたは、個人的な判断力、人生に対する特定の見方、そして信頼できる価値観を持つ、魅力的な人物になるだろう。

肯定的なことであれ否定的なことであれ、変容的な経験に自分自身を開いていくと、あなたの魂は開花する。それは何度もあなたの中に生じてくる。魂とは、医学の説明や心理学の分析の後に残る、私たちの神秘的な深みや本質を意味する。それは深遠なる自己の感覚である。それは自我を遥かに超え、私たちが他人とつながることを助ける。魂はアイデンティティや強い個性の感覚を与えてくれるが、同時に、人類の一部であると実感できる認識を含んでいる。神秘的な仕方で、私たちは人類であるという経験を他人と共有している。私たちは心の非常に深い領域でそれを感じている。多くの伝統的な記述によれば、私たちは一つの魂を共有している。

そうした広がりのある自己感覚を持たず、他人と積極的につながることのできない人もいる。彼らは人というより機械のようである。今日、専門家は経験について機械的な説明を提供するようになっており、人々も自分自身に対する機械的な見方を簡単に身につけてしまう。だからこそ、彼らは、本当の経験をしたとき、あるいは経験に対する深い解釈を得たとき、新しい人生に参入しつつあると感じ取る。

私は読者から、自分の魂を発見しましたと伝える手紙を幾度も受け取った。しかし、多くの場合、彼らは魂についてまず学ばなければならなかった。彼らは直感的な感覚を言葉で表現することを必要としていた。彼らは、何世紀にもわたって人類が魂について語ることによって人間性を付与した文化を受け継いできたことを知る必要があった。彼らは、ひとたび魂を発見すると、自分自身についての理解がまったく違ったものとなり、生き方も変化した。

魂は技術的あるいは科学的な用語ではない。それは気息や生気という古代の考え方に根差した古い用語である。人が死ぬと、突然生命や人格の源泉であった何かが失われる。その失われた要素は魂と呼ばれてきた。それは性格、自我、意識、認識すべてよりも深くにある。それはとても広大で深遠なので、それを理解するにはスピリチュアルな思考と心理学的思考の両方が必要となる。

自分の魂を育てないならば、あなたは老熟していかない。あなたは社会の仕組みの中で歯車のように感じているかもしれない。そのとき、あなたは活動的であるかもしれないが、あなたの活動は周囲の世界に対する深い気づきやつながりを生み出していない。あなたが本当に老熟するならば、あなたは本当の意味で出来事に参加し、参加者であることを深く味わい、人生の目的や意味、魂の賜物を見いだすだろう。そのとき、老いることは喜びに満ちた経験となる。なぜなら、あなたは前進する生き方の中に自己の芽吹きと開花を予感しながら、学びや経験に開かれたいと思うからである。

第一部：通過儀礼

PART ONE: RITES OF PASSAGE

「老子が『俗人昭々。我独り昏のごとし』というとき、それは私が今、年老いて感ずるところを表している。老子は高い洞察を得た人の典型であり、価値と無価値を見、経験した人である。そして、生涯の終わりにおいて、彼自身の存在、知ることのできない永遠の意味へと戻ろうとした人である」

――C・G・ユング[2]

第1章：初めて経験する老い

思春期になると、個人は自分の年齢をより社会的かつ心理学的な意味で認識し始める。そして、言うまでもなく、実際の年齢よりも遥かに年齢を高く感じていることを報告する場合が多い。このプロセスは成人期初期そして成人期中期まで続くが、主観的な年齢の経験はいつしか反対方向に向かい、個人は実際の年齢よりも若いと感じていることを報告するようになる。[3]

初めて経験する老いは、人を不安にさせる。これまであなたは年齢のことをあまり考えずにやってきた。しかし、ある日、あなたは運動した後に、馴染みのないハリやコリに気づく。以前と同じように、しゃがんで立ち上がることができない。新しいしわも増える。人にやさしく手助けされ、健康について問われるようになる。「あなたの年齢にしては、元気そうに見えます！」と言われる。

それぞれの十年は違っている。三十歳になったとき、私は自分が若いことを分かっていなかった。年齢について考えたこともなかった。四十歳になったとき、私は初めて動揺し、友人の何人かよりも年上であることに気づいた。五十歳になったとき、私は自分が歳を取ってきたことをもはや否定できなかった。私宛に高齢者向けの各種案内が届き始めた。しかし、私は体調が良かったので、多くの身体的な兆しを気にも留めていなかった。六十歳の誕生日は穏やかではなかった。私はアイルランドにいて、隣人が同じ日に四十歳のお祝いをしていた。私は自分を隣人と比較して年老いた自分を感じ、二十歳若かったらよかったのにと願った。年齢に対する感覚は繊細で、簡単にひっくり返される。

私は、老いについて考えるとき、友人ジェイムズ・ヒルマンのことを考える。彼は、私が出会った人の中で、もっとも魅力的な人物の一人である。彼は著述家として人生を歩み始め、やがてユング派の心理療法家になり、心理療法の先駆者ユングの研究に没頭した——何年もチューリッヒ・ユング研究所のトレーニング・プログラム長を務めた。

ジェイムズは、ユングの言葉を字義通り尊重するコミュニティの中で、独自の道を歩んだ。自分の視点でユングの考え方を改定したのである。彼は独創的な思想家であり、馴染みのある古い考え方を常に反転させた。彼は人生のあらゆる側面に魂を持ち込むことに情熱的であった。彼は心理療法を単に個人の深層のプロセスに取り組むものとして定義することを拒んだ。晩年になると、彼は世界の魂に特別な関心を持ち、交通、政治、都市計画、人種差別、建築、ジェンダー問題について雄弁に執筆した。

ジェイムズは六十歳になったとき、人生の折り返しを祝うために盛大なパーティを開催した。彼は六十歳になったので、意識的に老年に入っていきたい、いつの間にか年月が経つように歳を取りたくない、と語っていた。コネチカット州郊外にある彼の家の庭の小さな屋外ステージではタレントのショーが行われ、野外で燻したローストチキンが振る舞われた。彼の友人がステージで演奏し、彼自身も華麗なタップダンスを披露した。しかし、パーティの後も、傍から見ていると、彼はほとんど変化しなかった。彼は相変わらず活力に満ち、活動的であり、生産的であった。私は、彼が開催したどんちゃん騒ぎは時期尚早だったのではないかと思うが、彼にとっては六十歳が重要な道しるべだった。もしかしたら、そのパーティは無意識的に高齢期を遠ざけておく方法だったのかもしれない。

六十代半ばになったとき、私にも年齢について深刻に考えざるを得ない出来事が起きた。サンフランシスコの書店を自著の宣伝で巡っているとき、急な坂道を上り下りするため、胸に尋常でない痛みを感じたのである。その後、シアトルに移動したとき、再び痛みを感じ、さらには平坦な路上でめまいを感じた。私は渋滞する道路のコーナーで、くらくらしている間、数分間ポストにつかまらなければならなかった。私は肺炎かもしれないと思った。私はまだ宣伝ツアーの契約を二つ残していた。家に戻ったとき、主治医は心臓の問題を疑い、検査することになった。

検査の結果、主要な動脈の一つがかなり詰まっていることが判明した。詰まっていた箇所を拡げ、二つのステントを留置することは苦痛ではなかったが、気持ちの回復が難しかった。退院してすぐに、心地良いリクライニング・チェアーに横たわっているとき、私は悪魔が胸の上に乗っかっているように感じた。私は軽いうつになった。妻は、私が今までよりやさしくてリラックスした違う人物になったと言った。私は確かに老いを感じるようになった。

十年経った今から振り返ると、それからの回復の日々は、自分が本当の意味で年齢を感じ始める転換点だったと思う。斜面がぐっと下方向へと傾いた。ただし、うつは長く続かなかった。その代わり、手術後に体調は良くなり、若々しさも戻ってきた。それ以来、私は仕事と家庭の両方で、活動的で生産的な生活を送ってきた。

私は運動の一環としてゴルフを始めた。ゴルフは楽しくてリラックスできた。多くの人はゴルフを馬鹿にして、上流階級のための娯楽と考えているが、私にとっては人生をもっと楽しんだり、リラックスしたりするために役立った。私はたくさんゴルフをするようになり、軽やかで幸せな出会いに恵まれ、新しい友情を育むことができた。地元のコースでゴルフをすることで、様々な背景を持ついろんな人々と出会い、深い会話を楽しむことができた。また、ゴルフは私を瞑想的な状態に導いてくれた。そして、コースから戻るときには、物語を思いつくこともあった。私はそのときにできた十八の物語を集めて出版した。それぞれの物語は人間の性質の小さなポイントについて語っている。

これから見ていくように、自分の老いと若さを同時に感じることは、あなたがいい感じで老熟しているシグナルといえる。手術の後、私は老いと若さの両方を感じられるようになり、両方の利点を楽しむようになった。ある意味で、私の心臓の新しい平穏は、若さを維持しようと無駄な努力を試みるのではなく、老熟という新しい流れに入っていくことによってもたらされた。歳を取っても野心的な英雄を追い求めることは、うまくいかないと思われる。

七十六歳になった今、私は四十代や五十代の人が年齢について不満をこぼしていることによく気づくようになった。私は娘が四歳だったとき、五十五歳の頃にもう一度戻りたい。当時、娘が年齢を尋ねてきたとき、「二つの5セント銅貨だよ」あるいは「5―5だよ」と答えることが好きだった。当時、私は体調が良く、身体的に何でもできた。私は心臓について悩むことなどなく、その他のことについても不安を持っていなかった。しかし私は、老いの自覚が段階を踏むことを理解している。あなたは次第に老いを垣間見る。そうした兆しは若さの喪失として蓄積していく。心理学はそれを「主観的年齢認知」と呼ぶ。私はそれを魂の老熟という視点から考える。

儚い若さ

若さは儚いと言われている。たいていそれは若さが一瞬であることを意味している。若さは私たちが気づく前に過ぎ去っている。人間の人生における永遠なるものや本質的なるものについての洞察に満ちた物語である神話では、若者は脆弱で、短命であることが多い。それは単に時間は過ぎ去るのが早いというだけではない。若さの何かが脆弱で短命なのである。よく知られているフレーズである「永遠の若者」とは、若い頃には若さが永遠に続くと感じることを意味している。そのため、老いの兆しに気づくと、ショックは強い。永遠の若者という輝かしいガラス玉に亀裂が生じるからである。

ギリシア神話では、若者は短命であることが多い。そして、人生を打ち切られた若者についての神話が語られる。イカロスは天空高く飛翔するためにダイダロスが作った翼を持つことでよく知られている。しかし、翼は太陽の熱によって溶け、イカロスは真っ逆さまに海へと墜落した。パエトーンは、父である太陽神アポロンの太陽の戦車を操縦する野心を持った若者であった。パエトーンは操縦を試みたが、戦車は暴走し、激しく墜落した。私たちは、「星」になった後に、若くして亡くなった映画俳優を理想化し、「スター（星）」として崇める。また私たちは、身近な若者の死を嘆き悲しむ。

永遠の魂の教訓はときに悲痛である。私の娘は少し前に友人を亡くした。彼はシーク教徒のコミュニティに属する才能豊かな賢明な若者だった。彼はちょっとしたハイキングに出かけて山の崖から滑落した。その事故から二年経っているが、いまだにコミュニティはショックから立ち直っていない。将来を約束された有望な若者が人生を失ったことによって、コミュニティは物事の本質についての深くて痛ましい神秘を投げつけられた。

私たちは、老いについては言うまでもなく、永遠の魂や、十全な成熟に至ることを許されなかった人生の意味を十分に理解する方法を見いださなければならない。魂の生は、老いることを含む通常の時間の長さがなくても完全なのだろうか。少なくとも、老熟は、全体的な人になるという意味であり、加齢と同義ではない。

私たちは若者についての神話の物語からいくつかの教訓を学ぶことができる。第一に、野心に抑制を利かせることである。あまりにも高く飛翔することは、痛ましい墜落の原因になる可能性がある。これは、心理学的には、若さと老いをできるだけ結び付けること、すなわち、私たちの内なる成熟した要素によって、価値ある未成熟な部分があまりにも高く飛翔し過ぎないように抑制を利かせつつ、私たちの内なる活力ある若さによって、老いを理由にあきらめたりせず冒険を続けることを意味する。

私が二十代前半に音楽の学生だったとき、イカロス的な部分のある教授がいた。その教授ドナルド・マーティン・ジェニーは音楽の天才であり、言語にも著しい才能を発揮していた。私が彼と出会ったとき、彼は世界文学の博士論文に取り組んでいたのだが、文献のすべてを原語で読んでいた。私は彼が『戦争と平和』をロシア語で読んでいたことを覚えている。大学を訪問していたベトナム人の講演者のために、彼がその場で通訳を買って出た逸話もある。また、彼は音楽の天才であり、普通の人間の限界を超えた耳を持っていた。私はときどき、音楽のキャリア（私は作曲を専攻していた）をあきらめた理由は、このような天才に師事したことによって自分自身に失望したからではないかと思うほどだった。私は自分が彼に決して追いつけないことを理解していた。

彼は神話に登場する高く飛翔する少年のようであった。彼の才能はずば抜けていた。しかし、少なくとも私の前では、あまりにも高く飛翔し過ぎる兆しを示さなかった。それだけの才能を持ちながら、彼は熱心に勉強にも励んでおり、才能と努力のバランスが取れていた。彼はどこかしら超然としており、そのため彼のことを高慢と呼ぶ人もいた。しかし私は、彼が際立って謙虚で公平であることを知っていた。私は六年間ほど彼の友人だったが、彼と関係を保ち続けることができなかった。私は単なる人間であり、彼はオリンポス山に生を受けていたからだ。

聞いたところによると、その後の人生においても、彼はその才能で周囲の人々を驚かせ続けながら、平穏な経歴も維持した。学生は教授としての彼を愛し、彼は教育と自分のアートで大きな成果を残した。生まれたときから若々しい精神に満ちていたが、同時に成熟した男性の創造的な精神を開花させることができた人の優れた例として、彼に言及した。あなたも同じことができる。

あなたは成熟という名のもとに冒険的な精神を放棄するのではなく、自分のヴィジョンを真剣に受け取め、それを生き生きとした活力として保つために必要な努力を怠らないようにできる。彼は飛翔する想像力を開花させるために、努力を怠らず、研究を行い、挑戦的なコンサートに備えた。

あなたは天才ではないかもしれない。けれども、強くて若々しい精神を味わうことができる。あなたはできるだけ早く、その若々しい精神を豊かにする必要がある。同時に、世界に参加する真剣さや意欲を持ち、人々と親しくなり、努力し、ときに習慣化した面白くない作業を行う必要がある。老いを初めて経験するとき、不安になることもできる。しかし、同じように、あなたが望めば、老いを歓迎することもできる。それによってあなたに与えられるものが多いことを理解しよう。それは自分の若さに耽ることで捨て去っていた人生の他の半分を養う方法といえる。

老いを初めて経験するとき、あなたは初めて自分自身の身体と魂で、それまで享受してきた若さが儚いことを認識する。若い頃のあなたはそのことを理解できなかったが、今や決して忘れることはないだろう。その初めての経験が二度と戻れない折り返し点である。あなたはそれまで以上に自分の若さの素晴らしさを理解するだろうが、あきらめてはいけない。あなたは自分の若さを永遠に保つことができる。

隣人のパーティで、持ち寄り料理を皿に盛るための列に並んでいるとき、私はこのテーマについて深く考えていた。そのとき、私の前にいた男性が自己紹介してきた。私は彼のこめかみの白髪に目を留めた。彼の妻は彼よりも若く見えた。私は老いについての本を執筆していると自己紹介した。即座に、彼は嫌な顔をして、「私は四十五歳ですが、最近になって自分が歳を取ったことに気づいたんです。私はもっと歳を取ったときの体調を考えて、すぐに何かを始めようと思っています。正しい食事と運動を続けて、若さをもっと楽しもうと思っています」と言った。

料理が並んだテーブルに向かう列は動かず、男性は老いに関する自分の問題をしかめっ面で述べ続けた。彼が老いに対してあまりにも勇敢に闘い過ぎていることを指摘するには良い状況と言えなかった。明らかに、彼は自分の若さを失いつつあることに動揺していた。そして、不安の中で、若さの喪失と全力で闘っていた。

多くの場合、私たちは、社会が教える若さの秘訣を行って、老化を食い止めようとする。しかし、若さを褒めたたえると同時に、老いを歓迎するのはどうだろうか。パーティで出会った男性は、老化のプロセスを阻止しようと試みていた。彼は若さに対しては好意的だったが、老いに苛立っていた。私は、彼が歳を取ることについて何か良いことを言うのを聞きたいと思った。彼は若さにも欠点があることを忘れたのだろうか？

同じパーティで、私は古い友人ゲーリーと長く話し込んだ。彼と私は、同じように人生を見ており、しばしば意見を交換し、人間のありようについて笑い合った。彼の関心は、仕事や経済のシステムが崩壊するとき、地球やそこに住む大多数の人々の世話をしない私たちが、社会として何を行うだろうかということだった。「そう。私は個人的な問題としての老いについて執筆しているけれど、社会も同じ問題を抱えているようだね。私たちは歳を取ったときの準備をしていないし、私のいう老熟が足りない。私たちは適切に成長せず、自分たちの問題に知的に取り組んでいない。まるで、未来については、自動的に大丈夫だと思い込んでいるかのようだ」と私は答えた。

「否認」とゲーリーは言った。

「現実逃避」

「悲劇」

ゲーリーは帰宅するためにコートを取りに行きながら、崩壊するシステムに対する取り組みという文化的問題に関する本について、いくつかの素敵なタイトルを提案してくれた。私は個人的な問題としての老いに焦点を当てることに決めていたが、何らかの前進的な動きが社会を助けることを願っている。

老いの段階

老いは徐々に段階的にやってくる。初めて経験する老いは、停滞期が連続するプロセスの始まりである。まず、数本の白髪に気づいたり、以前より速く歩いたり走ったりできなくなる。あなたはかすかに不安になるが、老いの圧力はまだ全面的にのしかかっていない。あなたは他の兆しを探し始める。会話するとき、あなたは老いのテーマに敏感になる。あなたは注意深く耳を傾ける。あなたは友人の老いについて、おそらく初めて、心配することになる。あなたは配偶者との年齢差を数え始める。振り払うことのできないそうした考えを持ち始めるとき、あなたにとって老いが課題になっていることが分かる。

誰もが直感的に知っているように、そして、多くの研究が示しているように、老いとは何かということは、文化や時代によって変化する。今日、多くの人が「六十代は新しい五十代」と言い、七十五歳を本当の高齢期の始まりと考えている。それを「高齢者の先輩」と呼ぶ人もいる。しかし、これまで述べてきたように、年齢というものはもっと複雑である。各個人は年齢について特別な主観的感覚を持つ。そのうえ、若さや老いの感覚は、時期や状況によって各個人の人生の中でも変化する。

本書を執筆しているとき、私は出版社が紹介してくれた精神科医のグループと討論する機会があった。心理学の領域における年長者の一人から講話を聞くという意図があったようだ。しかし、私にとって年長者という言葉は思いがけないものだった。他人が私を紹介するときに年長者という単語を使ったのは初めてであり、私はショックを受けた。それは私にとって初めて経験する「高齢者の先輩」であった。私は自分の不安をユーモラスな発言にしたが、場を白けさせただけだった。

私は歳を取ることにしっかり向き合っていると考えていた。しかし、その戸惑いの瞬間は、何ということのない、たった一つの単語によって引き起こされた。私にはまだ取り組まなければならない課題があった。この取り組みには終わりがあるのだろうかと思う：私は老いの別の段階に入っていく新しい経験を繰り返すのだろうか？　私の友人ジョエル・エルケ博士は（彼については後でもっと述べる）、「百歳の誕生日が待ちきれない。そうすれば老いを気にすることなく、生活していくことができる」と私に語っていた。私の父が百歳の誕生日を祝ったとき、父はパーティを心から楽しんでいたが、パーティが終わったらすぐにいつも通りの生活に戻っていた。老いは人生の事実である。老いに不安を感じる必要はない。老いの良い面を受け止め、それについて考えるのはどうだろうか。

老いの様相

老いのプロセスの段階を定義する方法は数えきれないが、私は以下の五つの様相を基本的なものと考えている。

1. 死ぬことを考えない
2. 老いを初めて経験する
3. 成熟を目指す
4. 老いに向かう
5. 物事を流れにまかせる

最初、あなたは年齢について考えることなく、死について想像することもない。老いを初めて経験することは、文字通り若さを失うことを意味し、ショックを受ける。その後、数年かかる緩やかなプロセスが続く。あなたは人生を組み立て直し、別の人物になっていく。そして、あなたはもう自分が若くないこと、多くを変化させなければならないことを、様々な方法で次第に認識する。最後に、あなたはオーダーメイドのコートのように、老いを着こなすことができるようになる。こうしてあなたは老人としての自分自身に同一化する。最後の段階は、外から見ると神秘的である。あなたは年齢について忘却し、淡々と身体問題と向き合い、評価や制約から自由になる。あなたは人生や年齢に対して流れにまかせるアプローチをとるようになり、他の人々が不安に思うようなことも気にしなくなる。

四十代半ばの同僚がいた。最近、彼は私に「老いの兆しが気になる」と言っていた。印刷された文字を読むために、腕を伸ばして身体から遠ざけることが必要になっていた。彼はまるでちょっとした悲劇が起きたかのように大げさにその物語を語った。実際、彼にとってそれは初めて経験する老いであった。若さから蹴り出されると、より大きな時間の感覚や、人生の終わりについて意識させられる。人生におけるこの重大な変化、老いに対する意識の芽生えは、読書用の眼鏡を購入することや、処方薬の調整以上のことを意味するかもしれない。そうした瞬間は、深層レベルにおいて、どれだけ些細な出来事であるかにかかわらず、本当の通過儀礼となる。

古代ギリシア人にとって、ヘルメスは人生という旅の仲間であった。ヘルメスは、私たちが驚きを通して成長することを助ける。神話に従えば、老いに気づくたびのショック感覚は、ヘルメスからの贈り物、運命への一歩であるといえる。そのショック感覚が意識的に老いに向かうことを助けるのである。

あなたが衝撃を感じ、老いを見落とさないためには、少なくとも小さなショックが必要である。ショックは小さな目覚めである。そうしたショックがなければ、あなたは無意識のままであり、建設的に反応することも内省することもなく、数年を無駄にしてしまう。

老いをすごく気にするとき、あなたは老いの悲しい現実に溺れてしまいがちだが、逆に言うとそれは自分の持つ若さに感謝する最良の時なのかもしれない。初めて経験する老いは、人生が現在進行中であるという自覚を突き刺してくる。あなたは初めて経験する老いという手応えのある瞬間に達した。今や、あなたは自分の人生を長くて大きな円弧として思い描き、何か重要な変化が起こりつつあると想像し始めることができる。

初めて経験する老いはショックに違いない。それまでは、自分は永遠に若いと気楽に思い込んでいるからである。前述のように、それは若者元型の一部である。あなたは若さが永遠に続くと想像する。老いが到来したことを感じるとき、あなたは何かが違うことを感じ取る。老い人生の方向性が大きく変化するプロセスを引き起こす。その衝撃は電撃のように感じられ、あなたを不安定にするかもしれない。しかし、あなたは老いに自分自身のすべてを明け渡さなくてもよい。老いに注意を払いつつ、若さを楽しもう。可能であれば、できる限り若さを引き延ばそう。

最近、私は七十年以上使ってきた乳歯をインプラントに置き替えるために、歯医者の処置椅子に座っていた。歯医者は、これは自分が見た中でもっとも古い歯だと言った。しかし、そのニュースは、とりわけ自分よりずっと若い男性の前では、私を幸せにすることはなかった。彼は予約時間に少し遅れてきた。彼は、私の顎にドリルを入れる前に、自分の頬の絆創膏を指差した。

「今朝ここからガンを取り除いたんです」と彼はやや苛立ちながら言った。「私は四十六歳です。こんなことになるなんて若過ぎます。今後は、太陽に当たらないように注意して、日焼け止めを使わなければなりません」。私は心の中で「初めて経験する老い」とつぶやいた。イニシエーション。深い変化。老いを受け止めるにはしばらくかかる。

私は「初めて経験する老い」が自動的に四十代にやってくるかのように述べてきた。しかし、私は小さい頃の記憶を思い出す。叔母がある日発作的に泣き出したのである。家族は彼女を慰めようとしたが、彼女をその状態から抜け出させるまでには長い時間がかかった。彼女は自分が老いていくという意識に圧倒されたのだった。彼女は十六歳だった。

娘が生まれたとき、私は出産に立ち会った。私は、誕生してまだ数分の娘を抱きながら、すでに娘が老いに向かっていること、困難や病気、そして言うまでもなく、いつか死に直面する日がくると考えたことを覚えている。そうした考えはただ浮かんできた。娘の人生の完全な円弧を父親として一瞥したのだ。

娘が誕生した数分後に、生まれたばかりの幼い娘にも避けられない老いを考えることは、私にとってその貴重な瞬間の美しさと喜びを高めるものであった。私はそうした考えや感覚をすぐに追いやったが、二十五年経った今も、その瞬間の喜びを思い起こすことができる。

娘と私は古いホームビデオを見ることを時折楽しんでいる。その当時はまだきれいで大きかった風呂に小さな娘と一緒に入っている。娘は、真珠のように白いバスタブにつかり、足を組んでいる。私は窓の外の景色を眺めている。娘は私に一番好きな動物を尋ね、四歳の女の子らしい会話を楽しんでいる。

私は小さな頃の娘が大好きだったので、当時の日常生活のビデオを見ることは、私にたまらない喜びを与えてくれる。それはエデンの園のような過去の瞬間に連れ戻してくれる。今はもっと娘のことを愛しているが、そうした瞬間の思い出（出産の立会いや風呂の思い出）に触れることは、時間を超えた父親としての愛情を思い起こさせてくれる。そうした瞬間に情緒があふれていなければ、そうした愛情を思い起こすことはないだろう。

私の娘が誕生したときに浮かんだ考えは、最初から人生が完全であることを描いているのだろう。今日、私たちはすべてを直線的かつ水平的に見る傾向がある。私たちは左から右に0から100の目盛りが刻まれた数学的なチャート上で年齢について考える。しかし、あの時浮かんだ考えは、娘をゼロに位置づけていなかった。娘が誕生したあの貴重な瞬間、娘は同時にすべての年齢を生きていた。

今日、私たちは直線的に考えるため、子どもをまるで何でもないゼロであるかのように、そして、老人をまるで数える目盛りが終わった無価値なものであるかのようにみなす傾向がある。私たちは老いることを怖れる。しかし、より微細な視点から見ると、私たちは誕生した当初から老いを生きている。私たちは単に自分の老いを発見し、それを意識して生きるようになるだけなのかもしれない。このように考えると、老いとは、使い古すことではなく、ありのままの自分を十全に実現することである。

それでも、初めて経験する老いは突き刺さる。若さに同一化している限り、あなたは歳を取ることについて真剣に考えたことは一度もないに違いない。しかし、初めて経験する老いは、若さを失う道の始まりの標識である。その道には誰も入りたいと思わない。世界中の文化が、若者から大人になるための、この特別な道の重要性を認識している。そして、この移行期のかじ取りを助ける強力な儀式を考案している。

私たちの文化も、運転免許、選挙権、高校卒業のような、特別な儀式を持っている。そうした経験は、自分が大きな一歩を踏み出し、コーナーを曲がり、未知の領域に踏み込んだという明確な感覚を与える。

私たちは生涯を通じて折々にそうした儀式を使っている。老熟に向かう道には、多くの段階や様々な経験があり、移行期を通過しなければならない。病気、新しい仕事、新しい対人関係、親しい親戚や友人の死、あるいは社会における重要な出来事でさえ、あなたの旅を別の場所に連れていく。それらすべてに痛みが含まれることに注意を払っておこう。

この痛みは、必ずしも加齢と関連しないかもしれないが、成長の重要な一部である。自分が限界に差し掛かっているという意識に痛みが走らない場合、あなたのパーソナリティは一面的になっているといえるだろう。私たちが若さとだけ同一化するならば、老人元型の利点、すなわち老人の知恵を持つことはないだろう。あなたは感情的であまりにも幼稚な人を知っているに違いない。そうした人は成長しておらず、成熟していない。そうした人は人生を真剣に受け止めていない。どうやって世界でやっていけばいいのか、どうやってまじめな仕事につき、どうやって人と心あたたかく接すればいいかを理解していない。

人生における前進のすべては痛みを伴う。痛みによってあなたは目覚める。痛みはあなたが意識を高めることを促す。あなたが痛みを避け、他人事のように説明し、自分自身の感覚をごまかすならば、あなたは老熟しない。それは悲劇である。

二人の配管工の物語

本書の最後のいくつかの段落を書いていたとき、二人の配管工が導管のない暖房システムを修理するために家にやってきた。一人は、年を取っていたが「高齢者の先輩」というほどではなかった。彼はコンデンサーをチェックしますと自己紹介した。若者は言葉を発しなかった——挨拶も会話もなかった。私は彼が仕事と関係のない部屋を覗き込んでいるのを見た。彼は詮索好きだったのだろう。しかし、何も言わなかった。年配の男性はベッドルームをチェックしていいですかと確認したが、若者は何も言わずに脱衣所に入った。朝早かったので、私は妻が着替えの最中でないことを願った。若者はあちこちをじろじろ見ていたが、沈黙していた。彼には脱衣所にいる理由がないので、言うこともなかったのだろう。

二人の配管工が去ったとき、私は配管業者のオーナーに電話して、あの若者には二度と私の家に来てほしくないと連絡したいと思った。彼は未熟なだけだったのかもしれないが、怖かった。何が彼の問題なのだろうか？　私は、彼は大人になりきれていないのかもしれないと考えた。彼は、社会の恩恵、責任、境界感覚の大切さを理解することなく、永遠の若さの中に埋没していた。私は、年配の配管工が若者に大人の世界でどのように振る舞えばいいかを教えるべきと思ったが、歳を取っていたとはいえ、年配の配管工もそのような能力を持っているように見えなかった。年配の配管工は若者を導くことができていなかった。私は、大人になりきれていない二人の永遠の若者が私の家にやってきたと思った。

おそらく私たちの世界には、全般的に、若さをずるずると引き延ばす問題が蔓延している。私たちは老いを恐れ、老いの恩恵を受け取ることなく、浅はかな若さにとどまっている。私たちは老熟する必要がある。私たちは若さをずるずると引き延ばすことなく、老いと若さの両方を兼ね備えた、より複雑で豊かな人物へと自然に成長する必要がある。老熟することによって、私たちはこの世界にしっかりと根付き、成熟した人物として他人と関わり、社会に貢献できるようになる。

老熟とは、単に加齢することではない。それは人間化のプロセスであり、精神的かつ文化的により複雑な人物になることである。老熟によって私たちは、まじめに仕事に取り組み、価値ある人生を築くことが可能になる。それは数年をかけて、若々しい希望や野心と貴重な経験を融合させることでもある。それは、個人に与えられた天賦の賜物と可能性を、現実的な次元そして微細な次元において実現するプロセスである。ユングはそれを「個性化の過程」と名づけた。キーツはそれを「魂作り（ソウル・メイキング）」と名づけた。私はそれを人格の本質に対する創造的な働き掛けと考えている。

初めて経験する老いは、たとえば小じわや白髪など、かすかな兆しとして始まり、病気や運動能力の喪失に関する不安として大きくなっていく。あらゆる心配のように、この不安はあっという間に拡大し、もう人生は終わったと感じるようになる。ときには、老いが不安障害になり、感情を支配することもあるだろう。私たちはこの不安を、できれば初めて経験する老いのとき、つまり現実的な支障になる前に、落ち着かせる方法を見いだす必要がある。

私たちは、一日一日そのときに与えられた課題に取り組むことによって、この不安に個人的に取り組むことができる。病気やその他の問題がない場合、一日一日を楽しもう。しかし、衰弱していく未来に自分自身を投影し、来るべき想像された悲哀の不安に溺れてしまう人もいる。冒頭で述べたように、老いに取り組むための第一の原則は、それが何であれ、老いを歓迎することである。ときに私たちはマゾヒズム（痛みを楽しむ奇妙な傾向）に陥る。そして、楽しむことより、不安を好むようになる。

ここで必要な第二の原則は、若さと老いの両方が必要であるというシンプルな考え方である。この考え方があれば、あまりにも自惚れたり、逆にすぐにあきらめたり失望したり、老いをぼやいたりすることがなくなるだろう。

終わりのない老いの経験

自分が歳を取りつつあるという感覚に終わりはない。あなたは、すでに老人だったとしても、ある朝目覚めて、もう自分は若くないと認識する。あなたは、六十歳のときに自分が五十歳だったらと願い、七十歳のときに自分が六十歳だったらと願うだろう。そう、あなたは以前に何度も老いの感覚を経験している。しかし、それは繰り返しやってくる。それは時間の外側にあり、元型的である。それは人生とは何かに関する時間を超えたリマインダー（注意喚起）なのだ。

歳を取りつつあるという感覚は、あなたが考えるよりもずっと根深い。それは自分の死、人生の法則の発見である。あなたは人生の法則を把握する必要がある。そうでなければ、これまで述べてきたように、あなたは否認するだろう。あなたは若い頃よりも歳を取っているという非常に重要な認識から切り離されてしまう。

これは人生の法則である。あなたは生まれ、生活し、老いていく。いつまでも歳を取らずに人生を楽しむことができると考えるのは幻想である。この幻想の外側に踏み出せば、老いを楽しむことができるだろう。とりわけ、人生が何かを教えてくれているというサインを見たならば、あなたは歳を重ねているだけでなく、より良くなっている。

老化の奇妙な側面のひとつは、性と関連している。あなたと私の経験は異なっているだろうが、七十六歳の私は、美しい若い女性を見るとき、彼女の客観的な魅力を理解していても、心惹かれない自分に気づく。昔は心惹かれていた。今の私は、年老いた女性、六十代や七十代の女性のことを、より魅力的に感じる。なぜだろうか。歳を取ったら、同じ世代の女性と一緒にいたいと思うのだろうか？　私はそうだ。私は六十代の妻のことを素晴らしく魅力的だと感じる。若い学生を見ても、私はすぐに仕事に戻る。

私は年老いた女性を魅力的に感じるが、自分自身について言うと、引き締まった腹部と黒髪の男性に嫉妬する。私は現在の自分の写真を見て、薄くなった白髪と白ひげにショックを受ける。私はフランケンシュタインの花嫁の男性版のようだ。しばらくの間、私は自分の髪をダークブラウンに染めることを考えていた。しかし、遅すぎると思った。馬鹿げて見えると思った。それで仕方なく、白髪に納得することにした。老いが私を狂気の飛行へと羽ばたかせたことがお分かりだろうか。

老いは動揺をもたらし、狂気じみた空想を生じさせる。まるで心理コンプレックスに突然とらわれてしまったようになる。こうして、老いは嫉妬と同義になる。思考が働かなくなり、感情が渦巻く。私たちは論理的に考える力を失い、感情と距離を置けなくなる。

私は以前からグライアイとして知られるギリシア神話の三姉妹に興味を引き付けられてきた。三姉妹は老婆であり、物語によれば、若者だった頃のことを覚えていない。彼女らは一つの眼球と歯を共有していた。英雄ペルセウスは、ゴルゴンを退治する準備のために、眼球を奪い、ゴルゴンの居場所を聞き出した。ユングは、彼女らのことを暗い否定的な母親のイメージとして説明した。

ここに老いに関する別の見方がある。限界はあるかもしれないが、自分自身の効果的なヴィジョン（眼）を持ち、制限されているかもしれないが、自分自身を養育する（歯）を持つ。ペルセウスがグライアイの眼球を必要としたように、ときに私たちはとても悲惨な人生に対処するため、老熟した視点を必要とする。私たちが目撃したり噂に聞いた恐怖を耐え、生き延びるために、しっかりと老熟しなければならないときがある。

しかし、老いは美しいものでもある。あなたは自分自身の頂点、身震いさせる成就に向かっている。何も心配することはない。身体は朽ちていく。亡くなる前に招待状が届く。あなたは身体的存在であることをあきらめなければならない。そうでなければどうやって自己実現へと突破できるだろうか？

死とは何か、何が起きるか、私には分からない。誰にも分からない。しかし私は、自分が次第により興味深く、より意味深くなる人生を生きてきたことを知っている。私は人生を、とりわけ私の心の中の人生を、愛するようになった。自然の成り行きが私をここに連れてきた。私は死ぬまでの残りの数年や死後にも、自然の成り行きが私の世話をしてくれることを信じている。

自分の老化の兆しに気づいて、私は幸せだ。自分が歳を取らないならば、私は不安になる。タオイストであれば、人生は河のように流れ、それ自身の道を見いだすと言うだろう。私がすべきことは、流れに従っていくことだけである。わざわざ私の中に流れる人生の河を掘り起こす必要はない。正しく行動するために必死で努力しなくてもよいならば、もっと老いのプロセスを楽しめるかもしれない。

幼い子どもの父親だったとき、私は老いや死が含まれる人生を娘に与えたくないと願った。けれども、宗教学の学生だった私は、仏陀が自分の殻を破り、人生の苦悩や死を見ることを認めたとき、悟りを開いたことを知っている。それから、彼は教えを広める旅に出て、コミュニティを作った。

人間の苦悩に関する仏陀の発見は、彼にとっての「初めて経験する老い」だった。彼が悟りを開いたことは、世界にとって良いことだった。仏陀は人間の成長に関する別の元型である。私たちは皆、人間の苦悩を感じることができるならば、自分の運命として定められている老熟した人物になることができるだろう。しかし私たちは、たいていこの変容促進的な知識に目を向けない。私たちは現実の世界と距離を置き、託児所に預けられている乳児のふりをしている。

キリストや仏陀の人生におけるもっとも深い秘密は何だろうか？　両者ともに「慈悲（compassion）」に優れていた。この単語は「共に苦悩する（com-passion）」を意味する。両者ともに他人の苦悩を感じることができ、その経験から苦悩を最小化する人生の生き方を編み出した。私たちは両者を尊敬している。しかし、一般的に、私たちは両者の教えに従うための人生からの招待状を受け取らない。

仏陀が守られた環境にとどまったならば、彼はもっと幸せだったかもしれない。しかし、彼は悟りを開けなかったに違いない。同じように、人生の挑戦から目を逸らし続けるならば、私たちはもっとも深い自己から永遠に切り離されているだろう。だからこそ、老いに取り組むことが非常に重要なのである。それが何であれ、私たちは老いをそのまま受け止めなければならない。老いを私たちが願う状態に捻じ曲げてはいけない。

人として成熟するには、世界の苦悩を感じることから私たちを切り離す、固い殻を破る必要がある。おそらくそれが老いの本質的な秘密である。否認という非現実的で、安全で、観念的な人生をやめるとき、そして、人間性の本質の崩壊を感じ、それについて何かをしようと決心するとき、私たちは魂のある老いに向かっていく。

老いの侵入は強力だが、その利点を利用するためには、想像を絶する内なる老婆のことを理解し、あえてゴルゴンに近づかなければならない。ときに、老いの恐怖に取り組むために、私たちは老いの感覚の中に深く、深く入っていかなければならない。そして、老いをコートのように着こなし、古い魔法の眼球（グライアイの眼球）のように身につけなければならない。

［脚註］

（2）〔第一部　扉〕『ユング自伝2』みすず書房、218頁。

（3）Manfred Diehl, Hans-Werner Wahl, Allyson F. Brothers, Martina Gabrian, "Subjective Aging and Awareness of Aging: Toward a New Understanding of the Aging Self", *Annual Review of Gerontology & Geriatrics* 35(1): 1-28 (April 2015); Galambos, Turner, & Tilton-Weaver, 2005; Montepare, 2009.

第2章：年老いた身体、若い魂

私の想像は修道院であり、私は修道士である。
——ジョン・キーツからパーシー・ビッシュ・シェリーへ、二十六歳で亡くなる六か月前

最近、私は古い家から新しい家に家具を移動させた。本の入った箱を運んで行ったり来たりするだけで二週間かかった——著述家であることの不都合の一つである。「疲れたし、あちこちが痛い」と私は妻にこぼした。「そうね。あなたは七十六歳よ。もっとやれると思ったの？」と彼女は答えた。

ほんの数秒間、私は時間が自分の足元で流れているように感じた。七十六歳だって？　すっかり忘れていた。いつも自分のことを四十代と感じているからだ。その間の数十年間はあっという間に過ぎ去ったので、私は中年期初期の理想郷にとどまっていた。

この一節を読んで、私が否認しているという人もいるだろう。私が老化という事実を受け入れていないと。しかし、事態はもっと複雑だ。私は四十代の自分と同一化していた。私は年月の変化を気にしていなかった。私は自分の内面に若者の要素を強く持っている。そして、しばしばその四十代の人物が私の身体に宿っていると思っていた。鏡を見るときでさえ、私は七十六歳の老人ではなく、四十代の「老人」を見ようとし

ていた。私は幻想を強く信じていたのだ。

私の父もそうだった。父は百歳で亡くなったが、亡くなるまで五十代半ばの人物のように見えた。父が私に、自分は成長することに問題を抱えていると語ったことがある。その小さな告白は私の心に残った。私も成長することに問題を抱えている。自分の人生を振り返ると、自分がいかに未熟だったかということに困惑する――永遠の若者を楽しむことの代償である。

人は高く噴き上がる噴水のような若さをもてはやすが、若さにも欠点があることを忘れているように思われる。若者は肉体面で恵まれているが、自分の人生を生きる術についてまったく無知である。そのため、たくさんの間違いを犯す。もちろん、人によってそれぞれである。若い頃から成熟しているように見える人もいれば、私のように、長く引き延ばされた思春期に苦悩する人もいる。

不思議なことだが、心理療法を行っているとき、私は自分のことを二百歳あるいは三百歳の老人のように感じる。私には知恵と経験があり、洞察を深めることができると感じるのだ。私はこれが危険な幻想であることを知っているが、同時に、自分の内面の奥深くに老人がいるということも考える。若者の要素が行き過ぎたり、手に負えなくなったりしていないとき、老熟した自己が開花するのである。

プエルとセネックス

私の友人ジェイムズ・ヒルマンは、若者のとき、フランス、アイルランド、インド、ギリシア、エジプト、イタリアを放浪していた。私は、彼が七十代半ばになって米国に戻ろうと決心したので、彼と直接会うことができた。私たちにはすぐに友情が芽生えた。私は心理学に対する彼のアプローチに魅了されていたので、友情を育みながら、彼がどのように生きているかをじっくり観察した。
ときどき私は、彼の内面で若さと老いが驚くべき仕方で融合していることを見た。彼がもっと自分自身のことを真剣に考えたほうがいいのにと思うときもあれば、別のときには、彼が老人のように見えた。彼は私にとってプラトンだった。あるいは、その他のあらゆる知的な巨人に比肩する。しかし、彼は表舞台に出ていかなかった。彼には重厚さが欠けているところがあった。彼は自分の内面には永遠の若者が棲みついていると言うだろう。私もそのように「診断」したい。

ジェイムズは彼自身のキャリア初期に、個人、組織、社会における若者と老人の相互作用について詳しく論じている。彼は人生を支配することがあるそれら二つのスピリットに古いラテン語の単語を使用した。プエル（少年）とセネックス（老人）である。英語の「子どもっぽい（puerile）」や「老いぼれた（senile）」は、これらのラテン語が語源である。英語のほうは対語ではないが、ラテン語のほうは中立的に若者と老人を示す言葉である。

ヒルマンは年齢の相対性を認識することが重要であると考えていた。私たちが考えているほど、年齢は直線的ではない。言い換えると、私たちは皆、若者と老人の性質を内面の奥深くに持っている。私たちは突然、エネルギーや発想にあふれた若者が表面に踊り出てくることを感じるかもしれない。その後、秩序や伝統を重んじる老人が浮上してくるかもしれない。

若いビジネス・マネージャーは、若者的な熱意や冒険的精神をもって自分の役割を果たそうとするかもしれない。しかし、同じ人物がシステムに同一化して、規則や伝統にうるさい老人のように振る舞い始める場合もある。老人の精神が、次第に冒険的な若者の理想にとって代わるのである。プエルとセネックスはこのように働く。私たちは、両者の間を行ったり来たりして、しばらく一方が優勢になったと思うと、その後もう一方が優勢になったりする。

それに対して、自分の若さを決して失うことなく、ビジネスを創造する人もいる。会社のオーナーが冒険的精神と創造性に満ちているにもかかわらず、若いマネージャーが形式や権威や伝統的な方法にこだわる場合もある。要点は、年齢というものが人の生きてきた年月とは関係なく、その人の生き方と関係しているということである。

『スティーブ・ジョブズ　無謀な男が真のリーダーになるまで』を執筆したブレント・シュレンダーとリック・テッツェリは、このコンピューターの天才について、「自分が活動していたコミュニティの常識に反してアイディアを実行する非凡で自由な考えの持ち主」であったと述べている。[4] 著者らは、ある意味で短気だったジョブズが、経験を重ねて老熟したこと、しかし、ときに乱暴といえるほどの若者精神を彼が決して失わなかったことを記している。

ヒルマンにとって、自分の内面の反抗的な若者と強情な老人をうまく融合させること、すなわち老熟の想像的性質を理解することは重要であった。私たちは若者と対決する老人について話す。しかし、私たちは、すべての人の内面に反抗的な若者と伝統を重んじる老人の両方がいることを認識していない。それは単なる性格特性ではなく、私たちの活動を鼓舞するために出没する幽霊のような存在である。それはたくさんあるコンプレックスの中の単なる二つではなく、私たちが行うすべてに決定的な影響を与える視点といえる。私たちはどちらか一方に同一化するときもあれば、両方の存在や影響を感じるときもある。

四十代半ばだった頃、私は大学で教える仕事に応募して、面接のために学部長と約束した。私はテキサス州のある学校を辞めたばかりだった。その大学では、面接のような場でフォーマルな服装をすることが慣習となっていた。当然、私はスーツとネクタイで面接に臨んだ（マサチューセッツ州のあたたかい七月中旬だった）。しかし、学部長が短パン、ランニング・シューズ、ポロシャツで登場したので、私はものすごく驚いた。彼のほうも、南米のジャングルから迷い込んだ風変わりな野鳥を見るような眼差しで、くすんだ色のスーツを着た私の頭のてっぺんから足の指先まで視線を泳がせていた。結局、面接はうまくいき、雇われたのでよかったが。

その後、学部長が、ずいぶん歳を取るまで老人に見えないタイプの人だったことが判明した。彼は若々しい精神を持っていた。しかし、アカデミック・プログラムのマネジメントに卓越しており、未熟な部分はまったくなかった。彼と一緒にいるときはいつも、自分がそうなることを切望していた、若者と老人の精神が協調し、創造的でありながら責任感のある状態を体現している姿に感嘆した。言い換えると、私が見る限り、彼の魂においては若々しい精神と老熟した精神が調和していた。

老いの経験においては、若者の精神と老人の精神の調和が課題となる。若者の精神が強いならば、歳を取っても若々しさは続き、あなたは若さを感じるだろう。それに対して、若者の精神が弱いか失われているならば、あなたは老人の精神、セネックスによって支配され、年齢は苦しい重荷になるだろう。それは単に年月を重ねているからではなく、魂に宿る老人の精神の過剰な重さによる。

思いがけない若さの回復

若者の精神が存在しているならば、あなたは歳を取るにつれて、思いがけず実際に若々しくなっていくだろう。私が関わっていたある八十代の男性がそのことを教えてくれた。妻が亡くなった後、彼は自分の人生も徐々に終わりに向かっていると感じていた。ところが、彼は、なぜか大学講師だった頃の自分の姿を夢に見始めた。当初、私たちはそうした夢が何を意味するのか、まったく理解できなかった。しかし、そうした夢が続く中で、彼は新しく始めたいプロジェクトの着想を得ていった。彼が新しいキャリアを始める人生の初期の精神に立ち返ったことは明らかだった。

まるで八十代の彼が、人生の初期とまさに同等あるいは類似の地点にいるようだった。彼は若いときと同じような冒険心を発揮した。そして、実際に新しいアイデンティティに踏み出していった。それは彼にとって思いがけない若さの回復だった。言うまでもなく、肉体の回復ではなく、精神の回復である。彼は老人の性質に落ち着くのではなく、若者の精神を再発見した。

私は多くの人に同じような思いがけない成長を見てきた。私たちは皆、老いてなお、若い頃の創造的に輝いていた時期に戻り、やり直す機会を持っているのではないだろうか。若さの回復は、私たちが期待していないために無視している自然の傾向ではないだろうか。

手短に言えば、あなたは人生に疲れた老人にならずに、魂において若さを保つことができる。あなたは進化する世界についていける。あなたは自分の理解と価値観を新鮮に保つことができる。あなたは人生からの招待状を受け取ることができる。あなたは、世界を嫌悪することによってではなく、愛することによって、自分の心の活動を保つことができる。気難しい老人になりたければ、慢性的な嫌悪感は良い方法であるかもしれないが。

あなたは思考や行動の古い習慣を避けることによって若さを保つことができる。あなたは新しい物事に挑戦し、古いやり方の心地よさを手放すことができる。そう、あなたは古い伝統を享受できるが、それに支配されなくてもいい。原理原則にこだわらなくてもいい。あなたは新旧を融合させることができる。

人は、自分の若さを保とうと考えるとき、あまりにも身体的、物質的、字義的に考え過ぎていることが多い。そうした人は、人格の成熟を目指すことなく、美容整形に行く。そうした人は、自分が行うすべてにおいて、若々しい存在感を保つために何かをすることなく、思慮なく歳を取っていく。そうした人は、心を若々しくすることではなく、表面的に若者に見えるように試みる。

内面の若々しさを保つほうがよいのではないだろうか。気持ちの持ち方が身体の状態に現れている人も多い。あなたの内面で若者の精神が強いならば、自分の身体でもそれを感じるだろう。私の父が百歳になっても若々しく見えたのは、若者の精神を持っていたからであることは疑いようもない。若く見えるように努力している人に対して、私は内面の若々しさ、人格や人生に対するアプローチを若返らせることを勧めたい。

内面を深く探求すれば、最初から自分の内面にあった若者の精神に気づくことができる。あなたは自分を若く見せようとする必要はない。なぜなら、あなたの内面に若さがあるからだ。あなたは内面の若さを解放するだけでよい。私は心理療法で出会った高齢の人々が、自然に若さを取り戻したことを見てきた。あなたは若さを造り出す必要はない。内面の若さに気づき、それを受け取り、それが人生の生き方に影響を与えることを認めるだけでいい。

私は人生からの招待状を歓迎することを勧めている。それは必ずしも転居や転職といった外的な出来事とは限らない。危険を厭わず冒険に踏み出したくなる若々しい衝動に気づくことのような内的なシグナルかもしれない。

たとえば、私は最近、講演のための旅行を減らし、自宅でオンライン講座を行うことを考えている。この新しい冒険に必要とされる若々しいアイデンティティを呼び覚ますことができたら、きっと成功するだろう。あなたの内面の若々しさが次に浮上するのは、日常的な小さな出来事の中かもしれない。明らかにプエルの活力に満ちた衝動に開かれていれば、あなたの魂は若々しさを保つだろう。結局のところ、それこそが重要である。

私は自分の人生の大部分において、プエルの精神を生きてきたと感じる。すでに述べたように、私は成長するのが遅かった。あるとき、母が私の家を訪ねてきたとき、借りている家や家具をしばらく見まわした後に、「トム、自分の家具を持つ気はないの?」と言った。

私は五十歳になろうとしていたが、借家に住んでいることや、自分の家具を持っていないことを気にしていなかった。私は貧乏だったが、借家の支払いに遅れたことはなかったし、質素な生活を楽しんでいた。そうした時代に、私は空を飛ぶ夢をよく見ていた。それはプエルの心理を表していることが多い。特に私は、離陸しようとしているか、あるいは、大都市の高層ビルの間を低空飛行してストリートに着陸する飛行機の夢をよく見た。

私は今、これらの夢が、日常生活の課題に取り組みながら、自分の精神を自由に保つために努力していたことを映し出していたと思う。やがて、私は結婚して子どもを授かってから、真剣に執筆するようになり、お金を稼ぎ始めた。興味深いことに、そうしたら飛行機の夢を見なくなった。それ以来、一度も飛行機の夢を見ていない。

私は、心理療法を学ぶ学生たちの夢グループを自宅で開催していたときのことを思い出す。あれは四十代初めの大事な時期だった。ある晩、私は自分の夢を紹介した。いつものように、私は大きなジェット飛行機に乗っており、離陸しようとしていた。私の父も飛行機に乗っていた。

その当時、私の仕事が非常に狭い範囲に限られていたことを、今では理解できる。その後、私の本は世界中で出版され、私の精神は飛翔した。しかし当時、私は離陸できず、父も彼にふさわしくない仕事に落ち着かなければならなかった。父は、仕事を楽しみ、自由に飛翔していたが、学歴のせいで自分の限界を受け入れなければならなかった。

父は仕事場で自分の居場所を見いだすことに苦労していた。それは夢の中で私と一緒に「飛行機に」乗っていたことに表れている。明らかに、私はこのパターンを受け継いでいた。飛び立てず、行き詰っていた。私が見る限り、父は幸せな人生を送った。しかし、そこには諦念や、少なくとも限界の受容があった。父は、私が飛び立ち始めてからも、私に関心を向けてサポートしてくれた。しかし、私は私たちの間に非常に大きな溝を感じていた。私の世界は拡大していたが、父は自分の仕事に満足していた。この興味深い力動は、私たちを近づけたり、遠ざけたりした。もちろん、私は父のことをとても愛していたので、私たちの愛情に変わりはなかったが。

著述家としての生活を初めて経験したとき、私は飛行機が着陸しつつあることを実感した。今でも私は日常生活の些末な出来事に取り組まなければならない。しかし、私にとっては、幼稚なプエルの状態を抜け出て成長することは、解放であった。幼稚な精神が私を去ると、私は年齢相応に歳を取り、歳を取ることによって自分の能力や見通しを低く評価する負担は取り除かれた。当時、私は数人の友人のことを本当の著述家と信じていて、彼らのほうがより良い仕事ができると思っていた。このような自分自身に対する低評価が変化するにつれて、老いは豊かなものとなった。今日、私は自分の本が世界中で売られていることに感謝し、著述家としての役割を幸せに思っている。

四十代の頃に親しい友人と交わした会話が思い出される。私が初対面のときからジェイムズ・ヒルマンを理想化していたことは、読者の皆さんもお分かりだろう。その友人は、私の本がいつかヒルマンの本よりも受け入れられるかもしれないと示唆した。私はその考えを一笑に付した。「ありえない。ヒルマンのような才能はこれっぽっちもないから」と私は言った。

それ以来、私はこの会話を何度も思い返した。私は文字通りの問題について心配したのではない。私はいまだにヒルマンの才能と文体が比類なきものだったことを知っている。しかし今では、自分自身の才能、創造的な精神が、自分らしく働くことを感じるようになった。四十代の頃の私の言葉には、未熟さと自己発見の欠如を感じることができる。私は、自分自身の心の衝動を発見し、きちんと評価することによって、良い意味で老いることができた。

今では、私は老いを感じることを好んでおり、何があってもプエル時代に戻ろうとは思わない。それでも私は、若者の精神全般に親しみを感じていて、それが私の老いを彩ってくれていると思う。おそらく、私はいまだに内面にプエルの精神を持っている、というのがより正確だろう。しかし、それは変容した。それは自分を駆り立てる幼稚なプエルではなく、世界の自己破壊性に対するプエル的不満になった。私はもっと理想的な社会を求めるようになった。

魂は変化と成長を遂げる。それが老熟である。あなたは人生のある時期に自分を動かしていた精神が変化することを観察できる。初期のプエル精神は私を幼稚なままにしていたが、今では同じ精神が老熟に一役買っている。

魂とは多様な精神が戯れる遊び場あるいはオリンポス山であると覚えておくことは重要である。若者のプエル精神は数多くの中の一つに過ぎない。それは支配的でないときにだけ、力強くなる。中世ルネサンス期の健康に関する書物には、単一の精神による「独裁制」を回避すべきであると述べられている。たとえば、サトゥルヌスの抑うつや沈思黙考もそれ自体は価値がある。しかし、それに支配されてしまうと、あなたは病的な抑うつ状態になる。それが私たちの目的ではない。

良い歳の取り方とは、たとえペルソナが老いを受け入れていなくても、老いに降伏し、老人として振る舞うことだと感じている人もいる。しかし、老いに適応しつつ、若々しい熱意や想像を保つときにだけ、あなたは良い形で歳を取ることができる。すでに様々な方法で述べてきたように、より良く歳を取るためには、内面の老人と内面の若者の両方をしっかり生きなければならない。

借家で母と話していたときの私は、その当時として適切な存在の状態にあったといえる。私は世間知らずの若者に同一化していたが、同一化はまさにその精神に対抗する方法でもある。逆説的なことに、典型的なプエルに見えた私が、プエルの精神を飛翔させたのは、社会における役割としての仕事にしっかり取り組み始めた後だった。それから私は空を飛ぶ夢を見る必要がなくなった。

このパターンに注目してほしい。若々しいプエルの精神によって、私は新鮮なアイディアを捉えて執筆することができた。同時に、そうして執筆することによって私は世界と直接的につながり、地に足の着いた生活を送るようになった。完全な人生にするために、若さと老いはときに一体になって働く。

私は自分自身についての分析をささやかに試みることによって、若者と老人のパターンがいかに魂の内面深くにあり、どのように人生の形に影響するかを示してきた。あなたは二つの根本的な方向性によって冒険と安定を同時に生きることができる。一つは革新や創造の精神であり、もう一つは世界に参加することへの新しい真剣さである。

内なるパイロット

若者の心理を持つ人は、空を飛ぶ夢を見たり、危険度の高い冒険、極端な創造の試行、あらゆる目新しい事柄を楽しんだりすることが多い。彼らは限界や足かせからの自由を求めており、ゼロから創造したいと思っている。彼らは傷つきやすく繊細であるため、他人からの世話や愛情の対象となることも多い。この種の若者と恋に落ちる人は、彼らの愚かさから彼らを救い、彼らの弱さの世話をしたいと思っている。

私は人生の初期に空を飛ぶ夢を見始めた。部屋の中で、腕を羽ばたかせて宙に浮かび、天井まで飛んだ。気分爽快だったので、夢から覚めることが毎回残念だった。その後、私の夢はすでに述べたような内容に変わっていった。離陸を試みるジェット飛行機や、ストリートを路上走行するジェット飛行機の夢である。そして、約十年前に空を飛ぶ夢を見なくなり、それ以来一度も見ていない。

若者の魂を持つ女性にも人は魅了される。そうした女性は中性的なスタイルや外見を持つことが多い。私たちはそうしたタイプをアルテミスと呼ぶことができる。アルテミスはギリシア神話に登場する貞潔の女神であり、若い女性を守護することが仕事であった。古い時代のハリウッド女優キャサリーン・ヘップバーンは、知的、個性的、魅力的な美しさを持ち、誰もが心を奪われる。ある有名な写真では、年老いたヘップバーンが、自宅の庭の「立ち去れ」と書かれた看板の前で微笑んでいる。その看板の下には「入るな」という別の看板がある。これは単なる写真ではない。この写真はヘップバーンの魂、彼女らしさ、彼女が生涯生きていた若い女性の精神の興味深い側面を映し出している。

しかし、神話に登場する少年や若い女性、アルテミス的な少女には欠点もある。彼あるいは彼女には安心感、安定感、現実感が足りない。彼らは非常に繊細で、反抗的で、全般的に未熟である。内向きの若者は伝統を持たず、一般的に権威を嫌悪する。彼らは行き当たりばったりで人生をでっち上げ、それゆえ自己愛的になりやすい。彼らには愛嬌があるかもしれないが、迷惑な存在かもしれない。

そうした性質があるため、少年的な心理を強く持つ人は、成熟にこだわる人に対抗し、妥協したり、協調したりすることが困難である。この両者が争うのは、内面の精神が理由であり、表面的な自我によるものではない。もしかすると両者は何について争っているのかに気づいていないかもしれない。両者の内面の精神が深く隠されているからである。

私のように、あなたがこのタイプならば、内面の少年と関係を築くことが必要である。内面の少年はあなた自身というより、あなたの内面に宿っている他者である。彼はあなたと分離している。彼を独立した存在として認めるならば、あなたは彼を成長させることができる。彼と全面的に同一化する必要はない。あなたはもっと複雑な存在なのだから。しかし、あなたの人生に彼のためのスペースを与える必要がある。

私の人生を通じて内面の少年は常に仲間だった。私は周囲の人々によく扱われることを期待する自分の傾向の中に彼を感じる。私は見下されたり、欺かれたりすると、非常に動揺する。私は世界を変化させるための私の考え方が、なぜ人に理解されないのかと憤ることもある。私は完成していない演劇、小説、映画の下書きをたくさん持っている――これも永遠の少年の別のサインである。また私は、成熟した大人たちとうまく関係を築けないときに、自分の内面の少年を強く感じる。

例を挙げよう。あるとき私は、ミーティングをしていたビジネスパーソンのグループから質問を投げ掛けられた。一〇万ドルを相続したとしましょう。あなたはどのように使いますか？　そこにいた経験豊かな真面目な男たちは次々とスマートな投資計画を提示した。私の順番になったとき、私は、執筆に専念するためにそのお金で三、四年生活する、と言った。悪くない考えだが、とても幼かった。賢明な老人が無邪気な私に向かって微笑んだ。

今では執筆活動の時間を作るためにお金を使うという想像はしないだろう。執筆活動は今では自分の仕事になり、それで稼いでいる。今では、若者の精神が私を創造的に保ち、同じ古い題材を使い回すことから私を救ってくれている。

あなたは、自分の内面の若さとの接点を失いそうになっていないか、自分自身の感情面を診断することができる。自分が老人のように振る舞っていることに気づき、歳を取りつつあることが心配ならば、また自分自身の内面の若さを切り捨てていることに気づいたならば、自分がかつて持っていた若さを探求するとよい。あなたは若さを取り戻すことができる。あるいは、単純に若さを浮上させることができる。受け入れてもらうことを待ち望んでいる自分自身の内面の若者を無視することほどの悲劇はない。

魂の少女

アルテミスに話を戻そう。アルテミスは、ローマ神話ではディアーナとして知られる処女神であり、森に住み、ほとんど町に赴くことはせず、自分の庭園で若い少年少女に囲まれていた。彼女はプエルと同義のプエラと呼ばれていた――プエラは少女という意味のラテン語である。

アルテミスは男女を問わず魂の重要な側面である。しかし、女性にとってはとりわけ重要である。彼女は他人との関係において束縛されることを望まない精神といえる。彼女は結婚を望まず、処女の高潔さを守ろうとする。彼女は自分自身を防衛する気持ちが強い。アルテミスは、少なくとも自分自身を守ろうとするときには、激怒しやすい攻撃的な女神である。また彼女は傷つきやすく、敏感だった。古代ギリシアでは、少女――九歳の少女はアルテミスという名の通過儀礼を経験する――や妊婦の守護神だった。

男性の内面の少女の魂も女性の内面の文字通りの少女の魂も、人生に喜びを与え、経験に対して敏感な開かれた心を示す。彼女は男性社会や男性自身に対する傷つきやすさや純真無垢さを示している。ダフネは結婚を望まないアルテミスの少女の一人だった。ダフネはアポロン（治療神、音楽や詩歌など文化全般の神）

の求愛から自分自身を守らなければならなかった。最終的に、ダフネの父が彼女の処女性を守るためにダフネを月桂樹に変えた。私たちの内面に、特に魂の少女的側面の中に、アポロンの聡明な論理、洗練された音楽、公平な社会に捕らわれるよりも自然のままを好む部分がある。

私はプエルに述べたことと同じことをアルテミスについても述べたい。あなたが歳を取るときにあなたの若さを保つことができるのは精神の複雑さである。配偶者や恋人と同一化しないあなたの内面の精神を褒めたたえよう。どれだけ文化が良くても、それにすべてを明け渡すことなく、自然のままにとどまろう。そうするために攻撃的になる必要があっても、自分の高潔さを守るべきである。

アルテミスやダフネの精神を個人的な怒りや神経症的な怒りと混同している人も多い。しかし、あなたの内面には、過剰に教育されたり、治療されたり、社会の一部に組み込まれたりすることに反発する女神がいる。あなたの内面の奥深くに、カップルになったり、結婚したりすることに、すべてを明け渡したくない部分がある。少年と少女の両方の性質を持つその精神が、あなたの若さを保つのである。

浸透する若さ

言うまでもなく、若さとの接点を取り戻す方法は他にもある。たとえば、過去によく行っていた活動、今でも行うことができて心地良い活動をやってみる価値はある。また、若い頃の写真を見て過去を思い出し、写真に写っている場所を訪れるのはどうだろうか。若い頃にやり残したプロジェクトを現在の意識と知性をもって再開することもできる。

具体的な方法で自分の魂を癒すことに長けていたユングは、大人になってから十一歳に戻った方法を語っている。彼は自分の情緒的問題のルーツが十一歳にあると感じていた。そこで、実際に十一歳当時に没頭していた建築遊びに没頭している。彼は、遊ぶことは恥ずかしかったし、難しかったが、助けになったと語っている。

以下はユングの言葉だ。「食べ終わるとすぐに、私は遊び始めた。そして、患者が到着するまで遊び続けた。夕方早めに仕事が終わったならば、私は建築遊びに戻った。この活動によって私の思考は明確になった。そして、心の中で薄暗く感じるだけだった空想を把握できるようになった[5]」

ユングが現在の行動を理解するために過去に遡ったわけではないことに注意したい。彼は過去の精神を受け取り、その視点で世界を見たり、困難な諸問題の解決を試みたりしている。彼は現在のために自分の若さを取り戻すべく過去に立ち返った。彼は強力な言葉を使っている。「私の思考は明確になった」。これもまた私たちみんなにとって学びとなる。過去の特定の瞬間に立ち返ることによって、現在の思考が明確になる。問題の根源であるような過去の特定の瞬間に立ち返ることによって、自分が陥っている混乱を抜け出すことができる。

一つ警告がある：神話的な少年をよみがえらせると、彼の影も呼び出してしまう。魂の影の側面について誤解している人も多い。すべてに暗い側面があることは受け入れても、それを征服し、それから自由でなければならないと考えるのである。事実、あなたは若者の精神を含む魂の顕現に付随する影を認める必要がある。若者にある程度の愚かさや未熟さは付き物である。必要なのは、影と闘わず、それを認めるために自己を拡張することなのだ。

老いのあらゆる側面にこの原則を見ることができる。あなたは、自分が想像した完全な人生ではなく、与えられた人生を受け取らなければならない。理解することは難しいが、影は明るい側面と同じぐらい、あなたに多くのものを与えてくれる。これもまた若さの真実である。ただし、あなたが若さを保とうとすると、未熟さ、愚かな冒険、自己愛も保ってしまう。永遠の若者は完全ではない。けれども、良い面もある。

少年時代の私は、ニューヨーク州北部にある叔父の農場で多くの夏を過ごした。両親も一、二週間滞在して、それから私をデトロイトの家に連れ帰った。私の記憶では、農場の生活は大変な労働と眠気を誘うおしゃべりの繰り返しだった。私の父は様々なスキルを持つため、滞在中は、農場家屋のペンキ塗り、修理、壁紙張替えで時間を費やした。叔父は父に農地から干し草を持ってくる方法を教えようとしていた。私は農場における父の休暇がすべて労働であることに気づいていた。

ある夏、ゴルフが大好きな私の父は、農場家屋の前の芝生に小さなグリーンを作った。父はいくつか穴を開け、パターとゴルフボールを持ち込み、叔父やその他の人が見ている中でプレイした。最初、彼らはゴルフなんて馬鹿げている、時間の無駄だと言っていた。「なんで裕福な奴らは小さなボールを地面の穴の中に入れたいのかね？」

しかし父は、プレイを続け、プレイをしないときは芝生の上にクラブを残しておいた。まもなく叔父や叔母が見よう見まねでゴルフを始めた。そこで父が彼らにクラブの握り方を教えた。すぐにみんながゴルフをやめられなくなった。

この小さな逸話において、私たちは若さの様々な側面と成熟した遊び方を見ることができる。セネックスは若者の遊びを批判する。文化は労働を強調する。抑えられない若さの衝動と無駄なゴルフ。父が若者の愚かさに対する批判に屈服しなかったことに注目したい。父は愚かであることを意に返さなかった。それは若さの影を避ける良いやり方である。父は批判にさらされてもやめなかった。父は真剣に若々しい遊びを楽しみ、勝利した。

女性においては、ときどき現れる若者の人物像がプエラではなく、若い少年、プエル、両性具有者かもしれない。一方。あなたはときどき男性の内面のプエラを見ることができる。それは人生に対する好奇心、情緒的な繊細さ、恥ずかしさであり、おそらく、活力や欲望の豊かさを隠している。

そうした魂の若者像は、若さをほとばしらせており、青臭い未熟さの源であり、希望を抱かせる好奇心である。彼らがいなければ、あなたは文字通りに、そして完全に、うつになり、老人に屈服する。内面の若者の精神があれば、あなたは年月の重さや身体の不安を負担に感じることもないだろう。それは揺るぎなく脱字義化できるかどうか、身体の劣化を老熟と捉えないことができるかどうかの問題である。あなたは魂のある人生を生きていく。そこでは身体的ではない不可視の何かによって、あなたの若さが保たれる。同時に、そこではあなたが老人になることも認められる。

晩年のインタビューで、当時八十歳のイーゴリ・ストラヴィンスキーは、作曲家にとって高齢期であることは何か違いますか?と尋ねられた。インスピレーションを見いだすことがより難しくなるのだろうか?彼は特徴のある仕方で微笑み、「記者さんは自分のことを老人と見ているけれど、自分自身は自分のことをそのように経験していない」と言った。つまり、彼にとってその質問は無意味だった。

彼は良いレッスンを提供してくれる。他人による典型的な制限付きの視点を受け入れてはいけない。周囲の人は、あなたが自分自身で感じる年齢よりも歳を取っていると見る場合がある。病気の部位および弱っている部位やその数ではなく、自分の魂の年齢に忠実であること。魂にとって、それらは意味がない。

ストラヴィンスキーについての考察を続けることを許してほしい。なぜなら、彼は世間体をまったく気にしていないからである。私は五十年にわたって彼の音楽に心を奪われてきた。クラシックの音楽家として、歴史上、完全な才能を持つ二人の作曲家しかいなかったならば、私にとってそれはヨハン・セバスチャン・

バッハとイーゴリ・ストラヴィンスキーである。

ストラヴィンスキーに関する偉大な物語の一つは、一九一三年にパリで『春の祭典』を初演したときの逸話である。不協和音と強力な脈動的リズムにより、聴衆は暴動を起こした。その後、次の主な作品は、甘い『プルチネルラ』だった。人々は彼に何を期待したらいいか分からなかった。時代に取り残されることを拒否し、彼の作風は次々と変化した。これが記者に老人であることの感想を尋ねられたときに理解できなかった男性の生き方である。

魂の深層にある、神話的で若々しい側面は、多くの人が探し求めている若さの源泉である。魂の若さと接点を持とう。そうすれば、あなたが老化の重荷を過剰に感じることはない。歳を取るとき、多くの人にとってトラブルになるのは、彼らが年齢をあまりにも字義通りに受け取ることである。そう、カレンダー通りに言えば、彼らは八十五歳かもしれない。しかし、彼らの魂の状態は四十歳くらいかもしれない。ストラヴィンスキーのように、私たちみんなが「老人であることの意味なんて分からない」と答えることができたら、素晴らしいことではないだろうか。

［脚注］

（４）ブレント・シュレンダー＆リック、テッツェリ著　井口耕二訳『スティーブ・ジョブズ　無謀な男が真のリーダーになるまで』日本経済新聞出版社

（５）『ユング自伝２』みすず書房、250頁

第3章：人生の道

結局、私の人生の中で語る価値のある出来事は、不滅の世界が束の間の世界の中に侵入してきたことである。(6)

——C・G・ユング

私は、人が性格の種そして本質である魂と共に誕生するという古代の思想が好きである。とはいえ、私たちは未熟な地点から人生を歩み始める。他人からたくさん学ばなければならないことや、老人になっても学び続けなければならないことには驚かされる。多くの人は歳を取るにつれてより賢くなっていく。私たちは性格や個性を育んでいく。しかし、それには努力、忍耐、知性が必要となる。

たいていの場合、私たちは経験や過ちから学ぶことを通して、より繊細で複雑な人物になる。私たちは生きていくことで傷つく——職を失い、病気になり、関係を失う——その痛みの中で、私たちは直面する困難に対する気づきが高まり、しっかり準備できるようになる。情緒的な痛みは思考や性格の触媒になる。

しかし、四十年以上にわたって心理療法を実践してきた私は、自信をもって、人は各自の速度で成長すると断言できる。性的虐待や身体的虐待など、幼少期にトラウマ体験を持つ人は、大人になることに困難を抱えるかもしれない。彼らは記憶の場所で行き詰りやすい。トラウマのイメージに悩まされ、トラブルが起きるたびにそのイメージが炎上する。深層に根差した繊細な気づきを持つ成熟した人物へと着実な成長を遂げてきた私たちの多くも、軽い困難を抱えている。私たちは皆、個人的な旅路の異なる段階にいるように思われるが、多くの人はほとんど準備しないまま高齢期にたどり着く。

ここで本書の主な考え方の一つを強調しておきたい。生活のあらゆる場面において前向きな態度と創造性をもって高齢期を楽しむためには、人生のすべての段階を成熟させなければならない。子どもであっても、老いに向かう道の途上で、前進をさえぎる門に立つ恐ろしい門番と対峙し、老いに取り組むために努力して、その段階を通過しなければならない。子どもはいじめや悪友とどう付き合ったらいいか、不完全な両親とどう関わればいいか、子どもをどうしたらいいか分かっていない文化をどう生き延びるかを見いださなければならない。子どもの頃、私は「大人になっても、子どもの気持ちを忘れないようにしよう。子どものことを理解したい」と考えていたことを覚えている。

私たちは歳を重ねるが、どのように実際の高齢期にたどり着くかは、人生の道やその分岐点にどう取り組んだかに大きく左右される。それゆえ、老いは単なる高齢期の問題ではなく、人生全体の問題である。老いは単なる老人の問題ではなく、人生の困難に立ち向かうか尻込みするかという選択肢を持つ若者にとっても問題なのである。常に前に進むこと、深い可能性を開花させること、魅力的な人物になること、人生をもっともっと愛するようになること、それが重要である。そのとき、老いの準備ができているだろう。

大事なことは、本質的な自分になることを目指しなさいと若者に助言し、導くことである。これから見ていくように、老人のライフワークは、賢者になり、未来のために遺産を遺すことである。しかし、人生のすべての段階で良い歳の重ね方をしているときにだけ、その役割を効果的に実践できる。

ラルフ・ワルド・エマーソンのエッセイの一節に戻ろう。『大霊』は何年も私を導いてくれた。少し長くなるが一節を引用したい。あなたも導かれるのではないだろうか。

魂だけが魂を知る。出来事の織物は、彼女が纏う流れる衣服である。その進化の度合いは、算術によってではなく、それ自身の法則によって算出される。魂の進化は直線的な運動によって示される漸次的変化ではなく、メタモルフォーゼ（卵から毛虫、毛虫から蝶へ）によって示される状態の上昇である。[7]

この一節は洞察に満ちている。エマーソンは十九世紀の文章スタイルだからと言う理由で遠ざけないでほしい。この一節には、同時に複数の意味を読み取ることができる。たとえば、出来事を魂が纏う衣服と述べている一節を真剣に受け止めるならば、一晩のうちに現代心理学は変化するだろう。私たちの経験、表面上の人生は、それを纏う魂との関連で意味を持つことが示唆されている。生活習慣を変えるだけでは十分ではない。あなたは生活の内側に隠れている魂を見て、触れなければならない。

さらにエマーソンは、乳児期から高齢期まで直線的に成長するのではないと述べている。そうではなくて、私たちはいくつかの段階を階段を上るように通過していく。ある段階から次の段階への移動は、穏やかな川の流れというより、水門だらけの川に似ている。ボートは水門にぶつかるたびに、別の段階に上げたり下げたりしなければならない。エマーソンはこのプロセスを「状態の上昇」と呼んでいる。彼は、安定した成長というメタファーは使わず、変容の瞬間を強調している。高次からの呼びかけに気づかせる何かが起きたとき、あなたは馴染んだ生活を続けることもできる。私は、もっと直接的に魂を世話するために、突然仕事を辞めた多くの人に会ったこともある。

しかし、ある段階から別の段階への移行は、自動的に起きることはない。あなたは虫から蝶への変容に協力し、それを経験しなければならない。多くの場合、この道は簡単ではない。あなたは自分自身と向き合い、重要な変化が起きることを認めなければならない。たとえば、大学を卒業する学生にとって、安全で心地良い大学を離れて、仕事と生産の毎日に入っていくことは簡単ではないだろう。それは状態の上昇であり、メタモルフォーゼ（変態／変身）による前進である。それは報酬をもたらすが、困難でもある。永遠に学生であること好む人もいる。成長しないことを好む人もいるのだ。

氷結点

多くの人は、人生で行き詰まることがある。人生という川が、不確実性と不安の冬に凍り付くのである。私は人生の旅路で出会った人々や友人の表情にそれを見てきた。彼らの瞳には心配、口元にはどうにもならない悲しみ、落とした肩には人生に対する幻滅が見えた。

才能や技術や聡明さを持っているにもかかわらず、生活のすべてではないにしても、内面の何かが停滞している非常に多くの人がいる。彼らを見ると、一見魅力的で生き生きしているように見える。しかし、何か動かない部分があり、恐怖や自己疑念で石化しているように見える。

多くの場合、この冷たい凍り付いた部分は非常に強力であり、人生全体を後退させ、人は望みを決して達成できなくなる。そして、自己疑念に捕らわれていない周囲の人々に対して常に不満と嫉妬を感じるようになる。こうした人生は完全な災害とはいえない。彼らはある地点までは成功できる。おそらく、そのために人は過去の氷結点を克服することができないのだろう。彼らは重大な変化に踏み出すほど悩まされていない。彼らは比較的幸せにやり過ごすことができる。だから、氷の殻を破るために必要なさらなる努力を重ねないのである。彼らは部分的に諦めているように見える。言うまでもなく、諦めることは、人生の問題に対するもっとも不幸せな解決策の一つである。

創造的な力をほんの少し抑圧するだけでも、怒りを引き起こすには十分である。自分の魂の一部を氷の上に放置している人々に見られる悲しみは、多くの場合、決して爆発することのない、かすかに煮えくり返る怒りである。しかし、それは常に冷たいままだ。怒りは役に立つ場合がある。しかし、この冷たい状態は、人生から活力を奪うだけである。それは対人関係を妨害し、幸せを台無しにする。

性格のほとんどの部分は生き生きとしているのに、ある部分が死んでいる人に会ったとき、多くの場合、私はあることを試みる。リスクを冒すことを勧めるのである。私は彼らの内面に眠る才能に自信を持ってもらう。著述家のある友人は才能がないという感覚を追いやれずにいた。彼は自分自身に対して低い期待しか持たず、それゆえ常に不満を抱き、嫉妬し、そして、そう、諦めていた。このような場合、私は内省と刷新のプロセスを活性化させることを試みる。

私は他人が失敗したことを自分は克服してきたと言いたいのではない。私自身も溶けてほしいと願っている凍り付いた領域を持っている。たとえば、ときどき私は、もっと自分に発言力があって、政治や政府に直接的な影響を与えることができたらと願う。私は自分が控えめで目立たないことを好む家系の出身であることに気づいている。その家族の特性は私の記憶につきまとっており、自分を抑えたり、静かにしている理由になっている。それは克服する必要がある。一方、私の静かなスタイルには力もあり、人が諦めるのを思いとどまらせたり、自分の魂に目覚めるように促す仕事の役に立っている。

諦めることは閉ざすことであり、闘い続ける気持ちを失うことであり、単純にいえば断念することである。私はたくさんの諦めた人々に会った。彼らの人生に対する熱意やエネルギーの欠如は明白であった。彼らの周囲の雰囲気で、あなたはそれを感じ取ることができる。

ヘンリー・デイヴィッド・ソローの『ウォールデン 森の生活』の一節はよく引用される。彼がなぜ森に行ったのかを説明しているからだ。「人生といえないような人生を生きたくなかった。生きることはとても大切である。また、よほどのことがない限り、諦めたくもなかった。私は人生を深く生きて、その精髄をすべて吸収したかった」

信頼する自我

魂のある老熟には、人生が私たちに提示するたくさんの道を通過することが必要になる。ときにまるであなたのためだけの計画があるかのように思われるだろう。様々な困難は、あなたが自分自身になるために必要とされている。しかし、人はその招待状を受け取らないことが多い。現状があまりにも心地良いため、老熟を拒否するのである。彼らはただ年月を重ねる。彼らは老熟せずに歳を取る。彼らの人生は悲劇あるいは履行されない約束のように見える。

人生全体を一連の長い道と想像することができる。私たちは常に何かを通過しているように見える。しかし、過去を振り返ると、成長を促進した特別な分岐点や問題を見ることができるだろう。私が自分自身の人生を振り返ると、非常に重要な分岐点がいくつもあったことに簡単に気づく。それぞれの時に、私は前進するための招待状を受け取っていなかった。たとえば、私は修道院生活を十三年でやめた。この話については、私がたどってきた他の道と一緒に、あとで話すことになる。

私は自分に決断力を兼ね備えた英雄的な気質があるとは思っていない。むしろ逆に、静かで内向的である。けれども、私の中の何かは常に変化や次のステップを求めている。あるときなど、友人や自分自身にとっては自分の意欲が無謀に見えても、私は盲目的に突き進んだ。私を駆り立てる神話的、元型的な人物像がいるとすれば、それはパルシファルである。パルシファルは、アーサー王の円卓の騎士の若者であり、異常に母と近しく、多くの場面で愚かな若者として振る舞った。しかし、彼は自分の役割を果たし、最後には聖杯を獲得した。彼は私のヒーローだ。

老いのプロセスにおいて英雄的であることを勧めているのではない。私は誰もが強い自我や意志の力を必要としているとは思っていない。しかし、人生を愛し、注意深く信頼することが必要であると強く思う。あなたは人生の働きをよく観察し、自分に二つの選択肢があることを認識する必要がある。それは生と死である。あなたは、自分に活力をもたらす人生からの招待状を受け入れると、前進することができる。それが生の原則である。あるいは、あなたは死の原則を選択できる。それはある場所にとどまり、新しい考え方や新しい挑戦を避けることである。死の道――私は魂の死という意味で使っている。それは字義通りの死ではない――は、より安全で、ある意味でより心地良い。死の道は、予測が立ちやすく、変化に悩まされる必要がない。しかし、死は死である。あなたは活力を感じず、自分の人生の意味や目的を見失うだろう。

老いのプロセス

ここで深みのある本質的な人物になるプロセスや通過儀礼についてもっと正確に述べたい。単なる加齢とは対照的に、私はそれが老熟に欠かせないと考えている。「プロセス」という単語に注目してほしい。老いることは、あなたが生き生きとした何者かになるプロセスである。プロセスは現在進行形である。ときにそれは特別に激しくなる。あなたはプロセスに巻き込まれないことを選ぶかもしれない。あなたが本当に恐れているならば、横に置いておき、しばらくの間あるいは永遠に何もしないこともできる。

心理療法家として、私はカウンセリングを求めてくる人々を見てきた。彼らはたいてい、働く生活がしたいとか、自分自身をよりよく理解したいという熱意を表現する。多くの場合、彼らは自分に苦悩を与えたり、狂気に駆り立てたりする特別な課題を抱えている。どうやって心理療法を始めるのか知らない人もいる。そこで私は心理療法とは何かについて経験を通して教えている。

ところで、多くの人は、心理療法の作業を理解した上で、その中に入っていく。彼らは熟慮し、心理療法を試してみる。一方、プロセスを遠ざけているように見える人もいる。約束してセッションにやってきても、彼らは熟慮すること自体を遠ざける。虫の缶詰を開けるときのように、自己開示することや、弱さを認めたりするのが怖いことは理解できる。私は彼らを裁いたりしない。私は彼らがプロセスに参入することを促すような心理療法を見つけることを祈っている。

プロセスに参入する人は、それが長くかかることを知って驚くことがある。私はプロセスを加速させることは試みない。なぜなら、私は自分が「時」を担当していると思わないからである。子どもの頃、定期的に暴力を振るわれていた人が、トラウマ記憶を一晩で乗り越えることはない。私は忍耐を勧めたい。クライエントのほとんどは、必要なだけ、そこにとどまる。そして、正しい言葉かどうか分からないが、それによってほんの少しだけ前進する。

ときに人は特別に困難な瞬間に巻き込まれる。すると、私は手を差し伸べたくなってしまう。しかし私は、大きな挑戦に直面しているときに、その人が忍耐強くその道を進むことによって、人生は大きく違ってくると考えている。最近、ある男性が私の心理療法にやってきて、夫婦関係によくある問題を訴えた。夢分析を通じて、私たちは彼の魂に残っていると思われる、子ども時代の重要なプレッシャーをすぐに発見した。彼はそのプレッシャーによって身体症状も抱えていた。私たちがまさに問題の核心に近づこうとしたとき、彼は心理療法を終了したいと私に告げた。

私は、心理療法で神コンプレックスに陥らないように気を付けている。つまり、この男性のために何がベストなのかを知っているふりはしない。彼が自分で選択し、私はその選択を尊重する。私は、ちらっと彼が逃げたかなと思ったが、誰にも分からないことだ。彼は他の心理療法を続けているかもしれない。しかし、彼は自分のプロセスに入っていかなかった。彼は老熟の道ではなく、単なる加齢の道を進んだのだろう。いつか彼が鍵となる課題と向き合い、新しい高原に上ることができるように祈っている。

老いることには勇気が必要とされる。それは積極的な選択の勇気である。あなたが自分の人生を生きるのだ。あなたが人生からの招待状に「はい」と応える。あなたがサインを読み取る。あなたにすべての責任がある。あなたは元に戻れない。あなたは言い訳をできない。あなたは安全・安心のために逃げ出したりできない。

誰もが過去の経験において整理の必要な課題を持っている。私はその課題が人生と性格を基本的に形作っていると考えている。錬金術では、原材料のことをラテン語でプリマ・マテリア（prima materia）という。それは経験の中に蓄積された課題を意味する。しかし、この原材料に取り組むには、勇気と洞察が必要となる。多くの人は、その課題があまりにもたくさんの感情を掻き立てるので、その原材料を整理する作業を避ける。

例を挙げたい。彼女をブレンダと呼ぼう。ブレンダは専門職だった。彼女は、表面上は自分の人生を完全にコントロールしているように見えた。彼女は成功していて、相当に自己理解もあった。彼女の課題は、いつも人に利用されることだった。しかし、心理療法を通じて、彼女は人から便宜を図ってもらう必要があることも明らかになった。彼女は人の世話や援助に明け暮れていた。そのうち、人が自分に負担をかけないことを望むようになった。彼女は自分のための時間をほとんど持てず、途方に暮れ、軽いうつ状態だった。

私は両親について尋ねた。私はすべての課題を両親からの影響に矮小化するつもりはないが、大人になるまで続いている子ども時代のパターンに気づくことは助けになる。「父がいつも私に何をすべきかを教えてくれます」と彼女は答えた。

彼女はもうすぐ五十歳だった。

「父は私にとって何がベストなのかを知っていて、私が覚えている限り、私がどう感じているか、私たちがどうしたら良い関係になるかを話し合うことを拒否しました。父はそういったたぐいの親密なおしゃべりは好みません」

「今でもときどき父親に会いますか?」

「私は一週間に何回も父と会います。父にアドバイスをもらうためです」

私は、すべての課題を過去の両親との関係性の問題に矮小化したくないが、非常にたくさんの立派な大人たちが両親との古いパターンを今でも繰り返していることは興味深い。子ども時代の関係と比較すると小さな問題になったので、彼らは関係の複雑さを忘れているのかもしれない。しかし、それは今でも存在し、重要なのである。

私たちは子ども時代のパターンと大人になってからの関係について話し合った。私は両方の時期のたくさんの物語を丁寧に聴いた。しかし、傾聴だけで十分ということはない。私は、私たちの間のダイナミクスに敏感に気づき始める。そして、ときに私の内面の葛藤を感じ取る。私は、クライエントが自分の感情を探ることができない地点まで連れ出して、彼女を混乱させたくない。けれども私は、物語の中にもっと深く入っていかなければならないことを知っている。そして、私はリスクを取り、彼女と対決する。

「あなたは父親の前では小さな子どものようになりますか？」

「私は子どものようではないです。父のほうです。父が自分の役割から抜け出せないのだと思います。父が私を三歳の子どものように扱うのです」

「しかし、その小さなドラマの中で、あなたが自分のパートを演じていなければ、父親はどうやってそれができるのでしょうか？　あなたは父親の保護や承認を求めていないのですか？」

彼女は下を向き、考えていた。「たしかに、そうですね。私は子どものときと同じように父と関わっています。私は不満を言っていますが、たしかにそうしています」

私たちは、彼女の心の深層の、基本的な、認識されていなかった感情に、小さな一歩を踏み出した。彼女はそれまで気づいていなかった何かを見ようとしていた。こうして人生をプロセスする作業は進んでいく。小さな一歩ずつ、前に進んでいくのである。しかし、小さな歩みを続けていくと、大きな分岐点に差し掛かる。そして重要な変化が起きる。それは心理療法では常に起きるし、日常生活においても、もしプロセスが進んでいくならば、起きうることである。

自分を消耗させるパターンの小さな発見は、この女性を老いに向かわせた。彼女は、自分を子どもにさせるパターンや未熟な選択から、ほんの少し、自由になった。彼女は成長し、年齢相応に近づいたのだ。彼女の魂の年齢が、ようやく身体の年齢により一致したといえるかもしれない。今や、彼女は大人の身体を持つ子どもではない。ただし、まだ完全ではない。彼女にはまだ多くの発見が必要である。彼女の変化が心の奥底に根付くまで、パターンは何度も繰り返し再発見されなければならないだろう。

老熟の問題には、私たちが単に身体的な加齢に抵抗することだけでなく、感情的、知的、精神的に成長しようとしないことも含まれる。私たちは、魂が拡大するかどうかという観点から、自分自身のことを心配したりしない。しかし、身体と同じように魂も老いるならば、私たちは成熟を受け入れて、年齢と個人的性格との葛藤を持たなくなるに違いない。魂と身体の一致によって、老熟はより簡単になるだろう。

通過の臨界点

ヨットのセーリングから森の中のハイキングに至るまで、あらゆる旅において、旅行者を試す危機が訪れる。ホメロスの『オデュッセイア』は、冒険中のそのような臨界点についての物語である。それらは単なる障壁ではなく、厳しい試練だ。もし、そのテストに合格できれば、あなたは良い意味で変化し、もはや同じ人物ではなくなる。厳しい試練があなたを変容させ、あなたはまさに老熟する。

厳しい試練を経験して変容していかなければ、自分が未熟かつ未発達の状態にとどまることを覚えておこう。この世界でアイデンティティを持ち、創造的であるための成熟には、老いに向かう通過儀礼を定期的に乗り越える必要がある。もし上記の二つを欠くならば、私たちの魂は貧弱であるか、あるいは存在しないといえるかもしれない。私たちは意味のない嗜癖や空虚な行動化によって、心の空洞を埋めようともがく場合がある。アイデンティティの欠如は方向喪失感や実存的抑うつにつながり、創造的であることの失敗は抑うつと怒りを生み出す。老熟することは重要である。

通過儀礼としての結婚

私たちの多くにとって一般的な通過儀礼は結婚である。多くの人が結婚とは何かについて明確に述べることに難しさを覚えると思う。それは人生の表現、共同生活、信頼関係である。それはまた、通過儀礼、すなわち人生の新しい段階に入っていくイニシエーションである。結婚はしばしばトラブルになる。結婚を通過儀礼としてではなく、一つの段階、結婚している状態と考えるからだ。結婚以前とまったく違う人物になることを求められて、結婚が難しくなる場合がある。「私」の人生ではなく、「私たち」の人生について考えることを求められる。「私」から「私たち」への移行は一大事である。それはリアリティの根本的な移行といえる。

「私」から「私たち」へ移行する変化には長い時間がかかるだろう。それは分からないことだらけの大きな挑戦である。多くの場合、自分自身を大切にしながら、他人にオープンであることは、葛藤を引き起こす。他人の世界観や生活の仕方に部分的に身を委ねることは挑戦となる。結婚は同一人物の結び付きではないというシンプルな事実がある。ほとんどの場合、根本的に違う人物が一緒に暮らすのである。結婚している状態に深く入っていくための変容に、ときに何十年もかかることがあるのは驚きではない。

多くの人は、半分は結婚して、半分は結婚していないような、中途半端な状態で行き詰ってしまう。彼らは結婚しているのに結婚していたくないとか、ある人と結婚しているのに他の誰かと一緒になりたいと妄想することで、この痛ましい状態を経験する。

結婚した人が結婚していたくないという欲望を永遠に抑圧しようとしているならば、結婚が十分に満足できるものではないのだろう。そして、結婚を十分に受け入れることができていないのだろう。つまり、そこには与えられた人生を十分に受け入れないという状態がある。彼あるいは彼女は人生に抵抗しているために、本当の意味で老熟することはない。歳を重ねても、その人の人生は深まらない。その人生は年齢が成熟の牽引力とならない空っぽの場所で行き詰まる。その場合、結婚は魂を作る冒険的事業にならないのである。

私はそのような結婚の失敗例を数多く見てきた。たとえば、ジョアンという女性は、好きではあったが愛していない男性と結婚し、子どもを授かった。彼女が私に語ってくれたことによると、彼女がその男性と結婚したのは、彼が裕福な家系の出身で、彼女に安定と快適な人生を与えてくれるからだった。夫と友人だったので、彼女は愛情がなくても生活できると考えたのだった。しかし、時が経つにつれて、彼女は結婚が次第に空虚に感じられることを発見した。彼女は間違っていた。彼女にとって、愛情は大切だったのだ。

愛情は、あなたが老熟し、人生を味わう上で重要な経験の一つである。ジョアンが私に会いに来たとき、彼女は自分の人生に不満だった。彼女は自分の結婚に感情的な距離を感じ、次第に愛情が重要であることに気づき始めていた。彼女は離婚を望んでいなかった。なぜなら、離婚は彼女にとって深刻な失敗を意味するからだ。彼女の家系に離婚した人は一人もいなかった。また、彼女は息子を傷つけたくなかった。彼女は多くの人を苦しめる袋小路に迷い込んでいた。袋小路は人に行き詰まりを感じさせ、良い動きをできなくさせる。私は、心理療法でよく語られる関係の行き詰まりにおいて、次々に解決策を考案するゲームに巻き込まれないように試みる。そのようなアプローチは、行き詰まりをさらに明らかに泥沼化させる。その代わり、私はその人の人生の物語、結婚、不安、願望、夢、人生の希望についての物語を探索する。

私の心理療法におけるアプローチには五つの主な要素がある。

1. 物語：人生の物語を丁寧に聴く。
2. 夢：魂の原材料や年表を見るために夢を追う。
3. パースペクティブ：その人のパースペクティブ（観点）を表現してもらう。たとえば、クライエントが自分自身を裁いたとしても、こちらは裁かない。

4．ダイモーンと向き合う：その人の内面に浮上する課題に取り組んでいく。
5．スピリチュアリティ：究極の意味や神秘――スピリチュアルな次元――についての問いを受け入れる。

心理療法の目的は、問題に対する合理的かつ論理的な解決策に至ることではなく、異なる仕方で問題を探究することである。そうすると次第に新しいパースペクティブが浮上し、心理療法における集中的な内省から解決策が出現する。

心理療法は、人が人生に再び関与し、行き詰まりを乗り越えるための作業であり、その点で、老熟のプロセスを手助けできる。たとえば、ある男性あるいは女性が、本当の意味で結婚したり、離婚したりすることを手助けする。人生の他の局面においても似たような動きが求められる。たとえば、面白くない仕事やキャリアを始めることや辞めること、異なる地域に引っ越すことなど。

表面的なレベルでは、ジョアンの離婚のように、人々は変化を望んでいるかもしれない。しかし、変化は怖い。そのため、彼らは変化しないための卓越した理由を思いつく。ときに理由に説得力があるため、何が起きているのか、しばらく観察しなければならない場合がある。人は、ありったけの知性を発揮して先送りにしたり、防衛したりする。人は人生の変化を求めながら、それを死ぬほど怖がっている。

ジョアンは離婚が自分にとって唯一の選択肢であることを決断した。離婚のプロセスの通過には長い時間がかかったが、次第に彼女は自分がひとりであることを見いだし、つながりと愛情を感じられる新しい人生と向き合えるようになっていった。それは葛藤と不満を数年経験した後だった。葛藤と不満の数年間も、内面的には生産的で、少なくとも離婚という終わりに向かっていた。そして今や、彼女は人生を謳歌し、自分自身を満足させることができている。彼女は老熟する道に戻っていった。年齢と活力は再び一つになったのである。

高齢期への移行

私たちが考慮しなければならない別の移行期は、老熟に向かう移行ではなく、初めて経験する高齢期であろう。人生の様々な局面で老熟することと、実際に高齢期に近づくことは決定的に異なっている。私にとっては七十歳になることが高齢期への本当のイニシエーションだった。私は自分自身を違う見方で見始めた。私に対する人々の接し方の変化がその理由である。私は年老いた人として扱われ始めたのだ。内面では、私は年老いていると感じていなかったが、私に年老いてほしいと思っている世界に適応しなければならなかった。

それから年老いた人に落ち着くまで、少なくとも五年はかかった。自分では若々しい七十六歳と思っているので、まだ完全には落ち着いていない。若さを保つために自分にできることはいろいろやっているが、私は人生で別の役割を担う時が来たことを知っている。言い換えると、私はまだ若さを感じているが、社会における年配者になることを喜んで受け入れるようになった。もちろん、結婚生活は古くなってほしくないし、結婚生活で年老いたと感じることはない。年配者である自分には社会生活で直面する。社会では人々が慣習的に応答するからである。

さらに、高齢期に入っていくことは、いつそれが起きようと、それ以前のアイデンティティの移行と同じくらい重要な通過儀礼となる。高齢期に入っていくことによって、あなたは考え方の整理を求められる。そして、実際に年老いた人という役割を受け入れ、身にまとうことを求められる。あなたは自分が知っている年老いた人のことを思い浮かべるに違いない。しかし今や、あなたがその立場にいる。

最近、私は妻と映画を観た。映画の登場人物のある女性は、とても歳を取っていて、老人として扱われていた。それがストーリーの核心だった。そのとき、ある登場人物が老人の年齢を口にした。なんと、それは私の年齢だった。しばらくの間、私は固まってしまった。私は、彼女のような年老いた外見や容姿でいなければならないわけではないと知っていたが、私はここでも高齢期と向き合うことになった。

あなたは一回限りの通過点をくぐっていくのではない。あなたは自分を軽くへこませる経験を繰り返し、人生やアイデンティティについて考え直し、これまでと違うあり方で世界に存在しなければならない。移行期の様々な瞬間が車輪を少しずつ回転させ、あなたが新しい認識を得ることを強いるのである。様々な瞬間は、たとえ無意味に思えても、あなたが適切に老いに向かっていくための全体の影響に加わっている。あなたの仕事は、年齢や運命を受け入れると同時に、加齢によってつぶされない内面の若さを満喫することである。過ぎ去る時を拒否するならば、若さを保つことはできない。内面の若さと加齢のカレンダーは、互いに支え合うコインの裏表である。

移行期は常に簡単ではない。あなたは移行期にうんざりして、安定した段階にとどまろうとするかもしれない。私は心の準備ができていない著述家に数多く会ってきた。彼らは即時の成功を望み、自分の作品が認められて称賛されることを必死で求めていた。彼らは私に支援を頼んできた。著述家という役割になるためには成長する必要があると私が言っても、彼らは聞き入れなかった。自動的に著述家になれるわけではない。あなたはたくさんの仕事をこなして、特定のイニシエーションを通過し、個人的に成長しなければならない。もちろん、彼らは成功するかもしれない。未熟な著述家であっても、運よく宝くじに当たることもある。しかし、彼らは、本当に素晴らしいクリエイティブな仕事が与えてくれる深い喜びや充実感を満喫することはないだろう。言うまでもなく、私が「成長しろ」と言うのはおこがましい。しかし、私は成長したいと願っている。

変化が要求される不快な時期、すなわち人生のどん底を進んでいくことは、誰にとっても老熟するために重要だと思われる。苦悩が際立っているとき、成長しつつあると見抜くことは難しいかもしれない。老熟についての個人的な哲学があれば、困難な挑戦の中のポジティブな可能性を見抜くことに役立つかもしれない。それは、人生が苦しみと喜び、良い時と悪い時の混ぜ合わせであることを理解させてくれる。老熟に向かう態度があれば、あなたは人生がどん底に陥り、適応することを強いられるときに、絶望感でくじけることはないだろう。あなたが挑戦を受け入れ、忍耐強く移行期を歩み続けるとき、本当の老熟が始まるのである。

[脚注]
(6)『ユング自伝1』みすず書房 19頁
(7) Ralph Waldo Emerson, *The Portable Emerson*, eds. Carl Bode and Malcom Cowley (New York: Penguin Books, 1981), 214.

第二部：歳を重ねて、より深みのある人物になる

PART TWO: BECOMING A DEEPER PERSON AS YOU AGE

どれだけたくさんの道を旅しても、魂への道は決して見いだせない。その意味するところはとても深遠である。

——ヘラクレイトス

第４章：メランコリー：幸せへの道

わたしたちは痕跡として残り、中国のシルクスクリーン印刷のかすかに見える縫い目や、顔料やカーボンの微細な重なりの希薄さのなかに生き続ける。どんなに希薄であったとしても、それらは人間の顔が持つ深遠さを表現することができる。ユニークな不協和音の旋律からなる楽曲の短いメロディーのように、わたしたちがこの世を去ったずっとあとになっても余韻を残す。これが、わたしたちの審美的な本質の希薄さであり、遺され、生き続ける、年老いた愛しいイメージなのだ。

――ジェイムズ・ヒルマン(8)

さて、あなたは老いについて悲しんでいる。あなたは人生の終わりに近づいている。あなたの身体は以前ほど壮健ではなく、柔軟でもない。あなたの友人たちが亡くなっていく。あなたは健康について不安を抱えている。あなたの物忘れはひどくなっている。老年のこうした側面の何を好きになればいいのだろうか？なるほど、メランコリーは願望や歓喜と同じように自然な気分なので、それを正しく理解する方法を見いだせないならば、あなたがそれを見るときに幸せであることはないと思われる。

歳を重ねるにつれて、悲しみはプロセスの自然な一部になる。悲しみに投薬したり、悲しみを乗り越えるために人工的に幸せになる努力をしたりする必要はない。実際、この実存的な自然の悲しみを受け入れるならば、悲しみに圧倒されることはなくなり、それは気分の流れの一つになるだろう。あなたに向かって押し寄せてくる感情や気分の流れに身をゆだねることができるようになるとき、あなたはより活力を感じ、より防衛的ではなくなり、より存在感があるだろう。

この自然で適切な悲しみを「抑うつ」として語ることを、私は避けた方がよいと思う。「抑うつ」という単語は臨床用語であり、今日では、たいてい投薬という逆症療法的な反応を自動的に引き出してしまう。さらに悪いことに、あなた自身もメランコリーについて、病気だから治療して治すべきと考えてしまう。「抑うつ」という単語を使わない方法がある。一つは、自分の感情について具体的に語ることである。悲しいならば、それを悲しみと名づけよう。切ないならば、それを切なさと名づけよう。怒っているならば、声に出して怒りを示し、明確に言葉にしてみよう。多くの感情の問題は、私たちが今何を経験しているかについてもっと具体的に理解すれば、軽くなるだろう。

もう一つの方法は、今ではあまり耳にしなくなったメランコリー（憂うつ）という古い用語を使うことである。メランコリーは臨床用語ではない。あなたはメランコリーを訴えて医者にかかったり薬局に行ったりしない。メランコリーを警告する掲示物を見かけることもない。それはつらい悲しみや活力の喪失であり、病気ではないからだ。

メランコリーと老化を結びつける伝統は何世紀も前からある。単語それ自体も中世にルーツがある。メラニス（melanis）は黒を意味し、コリー（choly）は古典的な体液の一つ（胆汁）、あるいは性格特性のことである。歴史的な文献においてメランコリーは「黒胆汁」と関連付けて語られる。それは良いものではないが、自然なものである。

メランコリーの黒胆汁は病気ではなく、一つの状態であり、性格特性あるいは状況によって作られた気分とされた。それはまた特定のライフスタイルの結果でもあった。私がしばしば参考にする中世ルネサンスの魔術師マルシリオ・フィチーノは、『生命論』という全三巻の著作を執筆した。第一巻の『健康な生活について』では、「黒胆汁」に取り組む方法が提案されている。数多くの食物や良い音楽について述べた後、彼は「きらめく水そして緑色や赤色の物を凝視することを勧める。庭園、森、川岸、美しい草原の散歩を勧める。乗馬、ハイキング、穏やかな帆走、あらゆる種類の組み合わせ：楽しい仕事、変化に富んだ気苦労のない作業、心地よい人々と定期的に交際することを勧める」と述べている。

シンプルで日常的な活動は健康を改善できる。それは多くの年寄りを悩ませるメランコリーの黒胆汁を消し去る。森の中を散歩すること、きらめく湖や川を見つめること、ネガティブな人々と一緒にいないこと。今日、私たちはルネサンスの医師フィチーノが語るような知恵を失ってしまった。私たちは健康や気分にとって自然に触れること、周囲の人々について考えること、庭園や木々の価値を理解することがどれほど重要かに気づいていない。ちなみに、フィチーノがきらめく水の近くを散歩するようにと助言するとき、「きらめき」が重要である。古い水ではダメだ。散歩の時間によっては、きらめきを捉えることができるに違いない。

あなたが歳を重ねることについて悲しさを感じているならば、その気持ちを抑圧すべきではない。あなたがどう感じているか、誰かに語ろう。それから、メランコリーに対抗する刺激的な経験で生活を充実させるのだ。あなたが臨床的にうつ状態ならば、私はうつ状態の根本に向かうことを勧めたい。しかし、これはメランコリーである。自然や友好的な人々を通してポジティブな経験をすることによって、元気づけてもらうことはかまわない。

メランコリーは人生の自然な一部なので、たとえそれが性格特性であろうと、あなたは手放すことができる。メランコリーを抑圧しないことが自然な境界や限界を保つ助けになる。メランコリーに過剰に巻き込まれると、問題が起きる。大事なことは、数多くの感情の中の一つとして悲しみを受け入れることである。メランコリーを支配しようとしたり、それを人生における感情の基準にしたりしないほうがいい。それは今起きているあらゆる出来事とつながっていると見ることもできる。そうすると、メランコリーは境界の内側にとどまるだろう。

友人ヒルマンは、いつも自分の怒りについて語っていた。それが表現されることを望んでいるときは、ためらわなかった。彼の写真を見ると、たとえ笑顔でも、彼の怒りを一瞥することができる。彼の座り方を見てみよう。彼は今にも戦おうとしているかのようだ。一方、私は自分自身に「自分の悲しみを語りなさい」と言い聞かせなければならない。私はメランコリー傾向を持っている。それは幸せやユーモアのセンスを邪魔するものではない。怒りがヒルマンを煽っていたのと同じように、メランコリーは私の想像に栄養を与えている。

最近、私は自分自身の写真を見た。はじめは後姿を撮られていた。私は自分自身に向かってつぶやいた。「この悲しそうな瞳を見てみろよ」。ときに私は、その瞳の悲しさは四歳のときのボート事故でほとんど死にかけたことに由来しているのではないかと思う。

私たちは皆、牛のようだ。常に過去の思い出を反芻し、それを意味づけようと試み、何らかの平穏にたどり着きたいと思っている。つい最近、私は妻に言った。「湖で自分の人生を失いそうになり、祖父が私のために亡くなったことについて考えないと、一週間が長いよ」。そう、私はまだ四歳のときの記憶を頻繁に思い出し、いったいその意味は何だったのだろうかと不思議に思うことがある。それはときどき私が感じる恐怖の原因ではないだろうか。今でも湖でボート漕ぎを楽しもうとしたり、リラックスして水泳しようと思うときに、確かに私に影響を与えていることが分かる。私がリラックスした水泳と考えていることを、私を見ている他の人々はパニックと考えるに違いない。

しかし私はまた、この危険で恐ろしい経験が私に与えてくれたものは何だろうかと思う。ときどき私はそれが研究や内省という私の生真面目な人生の道をお膳立てしたのではないかと考える。死に近づく経験は注意力を発揮する方法となる。それはまた、シャーマンの経験によく似ている。多くの場合、シャーマンは、スピリチュアルなリーダーになるために、早期の病気や傷つきを克服している。私は自分がシャーマンであると言いたいのではない。誰もがシャーマンの素質を持ち、人生の背景に潜む神秘を見抜くことができる。

私の父の父、つまり祖父は、ときどき私を連れて小さな湖に小さなボートを漕いで釣りに出かけた。あるとき、私たちは大きな湖に行ってみた。すると、ものすごい強風が吹き、ボートは転覆した。

祖父は、私が荒波に巻き込まれないようにあらゆる手立てを講じ、必死に私を抱き締めながら、転覆したボートの逆さまになった船底にしがみついた。祖父は溺死し、私はしばらくして救出された。祖父は現代の多くの人が好むような男性、すなわち政治的に正しく、女性的側面を持つ男性ではなかった。祖父は朴訥だが繊細で、善良な人だった。しかし、祖父は自分の命を私に与えた。祖父は何と寛大なのだろうか。おそらく私は、その日、あらゆる男性を有害な家父長制の代表として裁いたり、すべての社会悪を階級としての男性に押し付けて責めたりすることを拒否し、男性たちのために立ち上がることを学んだのかもしれない。

その事故により、私は死に接触した。四歳だった私は、シーツと毛布が身体にしっかりとかけられた大きなベッドの中で、意識を取り戻した。私は誰かが「葬儀屋」の話をしていたのを聞いた。そのため、自然に自分は死んだと思っていた。シーツがしっかりとかけられていたので私は動くことができなかった。部屋の中の声はみんな陰気でひそひそ声だった。私は、葉っぱの中に埋められて、まるで死んだかのように嘆かれている若者みたいだった。それは人類学者によって記述された、コミュニティの中で新しい命を授かるための通過儀礼そのものであった。私のイニシエーションは四歳のときで、スピリットに捧げる長い人生の準備となった。

人生の早期に起きたこの事故は私を老熟させた。それ以降、私は家族の他の子どもたちと明らかに違った。もちろん、少年らしさも私の性格やアイデンティティの一部だった。しかし、死に接触したことが普通ではない生真面目さを私に与えたことは間違いない。九年後に、私は聖職者になるために家を出た。

その事故の意味や影響について結論に達することがあるとは考えていない。しかし、その事故について振り返ることは、七十年間にわたって、私が歳を重ねる上で重要だった。それにより、私自身の自己に向かって成熟していくことができた。その事故の物語は、人生が私に与えてくれた原材料の一部といえる。それは重要な出来事として際立っている。私は時折事故について考え、私にどのような影響があったのかと不思議に思う。このような「ふしぎ」について思いを巡らせることは、私の魂の作業、人生をプロセスする作業である。

また私は、神学校に通うために十三歳で家を出たときに感じた、つらいホームシックのときから、慢性的な軽度の悲しみが残っているのではないかと思う。それとも私の気質だろうか？　その起源が何であれ、メランコリーは私に作用している。それは私に静寂をもたらす。私を喜ばせる状態だ。メランコリーを拒否したり、コントロールするために必死で努力しなければならないならば、私は情熱や喜びを失うだろう。メランコリーは幸せへの道である。

詩人ウォレス・スティーブンスは、次のように書き残している。「ある神の死は、すべての神々の死である」。私はこの賢明な格言は感情にも当てはまると思う。悲しみを抑圧すると、感情生活のすべてが苦しむだろう。感情はパッケージでやってくる。それらのうち、どれがあなたにとって喜ばしく受け入れやすいかを選択することはできず、残りを却下することもできない。

土星のもとに生まれる

ルネサンス初期の書物は、黒胆汁にも良い点はあると書いている。私たちは、物事の本質として、黒は美しいということを覚えておかなければならない。第一に、黒はあなたに重厚さや真剣さを与える。多くの人々は、自分の人生を真剣に感じ取ろうとしない。あまりにも軽く考え、人生で上下に飛び跳ねている。メランコリーは止まって考えることを強いる。黒胆汁の伝統的イメージの一つは、しばしば暗いユーモアと言われるが、老人が自分の頭を抱えているというものだ。ロダンの有名な「考える人」が一例である。この姿勢は、ある種のムドラー（訳註：ヒンズー教の踊りにおける儀式的な手の動き）あるいはスピリチュアルな姿勢そして実存的な姿勢であり、メランコリーに苦悩する人が何を行うことを必要としているのかを示している。彼は立ち止まり、人生について内省しているが、その姿勢が重々しさを示している。

メランコリーは、良い人生に必要な、重々しい精神が次第に性格や態度や行動に染み入ることの役に立つ。メランコリーによって、あなたは他人の判断に自分の人生をゆだねるのではなく、自分自身の自信を感じ始める。また、自分の人生の責任を引き受け、自分自身の知識、直観、経験をもっと信頼するようになる。フィチーノは『生命論』で、古代の人々がサファイアからサトゥルヌス（訳註：ローマ神話に登場する農耕の神。ギリシア神話のクロノスに相当する。土星の守護神）のイメージを作ったことを述べている。そのイメージは、玉座あるいは竜に座る老人であり、頭部が暗い亜麻布で覆われ、大鎌や魚を握る手は頭部よりも高い位置に掲げられ、暗いローブをまとっている。

ここにメランコリーについてのヒントがある。メランコリーは、受動的な苦悩ではなく、人生のコントロールであり、人生の玉座に自分自身を座らせる。老人は頭部を布で覆っている。ルネサンス時代、人々は囲われた場所にいることや、広いつばのある帽子をかぶることを推奨されていた。感情の日差しに常にさらされないようにするためである。土星は遠く離れた惑星として、静寂や距離を意味していた。フィチーノのアドバイスに従うならば、老いのメランコリーを感じるとき、私たちは何らかの方法で頭部を覆い、世界から良い形で引きこもって、自分の人生に自信を持たなければならない。

しかし、私たちはこの重々しい精神の影響を受け過ぎてしまうことがあるため、ときにはそれに対抗しなければならない。フィチーノは、白い服を着ること、活発な音楽を聴くこと、屋外でできるだけ多くの時間を過ごすことを勧めている。私は、以下の両方を同時に行うことができると考えている。メランコリーを受け入れ、しっかりとその中に入ること。同時に、陽気な楽しい活動でそれをやわらげる方法を見いだすこと。

ほぼ毎日、私は老いのメランコリーを感じる。永遠に生きることができたらと思う。死にたいとはまったく思わない。ある意味で、死は私に死を受け入れることを強いてくるが、私はそれが気に入らない。人生はつらいこともあるが、美しい。いずれにせよ、死を受け入れる以外の選択肢はないが。さらにフラストレーションがたまることに、私たちは死について何も知らない。せいぜい死後の世界を願うことができるだけだ。多くの理性的な人々は、死後の世界は私たちを慰めるための幻想だと言うだろう。

ウディ・アレンの有名な言葉がある。「死ぬのは怖くない。ただ事が起きるとき、そこにいたくないだけだ」。これはまさに私の気持ちを正確に表している。後期高齢者になりつつある私は、この言葉を拡張してみた。私は原則として死を認めることはできるが、死のために使える自由な時間がない。

あるとき、ヒルマンは私の瞳を見ながら、まるで手袋を投げ捨てるかのように言った。「私は死についてては唯物主義者だ。死で終わりだと考えている」。彼と私は非常に親しい友人だったが、彼は私の内面に宿る修道士を決して好まなかった。生涯にわたって唯物主義的なあり方と対抗する議論を続けてきた彼が、自分は唯物主義者だと宣言したとき、私は内面の修道士に話し掛けられていると感じた。

老いるときに、メランコリーを感じることには当然の理由がある。私の妻は夜になるとメランコリーを感じると教えてくれた。そして、この感覚は彼女の老化の一部だった。私たちはあらゆる側面で正反対である。私は朝にメランコリーを感じる。あと何日の朝が私には残されているのだろうかと考えるのだ。あなたにはあなたのメランコリーがある。それについて法則はない。

すでに告白したように、自然な色合いのふさふさした髪を持つ男性を見ると、私はメランコリーを感じる。私にもそういう髪――ふさふさで柔らかで艶やかな髪――があったことを覚えている。これは束の間の感覚に過ぎないが、私の人生にメランコリーが持ち込まれることにはうんざりだ。私に若さ、褐色の髪、終わらない朝があればいいなと思う。

この悩ましいメランコリーを取り除く方法を探すにつれて、私はそれを受け入れなければならないことに気づいた。それは取り除けない。それは老いの一部であり、他に良い選択肢はないのだ。私はメランコリーを感じ、その気分を自分に浸透させ、それによって自分を正真正銘の老人に変容させなければならない。その老人は、自分は老人ではないと主張したりしない。年齢が征服する。勝ち目はない。自然にまかせるしかない。自分の正確な年齢を受け入れて冷静に立ってみよう。言い訳は通じない。拒否もできない。こっそり立ち去ることもできない。

私が週末ワークショップを行っていたとき、最前列に座っていた高齢期の女性が、自分の活力や元気を示しながら、「老いることは弱虫には厳しい」と言った。彼女の主な不満は、多くの親しい友人が亡くなったこと、このまま歳を重ねるならば、喪失が続くことだった。彼女が気持ちを込めて話していたとき、私は百歳の父が、友人はすべて自分より先に逝ってしまった、と話してくれたことを思い出した。それは悲しいことだ。

ただし、この悲しい現実のもう一つの側面は、あなたが元気だという事実である。あなたは高齢期を生きるという贈り物を授かっている。あなたには新しい友人がいて、逝ってしまった友人には与えられなかった経験の機会に恵まれている。節度のある喜びには理由がある。宇宙があなたに与えた年月と共に、自分の運命と調和する深い喜びを見いだすこともできる。悲しみに耽る必要はない。

老いることに限らず、あらゆる道において、性格、歴史、能力、弱さ、知識、無知を知り、ありのままの自分であることは、重度の神経症に陥ることなく生きていくための秘訣である。多くの人が、自分の性質や経験を微妙な仕方で価値下げする方法に注意を向けてほしい。多くの人は、他の誰かになるために、自分自身について小さな嘘をつき、隠そうとする。そして、本当の自分を見られないようにユーモアを使う。あなたはそれに倣う必要はない。高齢期のメランコリーに取り組む良い方法の一つは、周囲の人々にあなたを見せることだ。

哲学に古い言葉がある。存在することは知覚されることである。あなたの存在、あなたの人生、活力を感じるためには、あなたは見られる必要がある。あなたは何者かということを見られるとき、あなたは存在する。あなたは見られると、存在へと押し出される。すると、あなたは自分の人生や自分の存在を感じるのである。あなたが恥ずかしいために隠れるならば、あなたは存在しない。あなた自身にとっても存在しない。あなたは透明になる。

したがって、老いに向かうための良い方法は、あなた自身を見てもらうことである。歳を重ねるたびに、社会に出よう。隠れてはいけない。言い訳をしてはいけない。たとえ褐色の髪が灰色になってしまっても、あなたが何者かということを周囲の人々に見せるのである。

数年前、詩人ドナルド・ホールの読み聞かせと講演を聞くために、たくさんの人々が小さな公立図書館の地下室にぎゅうぎゅう詰めになった。彼は八十代だったが、集まった人々にとって彼の存在がとても重要であることが分かった。それを見た私は、八十歳を過ぎたら公共の場に出ることを止める、という考えを改めることにした。私は自分の老いを隠し、弱々しい自分の姿を見せないことを考えていた。しかし、そのときの飾らない状況におけるドナルド・ホールの気高い存在感は、可能な限り私も人前に出て講演や教育を続けようと想像することを勇気づけた。八十歳を超えて人前に出てもいいじゃないか。

最近、この世界をどのように細かく徹底的に見る必要があるかという、よく見ることの重要性についての話はたくさんある。しかし、私たちは見られる必要もある。私たちはよく見られる対象になる必要がある。このプロセスにおいて、魅力的な人物になるために、私たちは他人を必要とする。それはコミュニティのプロセスである。素晴らしさと不完全さの両方を含めて、自分が何者かを見てもらうために、私たちはコミュニティを必要としている。

メランコリーの気分も見せよう。それはあなたに十分な存在感を与えることができる。それを見せなければ、あなたは部分的にそこにいるだけだ。なぜなら、メランコリーはあなたが何者であるかということの一部だからだ。私たちは自分を創り出すのではない。私たちは創り出されるのである。私たちは自分が何者になりたいかではなく、何者であるかを見せなければならない。そして、自分を示す中で、私たちは何者かになるのである。

メランコリーは憂うつであるべき

自分はメランコリーだと言うとき、もう一つの共犯的思考が巡っているに違いない――「元気でいるべきだ。私は何かおかしい。人に嫌われる」。私たちはメランコリーを病理化し、それを正当な気分というより、問題として考える傾向がある。しかし、それだったら、いつも陽気な人々についても不思議に思うべきではないだろうか。永遠に日差しを浴びなければならない理由は誰にもない。実際、私の考えでは、いつも不変の幸福感は気分障害である。

メランコリーにおいて、あなたは自分自身や世界について発見する。それは陽気な雰囲気の中にいると見えないものだ。憂うつな調子の中で、あなたは、現在の環境に満足していないとか、ある特定の関係が自分にとってよくないとか、自分の創造性が発揮されていないなど、何かを変化させなければならないことに気づく。灰色の気分は、日差しによって覆い隠されていた物事を見るフィルターのようだ。その新しい気づきは助けになるだろう。メランコリーもあなたに仕えているのである。

老子は言う。「禍いは福の倚るところ（五十八章）」。この精神に倣えば、活力はメランコリーに根差しているといえる。誰の人生においても両方の気分の居場所が求められる。メランコリーは活力の母であり、根源そして基盤である。メランコリーに居場所を与えるならば、あなたは深い幸せの機会に恵まれる。

さらに説明しよう。人が幸せと呼ぶものは、単に悲しみを回避する努力に過ぎない場合がある。もう少し心理学的な用語を使うならば、幸せは不幸せに対抗する防衛になる場合がある。私たちは不幸になりたくないし、悲しみを見せたくない。そのため、私たちは陽気なイメージを描く。しかし、それはリアルではないか、あるいは少なくとも薄っぺらい。このうわべだけの幸せは本当の満足をもたらさない。しかし、ともかく一時的には、それは悲しみよりもいい気分を感じさせる。
老子の言葉は、このことに適用できる他の洞察に続く。

聖人は、鋭敏さで他人を割かず、
清廉潔白さで他人を傷つけず、
真っ直ぐであっても押し通さず、
光があっても輝かせない。

私たちは「メランコリックだが意気消沈しない」と付け加えることができるだろう。純粋な気分を見せてみると、それは隠そうとするほどではない場合が多い。老子は控えめに気分を表現することを提案している。これは気分を吐き捨てるやり方ではない、自分の感情を示すための繊細で興味深いテクニックである。それが「陰と陽」のやり方である。あなたが実際に感じている気持ちをやわらげて表現するのだ。

メランコリーに取り組む最初の段階は、それと闘ったり、治そうとしたりする必要はないと認識することである。メランコリーについて周囲の人々に知ってもらうために、あなたはその気分について話すことができる。そうすれば、あなたがその気分を受け入れていることが分かる。うわべだけの陽気さを保つために生活するのではなく、メランコリーのある生活をデザインするとよいだろう。独りになるために、少なくともしばらくは、パーティや集会の招待状に断りを入れるとよいかもしれない。メランコリーに降参して人間嫌いになるべきと言っているのではない。メランコリーが生活の中にしっかりと織り込まれるまで、しばらくの間メランコリーを受け入れることが大事である。あなたは時間をかけてその作業に取り組まなければならないだろう。

本書で自分のメランコリーについて執筆することは、私にとって治療的な方法である。すでに述べたように、私は、持続する、不可解な、複雑な悲しみを抱えている。私は老いのポジティブな側面を書くこともできると思うが、私は老いることを悲しいと思っていることを告白する。また、老いが創造的で満足をもたらすものだとも思っている。感情について語るときは、すべての感情について念頭に置くことが助けになる。私は老いの苦悩を告白できる。けれども、老いの全体的な幸福感や、歳を重ねることの本質的な側面である真の自己に向かっていることも感じられる。これは魂のある老熟を意味する：あなたは全方位の感情——ときに互いに矛盾する感情——を抱えながら、老熟する。魂を生きる人は、多様な感情の集合に圧倒されることなく、それらすべてを抱えることができる。それは重要なアートであり、それなしではやっていけないスキルである。

『道徳教』の一節を思い出してほしい。聖人、すなわち最善を尽くそうとしているあなたのことだが、鋭敏さで他人を割かない。割くのはやり過ぎだが、とはいえ単に柔らかくなるわけでもない。鋭敏であれ。メランコリーも同じである。抑うつに陥ったら、自然に受容的な方法で悲しみを大切にしよう。周囲の世界にあなたの抑うつの種を撒くことができる。抑うつの人の周囲にいることは簡単ではない。しかし、メランコリーは慰めになる場合がある。

これまで私には感情が上下する友人が二、三人いた。彼らは、ある日は陽気で、別の日はメランコリックだった。私はどちらの気分も好きだったが、どちらかと言えば、メランコリーの静かさのほうが好きだった。社交的な陽気さの中より、悲しみの時に友情のための余地があった。陽気であることよりも悲しみのほうがよいと言っているのではない。「上向き」でないときの価値にも気づくことが大切である。

『道徳教』から学ぶべき別の教えは、たとえそれが悲しみ、怒り、欲望であれ、押し寄せる気分の方向に動くことである。ただし、それが過度であってはいけない。自分を捕らえている気分を受け入れ、それについて語り、その動きを認めるとき、あなたは自分の生活をその気分にほどよく順応させることができる。もしあなたが怒っているならば、あなたの言葉や行動に怒りを乗せてみよう。しかし、手に負えなくなるやり方はいけない。

たとえば、フィチーノの方法に従い、メランコリーと調和するように着飾ることができる。暗い服、憂うつな帽子、スカーフ、ベール。独りで散歩する、瞑想的な音楽を聴く、素敵な風景の白黒写真を身近に飾る。睡眠を長くとる、動作をゆっくりにする、おしゃべりを減らす。こうした活動はメランコリックな気分と調和する助けになる。メランコリーに完全に圧倒されることなく、それを受け入れることになる。

メランコリーになるコツ

私たちの多くは老いを幸せと思わない。過去の日々を思い焦がれ、壮健な身体を願う。友人や恋人、家族や同僚を亡くして寂しく思う。私たちが感じる悲しみは自然で理解できる。また、それはどうしようもないことである。それは人生経験の一部である。

偉大なゴルファー、アーノルド・パーマーは、二〇〇四年に最後のマスターズでプレイした（訳註：七十四歳六か月で五十回連続出場）。彼は「厳しい一週間だった。これで競技プレーヤーとしてのキャリアが終わった。もう大会に出ないし、あと一回勝つための努力も必要なくなると知っていた。そう、老いることは地獄だ」と述べている。[9]

しかし、老いは私たちを打ち負かそうとしているわけではない。あなたが老いについてできることもある。単に与えられるままに老いを受け入れたり、老いに降伏したりする必要はない。あなたは感情には決して完全に降伏する必要はない。感情に取り組むコツがある。そのコツそれ自体が助けになる。

ある意味で、アーノルド・パーマーはキャリアの引退ということにおいて強い印象を与えた。彼は試合に大変な注目を集め、彼の全盛期を知らない若いプレーヤーたちを啓発した。

あなたはメランコリックな音楽や絵画を楽しむことを学ぶこともできる。もし悲しみを感じているならば、サミュエル・バーバーの有名な「弦楽のためのアダージョ」やバッハの「G線上のアリア」、あるいは、たくさんのメランコリックなカントリーソングを聴くのはどうだろうか。私にとって悲しみとロマンスの両方に触れる楽曲は、エリック・クラプトンの「ワンダフル・トゥナイト」である。ウィリー・ネルソンの「セプテンバー・ソング」も、愛情とメランコリーを結びつけるポピュラーソングである。あるいは、レナード・コーエンの「スザンヌ」。しかし、音楽は個人的なものなので、あなたは自分の悲しみに寄り添うことができる正しい楽曲を見つけなければならない。

ビジュアル・アートも感情を想像の領域の奥深くに連れ出してくれる。そこでは感情がトラブルではなくなる。イメージは、形を与えることによって、感情の生々しい力を取り除き、意味のヒントをもたらす場合がある。本当に難しい感情は、理由なしに強い力で押し寄せる。イメージは、そうした感情を説明するのではなく、理解可能そして把握可能な何かに置き替える。

映画「トゥルーマン・ショー」を例として挙げよう。主人公の生活のすべてはテレビのリアリティ番組だった。彼は自分のしていることすべてが何百万人ものテレビの視聴者に見られていることを知らなかった。生活のすべてはセットであり、彼が出会うすべての人物は脚本に従っていた。最後に、彼は本当の空に通じるドアを発見し、そこから脱出して、自分自身の人生を生きる。

この映画は、多くの人々にとって、社会が承認し奨励する生き方を止め、自分自身の人生を発見する希望を見いだす助けになった。ありのままの自分であることの重要性や、世間に従うときに多くの人が感じる空虚感の理解を深めた。いくつかの映画は、通常は見ることができない、人生の喜びを妨げる重要なパターンを見抜く助けになる。

私たちは生涯にわたってビジュアル・アートと生きていく。その教訓と洞察のもとで呼吸する。だから私たちは、歌や音楽を繰り返し聴き、それを私たちに染み込ませ、良く機能させようとするのだ。悲しいとき、アートは感情にイメージを与え、そうでないときよりも消化しやすくさせる。アートは感情を抑圧せず、感情と距離を取ることを促し、重い感情をやわらげる。

自分で絵を描いたり、演技したり、音楽を作曲するとさらによい。ただ歌を歌うだけでも、あなたの重い気分はやわらぐはずだ。出てくる声にまかせて、歌を作ろう。このように歌うことは癒しになる。厄介な感情を外的な形（絵、歌、詩）で表現することは、気分転換になる。あなたは厄介な感情を見たり聞いたりできるようになり、自分自身の中に抱えなければならないと感じなくなる。アートは厄介な感情を耐えやすい形に変化させ、あなたをクリエイティブにすることとさえある。

老いることとは、あなたを活動的な生活から、より沈思黙考的そして表現的な生活に連れ出す。メランコリーには、単なる悲しみだけでなく、静寂や黙考のクオリティがある。それは助けになり、実際に必要とされている。メランコリーになると、あなたは活動的な生活から引きこもり、ただ座り、物事を感じるようになる。あなたは人生の混乱に取り組み続けるために必要な軽やかな精神を持っていなかったのかもしれない。

メランコリーと天賦の才

美術史家エルヴィン・パノフスキーは、中世からルネサンスに至る美術にみられるメランコリーについて研究した。彼はメランコリーが病気とされていた頃から芸術的才能の兆しと理解されるまでの経緯を図解化している。自分の常識を確認すれば、あなたは同じような結論に達するだろう。あなたが知っているいつも陽気な人を思い浮かべてほしい。もしかしたらあなたはその人に成熟の欠如を見ているかもしれない。もしかしたら彼らは人生の困難な挑戦を認識していないのかもしれない。あるいは、彼らはときに憂うつな気分に浸ることにも意味があるということを認識していないのかもしれない。

もし完全に圧倒されることなく、メランコリーを経験の一部として受け入れることができるならば、あなたは言葉に重みのある思慮深い人物になれる。それは生きるコツの基本である。あなたは思慮分別に富む人生を歩んでいくために、人生の悪い面を含めて熟考しなければならない。このルールは老いることにもあてはまる。あなたがいつも陽気であろうとすることを止めて、十全に生きる人生の苦悩や苦労を理解し始めると、あなたの天賦の才は浮上する。

過度の陽気さだけでなく、感傷的な気分も、老いの妨げになる場合がある。感傷的な気分は若さを神聖化し、単純に大げさに扱い過ぎているのだ。若さにもそれ自体の苦悩や葛藤がある。私は、ふさふさした褐色の髪を失ったことについて語るとき、感傷的な気分に近づく。もしこの方向に行き過ぎてしまうと、私は老いの美しさを見落としてしまうだろう。豊かな人生にはメランコリーも必要であることを受け入れ、悲哀をよく知る人物に変化して、前に進んでいくことが唯一の道である。

旧約聖書のイザヤ書の中でキリストについて言及している箇所から引用された、ヘンデルによる「メサイア」の痛切な一節は要点をついている：「彼は悲しみの人で、病を知っていた」。病を知っている人は、回復した後に、喜びに満ちた人生を生きていくことができる。悲嘆を知っていることによって、彼らは信頼感や魅力が増す。

最後にあなたはパラドックスにたどり着く。抑うつに陥らずにメランコリーを受け入れることは、喜びに満ちた高齢期に至る確実な道となる。メランコリーを受け入れることは、それに溺れることでも避けることでもない。あなたは実際より美化したりロマンチックに描いたりすることなく、メランコリーについて語らなければならない。あなたはメランコリーを過剰に心配することなく、成り行きにまかせなければならない。メランコリーを受け入れて、それに溺れないように努力したところで、あなたが過剰に英雄的になることは決してない。

もちろん、老いることは悲しい。メランコリーの痛みは、高齢期へと緩やかに流されていく初期からあなたに随行している。それは喜びを削り取り、あなたを衰弱させ、悩ませるかもしれない。しかし、それはあなたの人生を深め、あなたに視点を与え、あなたの理解を鋭くすることができる。それはとても一般的なほろ苦い贈り物の一つであり、人間とは何かを学ぶときに慣れる必要がある。

［脚注］
（８）ジェイムズ・ヒルマン『老いることでわかる性格の力』河出書房新社、271頁
（９）ゴルフマガジン、二〇一六年十二月、25頁。

第5章：人生経験の整理

そう、忘却は呪いである。とりわけ老いたときには。しかし、忘却は健康な脳が行う重要な活動の一つでもある。記憶と同じくらい重要と言ってもよい。

――マイケル・ポーラン⑩

私は六十五歳の男性クライエントと向き合って座っていた。彼自身も心理療法家である。私は彼の人間理解やその時点の生活に葛藤がないことに感銘を受けた。彼は数多くの自分の問題を解決し、自分自身にとても満足していた。彼にはたくさんの親友がいて、サイエンス、アート、スピリチュアル・ライフに関心があった。彼が家族における自分の役割について話すのを聞きながら――言うまでもなく、彼の子どもたちは皆、成人し、結婚していた――、私は彼の魂の穏やかさと人生の豊かさに感嘆した。友人になりたいと思ったが、心理療法家でありながら友人でもあるという二重関係が簡単ではないことは知っていた。

私たちは夢に焦点を当てて心理療法を続けた。それは彼が生活の課題にどのように取り組むとよいかを示していた。しかし、多くの人の夢の素材である、流血、恐怖、妄想、建設、放浪はまったくなかった。彼の深層の生活も穏やかで整っていた。ほとんど何も起きないのだ。

ある日、彼はキャンパスで若者のグループに教えている夢を語ってくれた。その夢では、「取締役会」のメンバーが現れ、取締役会は彼が教えている内容を承認しないと言った。彼らは彼を追い出すことを決断していた。彼は自分の教え子たちを残すことに悲しさを感じた。彼は教えることを愛していた。しかし取締役会が承認しなければ、彼にできることは何もなかった。

しばらくの間、私たちは夢について語り合った。そして、私は、通常は経験しないような意味の喪失感に襲われた。多くの場合、たいてい夢が人生のある側面を説明する地点にたどり着く。夢を解決したり、明確な方法で夢分析の結果を日常に適用したりできるという意味ではない。しかし、このケースでは、夢が何を伝えているのか、夢とクライエントの人生のつながり、何が全般的なテーマなのか、夢が運んでいる真実は何か、まったく分からなかった。

私はクライエントが教会、学校、その他の組織とトラブルになった歴史があることを知っていた。彼は静かなる反権力者であり、体制側の人々の間では認められにくい役割をいつも担っていた。私の考えでは、彼はやる気を出さない反逆者だった。彼は自分の役割のために、何度も仕事を失っていた。

しかし今や、彼は定年になり、生活の中で関わらなければならない組織がなかった。彼に悲嘆を与える「取締役会」は存在しないのだ。彼は自由そして気楽で、誰かに対抗しなければならないことがなかった。そうなると、この夢はいったい何を意味しているのだろうか?

夢に意味がないということを私は信じない。しかし、私たちは意味を捉えることに問題を抱えていた。私は自分自身につぶやいた。このセッションは男性から無価値だと感じられるようになる。彼は定年しているので、自分の助けにならない心理療法家に費やすお金はないと判断するに違いない。私は挑戦されていると感じた。

しかし、そのとき、私は男性のライフストーリーについて考えた。すると、認められにくい役割を引き受け、取締役会に脅されるというテーマが繰り返されていた。定年した彼は、このパターンを今では生きることがないかもしれない。しかし、彼は過去の断片として、今になってその問題に取り組んでいるのかもしれない。体制側に拒絶されたときの純粋な感情が、彼の心のシステムの中で今でも消化されないまま漂い、居心地の悪さの理由になっているのかもしれない。

このように考えたが、他の考えがふと浮かんだ。それは夢のイメージとして典型的なものだ。私は取締役会を文字通りに捉え過ぎていた。誰もが心の中に取締役会を持ち、それに応えようとし、ときにうまくいかず、落ち込んでいる。その取締役会は自分のやったことに満足を感じさせない。このクライエントは、人生が自分に与えてきたあらゆる拒絶が罰のように思えて悲しんでいるのではないかと思った。

その後のセッションで、クライエントが失敗したときの気持ちにもっと直接的に入っていく機会があった。それは彼にとっては差し迫った課題ではなかった。彼は全般的に幸せで満たされた人物だった。しかし、その満足感の中にあってさえ、彼は過去の未完了の課題を抱えていたのである。現在は幸せでも、まだ彼を悩ませる早期からの積み残し。私は「取締役会」をそのように感じた。私たちは個人の歴史を振り返ることで、深い満足感に至る場合がある。

過去の経験を消化する

魂のある老熟とは、あなたの本質を生きることを意味する。あなたは自分の物語を繰り返し語り、好奇心をもって自分の経験を徹底的に探索する。あなたは自分自身について深く知り、その認識を踏まえて行動する。自分の物語を語るにつれて、あなたは自分の運命に入り込み、自分のアイデンティティを発見する。これらは表面上のことではない。アイデンティティは自我と関係ない。それは魂の奥深くから次第に浮上する。

「取締役会」の夢を見たクライエントは、大学のキャンパスでの経験を振り返らなければならないのかもしれない。私が祖父と乗っていたボートの事故で瀕死になったことについて考え続けているのと同じように。私たちにとって、そうした過去の経験が何を意味するのか、なぜ、そして、どのように私たちに影響を与え続けているのかは分からない。しかし、明らかに、それは何かを求めている。私たちにできることは、それらを忘れないこと、熟考すること、探究すること、そして、真剣に受け止めることである。年老いた人々は、静かに座っているときに、この作業を行っている。

本質的な原材料

他の出来事よりも取り組む必要性が高い出来事もある。この原則は心理療法に見ることができる。あらゆる人生において、その人の全体的な経験に特定の方向や傾向を与える大きな出来事がある。人によって、それは親の感情の問題、トラウマ的な出来事、あらゆる種類の虐待、助けてくれた親戚や恩師、深刻な病気、事故、地理的に遠く離れた場所への転居だったりと様々である。このように可能性はたくさんあるが、すべての人が、人生の物語を語るとき、特に強い影響を受けた重要な分岐点を見る。

そうした出来事に取り組むこと、とりわけ心を乱す出来事に取り組むことは、私のいう老熟に欠かせない。もし私たちがそれらの出来事に何もしなければ、それらは人生の流れを阻害し、成熟のプロセスである老いを妨げる。それらは、日常の会話や思考、夢に、注目を求めて浮上し続ける。

私は自分のセラピールームで、四十代後半から五十代前半の様々な女性たちと面接をしてきた。彼女たちは人生を前に進めることがとても難しくなっている。彼女たちはくつろげる関係や満足のいく仕事に落ち着くことができなかった。彼女たちのほとんどが共有している課題の一つは、両親が人生を二人で幸せに過ごすことに失敗しているということだ。

典型的に、父親は親密な関係をどうやって保ったらよいかを理解しておらず、家族をコントロールする過剰な努力についてフラストレーションを表現する。それにより、子どもは愛情を剥奪されるだけでなく、空虚な権威と慢性的な怒りの犠牲者になる。多くの場合、母親はなだめる人で、娘たちのために立ち上がることをせず、立派で心地良い家庭という実利主義にひきこもる。

私は全般的な特徴を描いているが、この記述は私が聞いてきた数多くの人生の物語を要約している。現代の西洋人の生活のイメージと言ってもよいだろう。多くの人は結婚のダイナミクスを上手に扱えない。そして、結婚生活の困難は子どもに受け渡され、子どもはやがて悪い子育てが自分に与えてきた影響を発見する。中年期になると、彼らは苦悩と共にその影響を感じることになる。両親の結婚生活の困難は、子どもの人生の物語の一部となり、ときに子どもが良い形で老いることを妨げる。

結婚の慣習や子育てに対する態度を再評価する必要があることは明らかだ。現在、そうした重要な役割の大部分は無意識的に伝達されている。そのため、非常に大きな影が結婚や子育てに忍び寄り、子どもの障壁となっている。大人になると、子どもたちは、結婚と子育ての無意識の衝撃に取り組まなければならない。深い課題に気づき、意識化することはよいことであろう。

人生を二分割することを好む人がいる。人生の前半は自分自身の課題に取り組み、後半は別の方向に向かっていくと言うのである。私は人生全体が複数の段階を通して展開していくと想像することを好んでいる。

おそらく私は自分自身の経験に影響を受けている。それは驚きの連続で様々な分岐点がある人生だった。私は長い間、修道士の見習いだった。十三歳で家を出て、独特で非常に制限の多い修道院の生活に身を投じた。多くの場合、人々は私のストーリーのこの部分に興味を持つ。しかし、私にとってそれほど注目すべきことに感じられない。おそらく、一九五〇年代には、それがさほど珍しいことではなかったからだ。私は数年にわたって自分の道を探して横道にそれ、宗教学の博士論文の執筆を通して再度方向性を見いだした。それらは明らかに修道院生活から続く自然の成り行きだった。しかし、それは私の予想を遥かに超え、魂について執筆するという究極のライフワークをもたらしてくれた。シラキュース大学での博士論文執筆は、私の世界を拡げた。その後、私はジェイムズ・ヒルマンと彼のコミュニティで学び始め、深層心理学とスピリチュアリティを結びつけることになった。

五十歳になって、私はようやく「卒業」した。私は二度目の結婚をして、娘を授かり、『失われた心 生かされる心』がベストセラーになった。遅かったかもしれないが、私の人生は劇的に変化した。私の同僚の多くは、もっと人生の早い時期に子どもを授かり、仕事で成功していた。私は自分の人生の円弧に五つか六つの重要な分岐点があることに気づく。

最初の五十年間には明確な区切りがある：死に近づいた幼少期、スピリチュアリティの勉強に明け暮れた青年期、先が見えなくて放浪していた時期、魂と精神あるいは心理学とスピリチュアリティを結びつけることについてさらに研究した時期、そして、最終的に、夫、父、社会のスピリチュアル・リーダーとして達成感のある生産的な生活を送るようになった。

五十歳は多くの試みの成就であった。幸せな子ども時代は幸せな子育てへ、また、聖職者になるという小さい頃の願いは、スピリチュアリティに関する著述家そして教師という、予想だにしなかった組織宗教と関係のない風変わりな聖職者へと変容させることができた。私のオフィスに来る多くの女性たちは、五十歳になると、職場や対人関係で堅固な基盤を見いだすときだと感じるようだ。しかし、トラブルのあった子ども時代によって道がふさがれていることが多い。彼女たちは、変容して老熟するために、自分の原材料に取り組まなければならないのではないだろうか。

あるクライエントは、十二歳のときの光景の一つが忘れられなかった。父親が、どうでもいいようなルールを破った彼女を、大声で怒鳴ったのだ。このイライラした、受容的でない、不合理な父親の怒鳴り声が、人生における彼女の居場所を定義する最早期記憶の一つとなった。大人になった彼女は、いくつかの心理療法を受けて成長した。彼女は、自分がどうでもいいような「ルール」を人に押し付けようとすることや、人生で様々な父親像に反発してきたことを発見した。しかし、それで心理療法の作業が終わったわけではない。彼女は今でも古いパターンに苦しめられていた。本当に老熟した自分になることは、この女性にとって、遠い背景にある元々のパターンや、男性との関係について学ぶことを意味していた。完全な解決など期待できない。

私たちは皆、作業に取り組まなければならない原材料を持っている。「作業に取り組む」という表現を使うとき、私は錬金術を念頭に置いている。ユングは錬金術を熱心に研究し、幸せな高齢期を私たちにもたらす様々な人生プロセスを説明した。錬金術は、老熟した人物あるいは成熟した人物になるプロセスのことを「作業」と述べている。この「作業」は、人生に意味を作り出したり、その意味を適切に実行したりするための、自分本位の自我の努力のことではない。そうではなくて、ここでいう「作業」とは、成熟した人物になるために必要なプロセスを通過することであり、いわばイニシエーションや通過儀礼といえる。私たちはそのために古い抑圧的な習慣から私たちを解放する様々な内省の方法を意識的に使わなければならない。

錬金術とは、素養を身につけた人物になるプロセス、あらゆる障害物の背後に隠された黄金の自己を見いだしていくプロセスである。中世の錬金術は、化学実験によって様々な物質の可能性や特性に関して慎重な作業を行った。現代の場合、人生それ自体があなたを魅力的な唯一無二の人物にするためのプロセスといえる。

具体的な原材料にどのように取り組むか

「振り返り・反射・内省（リフレクション：Reflection）」は豊かな単語である。それは「うしろを向く」という意味である。過去を振り返るとき、私たちは何が起きたのかを見るためにうしろを向いている。それはまた、鏡の中で起きていることを意味する。私たちは目の前の鏡に反射している姿を見る。私たちは自己の多様な側面を理解するために、異なる視点から自分自身を見る。

人生の経験を振り返るとき、私たちはうしろを向き、過去の自分自身を思い出す。過去はイメージと語りの豊かな宝庫である。それは現在の意味や可能性を創り出す。私たちはときに過去を振り返ることを怖れる場合がある。それは苦しいからだ。しかし、私たちは自分が考えているよりもずっと強い。私たちは現在を多層化することで、過去を抱えて未来へ向かうことができる。

私たちは、どのようにうしろを向き、振り返ればよいだろうか？　最初に、周囲の人々と本音で会話をしてみよう。多くの場合、私たちの出会いは防衛的である。過去を恐れているからだ。過剰な検閲をせずに自分の物語を語るオープンな会話をすることは、ある種の振り返り（リフレクション）といえる。物語を語ることは、強い印象を与える。人生の物語を語って自分自身を明らかにすることと、たくさん見せることを怖れて詳細を隠すことの違いは、とても大きい。

単純に過去について繰り返し考えることによっても振り返ることができる。自分の人生について何かを語る目的で、親しい友人や家族と会うこともできる。何かを語ることは、自分に何が起きたかを理解する第一歩である。それは発見になるかもしれない。あなたは慣れ親しんだ方法で自分の物語を語り始めるかもしれないが、自分が忘れていた、あるいは抑圧していた詳細について語ることになるかもしれない。過去を認めることは、自分自身の経験の重みを感じることである。自分のアイデンティティを隠し、その要素を認めないよりも、そこから自分自身として前に進むことができる。

ある人は「これまで誰にもこの話をしたことがありません」と言うだろう。これは特別な瞬間である。何かを明らかにすることが起きようとしている。何かを明らかにすることが、その人の助けになるかもしれない。その人が防壁を下げ、新しい何かが起きようとしている。その瞬間は、そのように見えないかもしれないが、ある種の振り返りが起きている。あなたが隠してきた出来事について語ることはブレークスルーである。これは一歩前進なのだ。

すでに述べたように、ユングは魂作りのプロセス、あるいは原材料への取り組みに、錬金術のイメージを使った。原材料それ自体は、錬金術の用語（ラテン語）で、プリマ・マテリア（prima materia）と呼ばれている。プリマは「第一の」を意味する。それはまた、「最初の」あるいは「未加工の」を意味する。通常、私たちは「未加工の材料（原材料）」と言う。

錬金術師は、実際の原材料を蓄積した。それらをガラスの容器に入れ、いくつかの物質を混ぜ合わせて、熱を加え、観察した。これはまさに私たちが記憶やその他の思考でやっていることだ。私たちは隠れていた記憶を明るみに出し、観察できるように容器に入れる。オープンな会話は容器である。オープンな会話は、コレクションの中にあった原材料をプロセスすることになる。オープンな会話において、すべてを丁寧に見ること——振り返ることが行われる。心理療法、家族との再会、日記を書くことも容器になるかもしれない。

心理療法は特別に集中した形式の対話となる。心理療法は、魂の材料（記憶、思考、感情、関係、成功と失敗）に焦点を当てる。それらすべてが振り返りの容器に入れられる。心理療法の場で観察され、集中的な分析によって熱が加わり、変容が起こる。私たちは人生の原材料を抱える容器を必要としている。私たちがそれを観察することによって、感情的な熱が加わり、変容が起こる。

心理療法における最初の問題の一つは、容器を創ることである。ある日、ある男性が、心理療法に何をしてもらえるかを知りたいと、私に会いに来た。最初のセッションで、彼は部屋に入ってきて、椅子に座ると、文字通り何もしなかった。彼は言葉を発しなかったのだ。私はいくつかの質問を投げかけたが、何も答えずにうなり声を返すか、ようやく一言二言答えるだけだった。何も起こらなかった。セッションの終わりになっても、容器には原材料が入っていなかった。彼は二度と戻ってこなかった。

もしかしたら、他のセラピストだったら、私よりもこの状況にうまく対処できたかもしれない。しかし、彼はまだ心を開く準備ができていなかったと私は感じる。原材料がなければ、私たちにできることはほとんどない。私の妻だったら、原材料を引き出すために、絵を描いたり、ヨガをやったりすることができるかもしれないと想像した。しかし、私にはそうした方法がなかった。そのうえ、告白を促す役割を担うことは、私にとって正しいことと思えなかった。実際、私には、この人物が自分の魂を見る準備ができていないという明白な事実こそ、原材料であるとさえ感じられた。あるいは、おそらく私は、彼が自分の魂を見ることを助ける正しい人物ではなかった。私は、その原材料を大切にするために、何かをすることを強制しなかった。そして、心理療法は何も起こらない場所になった。

今日、多くの人は内省的な生活を過ごすことに関心がないように思われる。現代人の生活は、活動や活動の計画に捧げられる。私たちは未来の活動をより良くするために成し遂げたことを評価する。しかし、これは本当の意味で過去を振り返る内省ではない。それはより良い未来のために過去を利用しているだけだ。

内省は評価や計画に仕えることはしない。内省はそれ自体で私たちの存在の状態を深めるのである。私たちは内省によって思慮深い人物になる。そのような変容が老いの一部となる。

修道院で生活しているとき、若くて賢明な修道院長のリーダーシップのもと、イベントが終わるたびに集まってコミュニティで話し合った。目的は次回のイベントをより良く行うための評価ではない。単にイベントを振り返って何が浮上するかを見るためだった。私たちは共通の経験に焦点を当てた話し合いそれ自体によって、コミュニティが恩恵を受けると考えていた。

内省は、行為よりも存在を育む。そして、老いは、あなたが行うことではなく、あなたが誰であるかということと関連が深い。もし、あなたが経験を重ねるだけで、経験を振り返る内省を軽んじているならば、そこに外的生活はあっても内的生活は育まれない。内省によって、あなたは自分の感情に近づき、出来事の意味を知るのである。

活動的な人もいれば、内省的な人もいる。私は自分自身が非常に内省的なので、社会に対して活動的に貢献できる人を尊敬している。しかし、文化が全体として活動に重きを置き、内省を理解していないため、私は内省を強調したい。

内省的な人物は内的生活を育んでいる。それはどういう意味だろうか？　内面性とは、感情を行動化することなく内面に抱え、その感情の多層性、意味、色調を感じたり、他の経験と結び付けたり、その価値を理解したりする能力である。それは物事を深く考える能力である。

内的生活が豊かであるとき、あなたは厚みのある人物である。そのとき、あなたは薄っぺらい性格ではない。あなたは複雑で、多層的で、純粋な意味で洗練されている。私は、魂のある老熟を説明するために、内省や内面性という単語を使ってきた。内面性を育むことは、老熟することと同じ意味といえる。

結局、あなたは二人の人物のようになる――人々が見るあなたと、他人に見ることはできないが同じくらい重要なあなたである。隠れた自己が悪いわけではない。それはほとんど姿を現さない静かな内的生活といえるかもしれない。この隠れた内面性は、あなたに深みと趣きを与えることができる。

私の親友の一人パット・トゥーメイは（私たちは一九八〇年頃に出会った）、アメリカン・フットボールの選手だった。彼と外出すると、人々は彼のスーパーボウルの指輪に気づき、彼の生活における活動的な側面に興奮した。しかし、パットと私はヨーロッパ・ルネサンスの魔術に対する共通の関心を通して出会った。パットのこの非常に異なる側面を発見した人は、彼がとても知的な人物で、驚くべき深い知識と理解を持っていることに気づく。パットの「自己」は二つあり、それぞれが非常に異なっていた。一つはスポーツとエンターテインメントの世界で有名な自己、もう一つは外からは見えにくいが、高齢期になってパットのライフワークの主な源泉となっている自己である。

社会生活が終わると、抑うつ的になって崩れたり、少なくともエネルギーの枯渇を感じたりする人たちがいる。しかし、パットの知的な内面の自己は、フットボールを引退した後に、ギアを一段上げた。彼は老熟の良いモデルである。歳を重ねるにつれて開花する内的生活を育んでいたのだ。これこそ私が探しているパターンである。歳を重ねるにつれて、あなたの生活はそれまでよりもある意味でもっと活動的になる。そして、老いることは活力の減退ではなく、増進を意味する。しかし、これは内的生活が基盤にあり、歳を重ねるにつれて内的生活がより重要になっていくときにだけ、うまくいく。

パットは内省的な人物で、フットボールにおける自分の経験について執筆しただけでなく、神話、象徴、宗教、芸術に関する大きな問いについて考えていた。多くの場合、人々は絶え間なく外面について議論する（政治、芸能界、天気など）。そうした議論にもいくらか内省はあるかもしれないが、意味、歴史、社会的正義についての大きな問いを含めるならば、もっと本質的になるだろう。私たちは歳を重ねるにつれて、行動を減らし、考えることを増やせば、誰もが哲学者になることができる。

知的な生活が不活発ならば、魂のある老熟は難しい。しかし、話している内容、読んでいる本、観ている映画について、ただ考えるだけでよい。それらはもっぱら外面的であるが、人生の課題を無意識的に映し出している。とりわけ、人生の課題（セクシュアリティ、暴力、権力、愛情、親密さ、意味）は内省されることが少ない。

高齢期は、より頻繁に、より深く、より真剣に、そうした人生の重要な側面について内省するための完璧な時間を与えてくれる。もちろん、私たちは若い頃にこの種の内省を始める必要がある。しかし、歳を重ねると、その深みに至ることができる。経験に関する深遠な思索や集中した内省に関心を失った文化においては、老熟することがかなり難しくなっている。

あなたの存在の核心を発見する

最近、私は夢を見た。アイルランドにいて、アイルランド人の男性と店で話をしていた。私は彼に、私は何歳だと思うかと聞いていた。「三十歳かな」と彼は言った。「いや、七十六歳だ」と私は答えた。彼は私の年齢に関心を持っているように見えず、彼が関わっているプロジェクトに参加しないかと言ってきた。

私は、老いの本を執筆しているときに、老いについての夢を見ることは興味深いと思った。

この夢で一番印象的なことは、アイルランド人の男性にとって、私は三十歳だったことだ。彼は私の若い自己を見ており、私が七十六歳であるという事実に関心を持っていなかった。私が初めてアイルランドを訪れたのは、十九歳のときで、まだ修道院で生活をしていた。私は一九歳から二十一歳まで北アイルランドで哲学を勉強した。

アイルランドで、私は新しい文化の習慣を発見した。同時に、アイルランドが私の祖先の母国であったことを発見した。私はアイルランド人の親戚に会い、急速にその国が好きになり、居心地の良さを感じるようになった。また、私は実存主義の手ほどきを受け、哲学的に考え始めるようになった。それは宗教を別の視点から見る大きな一歩となった。

これは私にとって最初の印象的な老熟の経験の一つである。私は青年時代を離れ、新しい世界を発見し、考える方法を学んだ。私はアイルランドに留学する以前に自分を成長させた経験を思い出すこともできるが、これほど強力ではなかった。別の章で、私のアイルランド経験の一部であった重要な恩師トーマス・マッグリービーとの友情について記した。

アイルランドに最初に滞在した頃から、私は多くの著述家の本を読み始めた。特にジェイムズ・ジョイスやサミュエル・ベケットは、私から宗教の純真な視点を遠ざけた。これも別の老いのプロセスといえる。夢の中のアイルランド人は、なぜ私のことを二十歳ではなく三十歳と考えたのだろうか？　おそらく私はそのときよりも成長したのだろう。けれども、「アイルランドで過ごした二十歳」の若さを保っているのかもしれない。間違いなく、夢は私が文字通りの七十六歳よりも何らかの点で若いと言っている。

またこの夢は、アイルランドに関する気持ちを振り返る内省に、私を誘っている。五十歳になって、私はアイルランドを定期的に旅行し始めた。あるとき、一年間にわたって家族とダブリンで生活し、子どもたちをアイルランドの学校に通わせた。それは気楽な一年ではなく、家族は皆、その年にかなり成長したことに同意するだろう。私たちはアイルランドを愛していたし、今でも愛している。しかし、異なる文化の中で生活する経験はチャレンジでもあった。

私はアイルランド人の家系の出身であるという事実もある。母側の家系は完全にアイルランド人だった。私の妻もアイルランド人の血を引いている。私たちはアイルランドに到着するや否や、あたたかくて才能のある親戚たちの大きな家族を発見した。彼らは今でも私たちの生活で重要である。

私は今でも一人でアイルランドに旅行する。それは私にとってとても重要で、とても深い何かを探しに行くことと、経験しに行くことだと分かっている。アイルランドにいるとき、私は今ではすっかり馴染んだ風景を眺めながら、ダブリンの街角をただ歩く。私は自分の失われた部分を探しているように思う。私はアイルランドとこれまで以上に結び付くことができたらと願っている。私は、曽祖父ではなく、祖父がそこで生まれていたら、自分もアイルランド市民になれたのにと思う。私のアイデンティティの重要な部分とこれまで以上に結び付きたいという願望を除くなら、この願いは何だろうか？　私はおそらく、本質的に思える自分自身の失われた感覚、過去を探しているのだろう。

数年前に、あるセラピストが、夢の中のアイルランドと実際の場所を混同しないようにとアドバイスしてくれた――私はアイルランドの夢をよく見るのだ。その意味では、私の中に、文字通りのアイルランドではなく、アイルランド的な部分があるといえる。ある記憶がこのことを私に明確に示している。

『失われた心　生かされる心』を執筆した後、私は新しい人生や新しい仕事を創り出すたくさんの機会に恵まれた。たくさんの人たちから、トレーニング・プログラム、スタディ・ガイドやスタディ・コース、人が集まるセンターを創設することを提案された。しかし、私はサミュエル・ベケットとジェイムズ・ジョイスのことを考えていた。私は著述家になりたかった。学校の創設者になりたいわけではなかった。それについて私の気持ちは明確だった。そこで、私はあまり人と交流しない著述家の人生を創り出した。私はたくさん旅行したが、何も見つけることはできなかった。私は自分が憧れるアイルランド人作家の流儀で著述家として生きてきた。

アイルランドと私の人生の関連についてのこうした考えは、いかに振り返りが魂のある老熟に貢献するかの一例である。私はアイルランドのことを内省している。自分のアイルランドのルーツやアイルランドにおける経験、祖先が生きてきたアイルランドについて考え続けることによって、私はアイデンティティを育んでいる。私は祖先に想いを馳せ、非常に大きな所属感を感じている。このアイルランドとのつながりがあるからこそ、私は単なる一人の人間ではなく、多層的な深みを持つのである。アイルランドとのあらゆるつながりは、自分の内面の興味深い複雑さを引き出し、色彩豊かな背景を与えてくれることによって、私を老熟させる。そうやって豊かな性格になるにつれて、私は老熟する。私は現実の薄っぺらい平面を一人で生きているわけではない。

私は、自分のアイルランド的部分について考えることを実り豊かにするために、実際にアイルランドを訪れ、その場所や人を知らなければならなかったのだろうと思う。私はアイルランドで居心地の良さを感じた。そこで経験した故郷の感覚は私の拠り所となり、ニューハンプシャーの自宅にいるときもそれを感じるようになった。アイルランドを恋しく思う気持ちは、その場所やその場所にいることについての空想で私を満たしたが、それも内省といえる。私はアメリカ合衆国にいるとき、アイルランドについて考え、アイルランドにいるとき、自分のアメリカ的な魂を非常に強く感じる。

アイルランドに対する愛情にもかかわらず、私はニューハンプシャーに住むことを選択している。私はこの家も大好きだ。私はアメリカの歴史と文化を愛しており、アメリカ人の幸せのために執筆している。エミリー・ディキンソン、ラルフ・ワルド・エマーソン、ヘンリー・デイヴィッド・ソロー、ウォルト・ホイットマンといった著述家の先駆者たち、そして、ルイ・アームストロング、ベンジャミン・フランクリン、トマス・ジェファーソン、アン・セクストン、アルバン・エイリー、ウディ・アレン、ジョイス・キャロル・オーツ、オプラ・ウィンフリー、スーザン・Ｂ・アンソニーといった同胞たちは皆、彼らの才能を遺憾なく発揮し、アメリカのヴィジョンに貢献した。

これらの創造的なアメリカ人について振り返ることは、人間性に関するポジティヴな理想郷的ヴィジョンに私自身が貢献するための刺激となった。この潮流の一部であることを感じ、私自身が成長するにつれて、私は老熟した。これは誰にでもできる――先駆者たちの試みの賛同者になることで、老熟するのである。

私はアイルランドの魂とアメリカの魂を持っている。両者は豊かに共存するように思われる。アイルランドに私が求めることの一つは「古い田舎」である。私は古い建物や多くの遺跡、現代文化を引き締めている伝統的なあり方が好きだ。まるで私が老いそれ自体を追い求めているように聞こえるかもしれないが、老いの自覚、魂の奥深くにある古い自己の自覚が高まると、歳を取らなくなるのではないだろうか。

自己に対する明確な深い感覚を育む

魂のある老熟は、完全で、豊かで、興味深い人物になるプロセスである。そのプロセスには時間がかかり、あなたの積極的な関与が要求される。それは自動的なものではない。老いという単語を使うとき、私たちの願望や参加がなくても、老いはただ生じるという印象がある。しかし、老いを詳しく見るならば、それは何者かになることを意味するので、あなたの関与なしにそのプロセスは進まないことが理解されるだろう。あなたが自分自身を老熟させるのである。あなたが自分を興味深い人物、成長した人物、円熟した人物にするための何かを行うのだ。

以下は、あなたが老熟するために心がけるべき行動のガイドラインである。

1. より重要でより深い経験をするために、人生からの招待状を受け取る。新しい事柄に挑戦する機会が浮上したとき、自分自身に言い訳をすることはたやすい。馴染みのない場所に旅行すること、新しいスキルを身につけること、新しい仕事やキャリアに挑戦すること、新しい友情や関係を育むことに思い切って挑戦してみよう。
2. オープンで徹底的な対話を通して自分の経験を振り返ってみる。意味のある対話のために友人を使うとよいだろう。自分の経験を徹底的に再検討することは、あなたに深みと複雑さを与える。
3. 自分がどこから来たのか、自分が受け継いでいる運命は何かを見抜くために、自分の過去を遠くまで遡って眺めてみる。私は自分のアイルランド的部分について書いた。あなたは自分のヨーロッパ系、アフリカ系、アジア系としてのルーツについて振り返ることになるかもしれない。この種の振り返りは、自分が何で作られているか、老熟するとどのような人物になるのかを知ることの助けになる。

4. 自分は誰なのか、自分に何ができるのかを発見するために、旅行に出かける。無自覚に旅行に行くのはもったいない。単なる娯楽の価値しかないわけではないからだ。旅行は個人的な成長のための目的を持つことができる。あなたは、世界中に自己の断片がどのように散らばっているかを知るために、どこに旅行するかを意識的に選ぶことができる。たとえば、私は統合したいと思う自分自身の多くの部分をイングランドで見つけた。また、私は大好きな場所イタリアで自分自身の異なる部分を発見した。

5. 自分がなるかもしれない誰かについてのアイディアを与える鏡をあなたに向けてくれる作家の本を読む。たとえば、隠れた才能や喜びであなたを驚かせるような、美術や工芸のスキルを学ぶ。あなたが挑戦して、外に開くことがない限り、自己の多くは発見されない。挑戦は老熟の重要な一部である。あなたが活動しない状態で隠れているならば、自分が誰なのかを知ることは絶対にない。また、歳を重ねるにつれて自分自身になっていくことも決してない。

自分の人生をプロセスすることとは、自分自身の経験に対して錬金術師のように取り組むことである。あなたは自分の経験を間近で観察し、その変化を見て、隠れた色合いや香りに気づく。あなたは感覚を通して思い起こす。あなたは現在の生活やアイデンティティに焦点を当てるために、自分のすべての経験を振り返る。それらはあなたの魂の原材料である。その原材料から世界が今まで見たことのない人物が現れる。このプロセスを老熟と呼ぶ。

［脚注］
(10) マイケル・ポーラン『欲望の植物誌』八坂書房

第6章：セクシュアリティの成熟

アフロディーテは一人でいるアンキセスを見つけた。そして、神がとても美しく彼を創造したことを見た。ゼウスの娘は、彼の前に立ち、若い処女のように彼を見た。欲望が彼を乗っ取った。「あなたは女神に違いありません」と彼は言った。「違います」と彼女は答えた。「私は人間です」。そして、彼女は彼の心を虜にする思慕で満たした。

——ホメロス、アフロディーテ讃歌

私には思春期初期のあたたかい思い出がある。ミシガンの冷たい雪が降る冬の朝に、父が車で学校まで自主的に送ってくれたのだ。私たちは氷をこすり落とし、それからあたたかい車内に駆け込んだ。私たちはしばらくの間座り込んでいたが、父が背筋を伸ばして、セックスについて話し始めた。私は父が性教育の本を読んでいたことを知っていた。父はいつも何でも教えてくれる良い親であろうとしていた。私は困惑し、学校に向かうために、早く車を走らせてほしかった。

困ったことに、父は配管工で、正確に言うと衛生配管の専門技師だった。そのため、セックスについてのレッスンは、常に精子と卵子と身体の生殖器に関する客観的説明だった。私は父の善良な意図に感謝している。しかし、父のアプローチは私の問いに答えてくれなかった。客観的な事実は、私の非常に生々しい空想や夢想に適していなかったのだ。私が望んでいた性教育ではなかったが、今、記憶の中では、極寒の中で父の話を聞いた瞬間は宝物のように思える。

現在、あらゆる領域で、専門技師のように話すことが流行っている。社会問題であろうと、対人関係の困難であろうと、お構いなしだ。私たちはハードウェアをお好みのメタファーとして使う科学偏重時代に生きている。私たちは機械的な言語をセクシュアリティにも適用している。そのため、高齢者のセックスについて理解しようとするとき、自然に器官や身体の衰えに焦点を当ててしまう。しかし、私たちがセクシュアリティを心の全体性の経験、すなわち、感情や関係に関する経験としてだけでなく、意味の探求としても検討するとき、よりポジティブな展望が見えてくるだろう。

老いにおけるセクシュアリティ

老いにおけるセクシュアリティについて意味のある結論を導くことは難しい。なぜなら、すべての人は異なっており、状況も違うからだ。あっという間に歳を取り、セックスに関心を失うように見える人がいる。性的衝動が強いままであったり、次第に良くなっていく人もいる。親密なパートナーがいない人もいるし、そもそもパートナーを望まない人もいる。病気の人や身体の弱い人、セックスについて考えない人もいる。

研究によると、歳を重ねるにつれてセックスに関心を失う人たちがいることが示されている。しかし、七十歳を超えても、約半数の男性および少なくない割合の女性が、良い性的経験を求めているという研究もある。また、同じ割合の人が、七十歳を超えてからのセックスは、それまでよりも良かったと答えている。

明らかに、高齢の人たちについて、セックスに関心がない、あるいは能力がないと決めつけることは間違いといえる。さらに、セックスを求めても、投薬、手術、パートナーの不在によって妨げられている場合もある。しかし、心理的障壁もある。高齢の人たちのなかには、自分の年齢でセックスを求める人はいないと思うと述べている人もいる。高齢の人たちがセックスに対する関心を示すと、若い人たちが驚きや不快感を示すこともよくある。つまり、セックスに対する私たちの一般的な態度が、歳を重ねるにつれてセクシュアリティとどのように取り組めばよいかを示唆してくれる重要な役割を担っている。

セクシュアリティは何のためにあるのか?

一般的に言えば、社会はセックスについて混乱している。私たちは、映像化されたセクシュアリティをインターネットや映画など、どこにでも見ることができる。けれども、教会や政治のリーダーたちは純潔や禁欲を支持している。私たちは魅惑と恐怖、映像化されたセクシュアリティと道徳的な怒り、厳格な道徳的支配としての純潔主義と扇情のあいだで分裂している。目の前の課題に適切に対処することに関する価値観と情欲の分裂は、常に混乱と失敗のサインである。

したがって、私たちは何らかの形で性的な抑圧と自由をより近づけることに取り組まなければならない。そうすれば、私たちは、たとえば、メディアの中のセックスに対して過剰に反応することなく、適切な制限を設けることができるかもしれない。片方のグループがセックスを煽り立て、もう片方のグループが道徳的なコントロールを押し付けようとしているが、これではうまくいかない。それこそ、私が言及した分裂の具体的な例である。

最良の出発点は、セクシュアリティやそれに対する非難や懸念をもっとやわらげる方法を見いだすことだろう。私たちは、セックスとはいったい何なのかについて、より深い理解を必要としている。多くの人は、セックスは子どもを授かるためのもの、愛情の表現、そして、生物学的な衝動を満足させること、と言うかもしれない。しかし、セックスには、日常生活の他の側面と結び付けることができるような、現実的な特性や目的が欠けている。

たとえば、セックスは他者の美しさに気づくことから始まるだろう。美があなたを関係の可能性に目覚めさせるのだ。その人物はすべての人にとって美しいわけではないかもしれない。あるいは、美しさの文化的基準にあわないかもしれない。しかし、あなたはその人物の美しさに気づき、欲望を掻き立てられる。つまり、私たちは一般論として以下のように述べることができる。セクシュアリティは美と何らかの関連がある。そして、おそらく、美はセクシュアリティと何らかの関連がある。

二世紀のギリシアの哲学者プロティノスは、魂の問題に取り組み、常に美について述べていた。彼は次のような刺激的な言葉を残している。「魂は常にアフロディーテである」。古代ギリシア人にとって、アフロディーテは美とセクシュアリティの女神だった。私はこの言葉を、セクシュアリティは魂にとって本質的なものであり、性愛的な生活も同様に重要である、という意味で捉えている。美は魂なのである。

明らかに、私は自分で説明しなければならない。なぜなら、今日、私たちはそのような高尚な言葉で語られるセックスを見ることはなく、官能的という単語を何かしら暗いものを意味する単語として使うからである。ギリシア人にとって、エロスは原初神であり、天地創造のときに愛の抱擁で世界を一つに保っていた偉大な創造神であった。エロスは愛の生活、世界、世界の中のすべてと関連していた。そして、つながること、関わることを求めていた。私たちは自宅の庭、自分の仕事、そして言うまでもなく、人に対してエロスを感じることができる。この意味で、エロスはセクシュアリティに導く。
カトリック思想家ピエール・テイヤール・ド・シャルダンは、愛について似たようなことを書き残している。「驚くほどの原初的段階（分子それ自体）においても、結合に向かう内的な傾向がなければ、愛が高次の段階で、私たちに、人間の中に、出現することは物理的に不可能であろう……愛の力に駆り立てられ、世界の断片は互いを探し求め、それによって世界は存在するのかもしれない」。エロスに関するこの広大な個人的思想は、ギリシア神話を反映しており、その豊かな考え方を現代生活に持ち込んだ。私たちの官能的感情は元素を結びつけているのと同じエネルギーの高次の型といえるかもしれない。それは崇高で創造的である。私は官能的と性的を関連付けている。なぜなら、とりわけ歳を重ねるにつれて、私たちは性的欲望を広義の官能的ライフスタイルによって満足させることができるからだ。生活の中でセックスを減らすべきと言っているのではない。私たちはセクシュアリティを拡張して、世界の美しさに対する喜びを含めることができるのである。

人々の性的な夢に取り組むと、実際は性的経験ではなく、もっと生き生きとした喜びが求められているという感覚を得ることは多い。人に対する欲望は、人生に対する欲望に包み込まれている。歳を重ねるにつれて、あなたは同じ回数のセックスをしなくなるだろう。しかし、あなたはライフスタイルの重要な部分にセクシュアリティを拡張することができる。

あなたは、ガーデニング、ペインティング、自然の中の散歩、想像しながらの食事など、もっと官能的な生活ができる。それらは性的経験ではないが、それを拡張したものであり、あなたをもっと官能的な人物にする。プロティノスを研究すれば、もっと官能的に生活することが、魂を自分の生活に持ち込むことと同義であることを理解できるだろう。

連鎖していく。セクシュアリティから官能的生活へ、そして魂指向の生活へ。官能的生活は、人々との関係に限らず、世界の物事との喜び、欲望、交流、触れ合い、関与、深い満足を強調する。生涯にわたって、若い頃であっても、あなたは自分のセクシュアリティに軽く触れることで、愛のある人物になり、物理的世界と結び付き、変わった場所に美しさを見るようになる。あなたは他の人たちが通常は無視するような人物の美しさを理解するようになる。そして、一般的に、あなたは自分の性的経験を出発点として、もっと官能的な生活に向かっていく。私は肉体的なセックスを昇華させることについて述べているのではない。セクシュアリティは拡張し、深めることができるのである。

こうして、歳を重ねるにつれて、あなたは自然にもっと官能的になっていく。性的に衰えるのではない。むしろ、官能的に生活すると、セックスに対する関心は高まるかもしれない。老人の性生活が漠然と弱まり、世界に対して怒り散らし、取り乱して諦めることは悲劇である。官能的な生活は、性生活を活性化し、より深い喜びに基づいて生きることの助けになるだろう。

美の重要な役割によって、あなたは自分の容姿に注意を払う気持ちを刺激されるに違いない。美しさに対する小さな努力が、あなたのセクシュアリティとエロティシズムを活性化し、生活に魂を持ち込むことになるだろう。八十七歳だった母が脳出血になり、その後の脳手術を終えた後、十代だった娘が病院にお見舞いに行った。母は自分の髪をとかし、シンプルだがおしゃれな服を着て、ちょっとした化粧を仕上げるまで、娘に会おうとしなかった。この準備を無駄と思う人もいるかもしれないが、母は虚栄心があったわけではない。彼女はただ直観的に美が魂に奉仕することを知っており、孫娘と魂のつながりを持ちたかったのである。

前戯としての日々の生活

歳を重ね、思考や価値観を深めると、私たちは弱った身体にも美が宿ることを発見するだろう。それは若さの完全性を超越する。心臓の運動は身体的な状態よりもセクシュアルになるだろう。実際、高齢期のセックスは、もっとも深い満足感と性的興奮があるに違いない。なぜなら、それは自我、力、支配を超越するからだ。ある意味で、肉体的なセックスが衰え、魂が前面に浮上することは幸運といえるかもしれない。ときに自我に対する失望は、その人物の深い魂を開くことができるのである。

他に重要な目的があるとはいえ、言うまでもなくセックスの大部分は「関係」である。たとえあなたの焦点が肉体的快楽にある場合でも、あなたがパートナーに対する愛情の一部として相手の歓びを喚起する行為をした結果、あなたも快楽を受け取ることができる。あなたはパートナーを単なる物的対象にせず、愛情の対象として扱う。恋人たちは愛情の表現という大きな文脈において互いに身体と想像を与えあう。

性的な要素の基盤が愛情と友情にあることは大切である。あなたにとって高齢になってからのセックスが若い頃のセックスよりも良いかどうかは別にして、重要なのはセクシュアリティを老熟させることである。それはセックスをもっと細やかで複雑なものにすること、愛情や一体感の感情と深く結び付けること、そして、もっと満足感と快楽を体験することである。

私の古い友人ジョエルとロイドはゲイで、何年にもわたって三角関係にあった。彼らは私の知り合いの中でも、もっともクリエイティブで、聡明で、穏やかで、繊細な人たちである。最近の手紙で、ジョエルは、そのような三角関係を保つことはいつも簡単なことではないと指摘し、ある洞察を書き送ってくれた。「ロイドと私は、性的関係を持つ前に、四年間友情をあたためてきました。似たような関心が私たちを結び付けました。私たちは二人とも演劇が好きで、高校の演劇を一緒に見に行きました。二人が不遜なユーモアを分かち合えることを発見したときから、事態が本当に展開を始めました。それから、よき相棒だった数年間を通じて、互いにどのように思っているかに気づいていきました」

ロマンチックでセクシュアルな関係の基盤に注意を払ってほしい：関心、ユーモア、友情、そして、ロマンス。このパターンは、カーマ・スートラ（訳註：古代インドの性の教典）と同じである。カーマ・スートラは、日常生活をいかに生きるかという提案に始まり、それからセクシュアリティに進んでいく。ジョエルの短い文章の中にみられる、普通の関係そしてそれほど普通ではない関係の中で、彼が感じている愛と喜びに特に注目したい。

ジョエルはさらに三角関係について述べている。「ロイドはジョンに対する嫉妬について尋ねてきました。私に関する限り、それはまったくありませんでした。たとえ私がロイドとジョンに気持ちを向けているときも、私はそれぞれのことを大切に思っています。そして、もう一つ：私たちは長い間、関係の課題に取り組んできました。そこで得た原則はジョンとの生活にも適用されます。その良い点は悪い点を遥かに上回ります」

長い間、関係の課題に取り組むことは、確実に関係を深める。高齢の人たちにとっては、「長い間」といっても、それほど長くないかもしれないが。この場合、時間は量というより質である。もし、あなたの態度が真剣ならば、あなたはどんなことでも成し遂げることができる。それはまた、悪い点を良い点で受け入れることの助けになる――これは成熟の証である。

ジョエルの状況は標準的ではない。それは理解している。しかし、このことは魂を生きる人生の別の側面といえる。それは慣習という枠内に収まるとは限らないのだ。魂のある人生を生きていきたいならば、心の奥深くで感じる衝動や傾向に敏感になり、「創造的」な布置の中にいる自分自身を見いだすのがよいだろう。これが魂のある社会になっていない理由だろう。自分の心の声に耳を傾けて自分や他人に対する愛を生きることよりも、社会の標準や従順を選択している人も多い。ジョエルのような人は、自分の心に従い、オリジナルな人生を創造しているのである。

その愛情が強く、関係者たちが成熟しており、偏見がなく、寛大であるならば、問題は背景に消えていくか、あるいは、少なくとも扱いやすくなるだろう。人々によって生きられている人生に魅力の手掛かりがある。多くの場合、関係がトラブルに発展するのは、日常生活が活力のある豊かな経験になっていないからだ。こうした価値観は老人たちが自分のセクシュアリティに意味を見いだそうとするときに助けになる。あなたは社会の標準ではない解決策を探求しなければならないかもしれない。あなたは自分の官能的な価値観を日常生活に織り込むときに、独創的かつ想像的でなければならないかもしれない。

歳を重ねるにつれて、あなたは自分のセクシュアリティがより豊かになり、大きなオーガズム（性的絶頂感）によってではなく、喜びに満ちた真剣な生活によって、より深い満足感が得られることを見いだすだろう。セックスはラブメイキング（愛情作り）とライフメイキング（人生作り）の架け橋になると考えてみるのはどうだろうか。何らかの理由で、高齢があなたのラブメイキングに制限をかけているとしても、人生における喜びを抑圧しなければならないという意味ではない。あなたは深い喜びをどこにでも見いだせる。

私がセックスの幅広い定義を理解できるのは、禁欲の誓願を生きた修道院での経験があるからだ。私は二十六歳になるまで性的経験がなかった。それは長い時間であったというだけでなく、人生の中で欲望が強い時期である。しかし、私は抑圧されていたと感じたことは一度もない。私が満足感を抱いていた理由は、そのとき私が素晴らしいコミュニティでの生活を楽しんでいたからだと思う。私は一緒に生活する数多くの親しい友人たちと素晴らしい時間を過ごしていた。コミュニティにおける真の喜びが禁欲を可能にしたのだろう。

性的欲求は多様な方法で満足させることができる。セックスとは何かについて幅広い見方をすること、生活をあらゆる点で官能的な喜びに満ちたものすることが助けになる。二つの異なる領域（ラブメイキングと官能的なライフスタイル）があるのではない。片方はもう片方の延長線上にある。

快楽の尊厳

歳を重ねると、快楽は価値のある性的な目標になる。今日、人々は快楽を表面的に考えているかもしれない。多くの男女が、快楽は下品と考える宗教的な家庭で育っている。私自身、常に純潔であること、勤勉であること、自分自身を統制することを教えられた。快楽を追い求めることが人生における価値のある目標であると教えてくれる人は誰もいなかった。若い頃に何千回と聞いた教会の説教で、快楽についての話は一つもなく、快楽に関して肯定的だったことはない。もちろん、楽しみを持つことは良いとされ、私も両親からダンスやスポーツを学んだ。しかし、快楽は常に無価値そして不節制の烙印を押されていた。

私は、快楽の価値と快楽が魂にとって特別な重要性を持っていることを説いたギリシア哲学者エピクロスを読んでから、人生に対する考え方を変えた。彼の思想から、不節制を意味することが多いエピキュリアン（快楽主義）という言葉が生まれている。しかし、エピクロスは、友情や毎日の良い食事といった、シンプルで長続きする喜びに関心があった。彼は上品な快楽指向といえる。彼の著作を読んでみてほしい。彼の名前が後世で快楽主義の意味に使われることになるとは決して思わないだろう。彼の言葉の一つは、彼が快楽をどのような意味で使っていたか、明確な認識を与えてくれる。「快楽とは、身体的な苦痛や精神的な苦悩からの自由である」。エピクロス派がしばしば使う別の言葉は「平静（tranquility）」である。これは精神的な安定や感情的な平穏を意味している。

何世紀にもわたって、魂を中心に据えた作品を残した多くの著述家たちは、エピクロス派といえる。彼らは、魂を中心に据えた生活の基本的要素の一つとして快楽を捉えている。それは放埒で思うようにならない快楽や表面的な娯楽ではなく、家族、友情、良い食事、幸せな時間といった深い喜びである――そこには身体的な苦痛や精神的な苦悩がない。

エピクロス派のセクシュアリティには、この深い喜びというクオリティがある。それは身体接触によるシンプルな官能性と関係の喜びを合わせ持っている。二つ（感情的なつながりと官能的な触れ合い）を一つにしよう――そうすれば、あなたはエピクロス派のセクシュアリティを知っていることになる。

あなたは高齢者にとってこうしたセクシュアリティが正しいことを簡単に理解できる。若い頃のように衝動や興奮にまかせる必要はない。あなたはより深く心が動いて歓びもある別の形のセックスを始めることができる。今では、心の奥深くに穏やかに届く、別の種類のセクシュアリティを経験することができるのだ。もし高齢者に性生活を満足させる極意は何ですかと尋ねられたら、私は以下のように言う。私はためらわずに答える。エピクロス派になりなさい。

セクシュアリティは活力である

深層心理学に基づいた心理療法を長年実践してきた私は、クライエントたちが語った数多くの性的な夢に注意を払ってきた。あなたはそれが夢見手の性的な経験と主な関連があると考えるかもしれない。しかし、一般的な願望や欲望に会話が流れると、多くの場合、世界とつながりたい思いや活力の感覚が性的な欲望や経験と関連していた。

私は、セクシュアリティとは生に対する偉大な欲望であり、十全に生きている感覚を探求することであるという結論に至った。人々は特別な性的経験の後、人生全般についての気持ちも良くなったと言うだろう。一回の経験が、突然、人生全体を開くのである。

セックスと全般的な活力のつながりは、高齢期のセクシュアリティについて肯定的であるべき良い理由となる。このパターンは反対方向にも向かうからだ。あなたは人生に対する一般的な欲望を性生活に持ち込むことができる。あなたが日常生活の中で喜びを経験するならば、自然にあなたはセックス、活力の儀式化、人生の祝祭に対して良い態度を持つようになるだろう。

魂のあるセックスは、寛大で、愛情に満ちており、倫理的で、リラックスしていて、寛容で、想像的で、官能的である。それは支配、威圧、自分自身の誇示、屈服ではない。それは魂が快楽という文脈において混ざり合うための機会を提供する。それはまた、世界に向かっており、日常生活にあふれていく。歳を重ねるにつれて、セックスは衰えるどころか、より良くなっていくのだ。

神話とロマンス

何世紀にもわたって、「神々と女神たち」が人生を形作る深層のパターンを象徴していた。ギリシア神話の女神アフロディーテは、ローマ神話のヴィーナスに相当するが、性的な快楽に宿る深い力と意味を体現している。深いレベルのセクシュアリティについて学びたいならば、この女神への祈祷文句やストーリーを読むとよい。

ホメロスのアフロディーテ讃歌に、彼女が「快楽への欲望を目覚めさせる」と記されている。私の考えでは、良いセックスのためには、単に二人の人間が互いに愛し合うだけでなく、アフロディーテを目覚めさせ、彼女の精神を呼び覚まし、彼女に性的刺激を創造させることが大切である。あなたは愛する人を見つめる。もし、あなたが見ているのがいつもの相手ならば、あなたは欲望を感じていないといえるかもしれない。しかし、相手の中にヴィーナスをちらりとでも見るならば、欲望が活気づくだろう。

あなたは愛する人を様々な方法で見ることができる。あなたは、現実的な客観的人物を見る視点によって、ヴィーナスを見落とすかもしれない。逆に、ロマンチックな視点で愛する人を見るならば、客観的人物以上の何かを見ることもできる。こうした視点により、実際の不完全さの中に、見られることを待っている完全な女神を見抜くことが可能になる。魂のあるセックスは、このロマンチックな視点と共に始まる。

ヴィーナスを呼び覚ますために、あなたは特別な心の状態に入らなければならない。完全に意識的だったり、統制的だったりしてはいけないのである。灯を落とすことが助けになるだろう。あなたは夢に似た場所、軽い夢見の状態に参入する。そこであなたは相手を見たり、触ったり、話したりする。そして、自分の感情を感じ取る。その状態において、あなたは自分の愛情と欲望によって変容した相手と愛を交わす。

そのとき、あなたは神話の領域にいて、とてもロマンチックな経験をすることになる。これによって個人的な関係が取り除かれるわけではない。大切なことは、想像的なセックスの味わいを互いに与えあうことである。相手とセクシュアルに、そしてロマンチックに愛を交わすことによって、あなたはその人物をより深く見いだすことになる。

繰り返しになるが、私は、自分の述べていることが時代精神に反していることを自覚している。現代人は空想を消し去ること、投影を引き戻すこと、錯覚を克服することを求められている。しかし、まったく逆の代替案は、空想を使って特別な場所に参入することである。結局、それによってこそ、本当のその人物を知ることができるのだ。

ロマンチックな人は事実よりも想像を好み、多くの場合、拒絶された要素、暗い闇の中に価値を見いだす。ロマンチックな映画は泥棒やはみ出し者を祝福する。また、ロマンチックな人は、自然の法則に反する目に見えない規則がある世界、少なくとも自然の法則を拡張するような、魔法をかけられた世界に生きている。何よりも、ロマンチックな人は、知性ではなく心に導かれること、論理よりも愛を生きることを望んでいる。

この言葉が奇妙に聞こえるならば、ホメロス賛歌、D・H・ローレンスの詩、ギリシア悲劇、『オデュッセイア』を読むとよい。ローレンスは以下のように述べている。「内面の神を垣間見ていないならば、彼の善とは何だろうか？　何らかの女神を垣間見ていないならば、彼女の善とは何だろうか？」。『千の顔を持つ英雄』の冒頭の有名な一節で、ジョーゼフ・キャンベルは、以下のように述べている。「現代に生まれ変わったオイディプスや、ロマンスを続ける美女と野獣が、今日の午後も5番街の42番通りで、信号が変わるのを待っている」[11]。多くの人がオフィスの冷蔵庫の前に立つアフロディーテを見たことがあるのではないだろうか。

今日、神話的に生きるためには、実用的な知性を背景に追いやらなければならない。空想をふくらませよう。過去を文字通りに歴史的事実として捉えることは大事だ。しかし、空想を真剣に受け止めよう。世間と距離を置き、ロマンチックになろう。

ヴィーナスを呼び覚ますには、周囲に注意を払い、彼女を呼び覚ますためにできることをする必要がある。それはたいしたことではない。肉体的に完璧であったり、平均的である必要さえない。ちょっとした身体的魅力（笑顔、巻き髪、上腕二頭筋、やわらかな衣服、色合い、香り、いくつかの称賛の言葉）によって、簡単にヴィーナスを呼び覚ますことができる。それはあなたが何歳であろうと関係ない。

超越的なセクシュアリティ

魂の視点からすると、セックスは単なる愛情や欲望の表現ではない。それは神聖で神秘的な領域に触れることを可能にする純粋な儀式でもある。セックスは日常の時空間の外側にあなたを連れ出し、思考、感情、感覚の奥深くに参入することを促す。ときにそれは神秘的な経験のようにさえ感じられるかもしれない。そのようなセックスにおいては、私たちは若者でも老人でもなく、年齢を超越する。ときにあなたは二十代のときのような若さを再び感じるかもしれない。

セックスに対する「魂の」審美眼を育み、セックスを深い意味のあるものとする意図をもって、セックスにアプローチしなければならないのではないだろうか。あなたは、セックスが単に若者のためのものだったり、単に肉体的なものだったりするのではない、というレッスンを学ばなければならない。あなたは感覚や感情の奥深くに参入することにより、宗教的な人たちが瞑想の中で自分自身を手放すように、ポジティブな意味で自分を明け渡すことができる。セックスは関係に奉仕するある種の瞑想であると理解することができるかもしれない。それは同時に人生の偉大な神秘に触れさせてくれる。

セックスは夢のような経験である。あなたが意識的である必要はない。あなたは深い瞑想と同じように、周囲の世界の雑音を離れて、官能的な夢想の中に落ちていく。これはアフロディーテのスタイル（官能的、漂流的、肉体的、感情的）による瞑想である。

さらにセックスによって相手の魂に触れることさえできる。少なくとも意識には部分的に隠されていた深い自己が、微細な仕方で表現され、行為し、話し、感じるのである。意図や理解を超えた多くのことが展開する。セックスに向かう準備は、自分の深層に触れること、深い自己、魂の顕現を促すことである。これは日常いつでも行うことができる。しかし、歳を重ねると、より簡単になる。なぜなら、あなたは若者のように取り組まなければならない神経症的な課題に煩わされておらず、自分自身を深く理解しているからだ。あなたは自分自身や相手を信頼することができる。そのため、深い自己の浮上を簡単に促すことができる。

静かなセックス

高齢者は「静かなセックス」に新しい快楽を見いだすかもしれない。高齢期のセクシュアリティを研究しているリン・サンドバーグは、高齢者がエネルギッシュな性的表現よりも「親密さと触れ合い」を好むことを報告している。彼女が調査した男性たちは、歳を重ねるにつれて、性的なスキルが向上し、気遣いができるようになったと述べている。それ以前は、どうしたら良いセクシュアル・パートナーになることができるかについて十分に理解しないまま、他の男性たちから聞きかじった知識に影響を受けていた。高齢期になると、セックスを支配や自己満足の道具にしている人たちから距離を置くようになる。

「静かなセックス」というのは、声を出さないという意味ではない。自分自身を誇示したり、相手を征服したり、支配したり、セックスのことばかりになったりしない、という意味で静かなのである。歳を重ねるにつれて、セックスは熱烈なものではなくなるかもしれない。それは、衰えというより、成熟である。それは人生にとって不可欠な統合である。もはやセックスは節度のない衝動ではなくなり、別の価値観や人生の別の側面に配慮をもって寄り添う行為になる。それは官能的な歓びと喜びを与えてくれる。もはやセックスは勢いではなくなり、むしろ濃度が増すようになる。

あなたは静かなセックスの喜び（感情がより安定し、よりリラックスし、長年にわたって愛情を向けるようなセックス）を発見するだろう。そして、性的関係に意味を与えることに奮闘するようになるかもしれない。歳を重ねるにつれてセクシュアリティは変化し、欲情を抑圧するのではなく、やわらげることができるようになる。セクシュアリティは性的欲望に煽り立てられたものではなく、安定した穏やかな心地良さに焦点を当てたものになる。

七十代のブルースは幸せな結婚生活を送っていたが、近所の六十代の女性に夢中になった。「なぜ私にこんなことが起きたのでしょうか？」と最初のセッションで彼は声を上げた。「自分は複雑な愛情や欲望に巻き込まれないと思っていました」。彼は博学な男性で、小さな町の新聞社の編集者として生きてきた。「欲しくないのですが、おいしいのです」

これはエロスの伝統的な描写として完璧だと私は思った。古代ギリシアでは、エロスは「ビタースウィート（甘くて苦い）」と呼ばれていた。

「妻を愛しています。こんな気持ちがばれたら、彼女は怒るに違いありません。私に活力を与えてくれますが、もう浮気はいらないんです」

最後の言葉は印象的だ。新しい女性は彼に活力をもたらした。生気がないときに、彼女を見て、活力を得たことは間違いなかった。言うまでもなく、意識的にではなく、どこか深い内側から活力が湧いてきたのだろう。

「人に笑われると思います。どこから見ても哀れな、ハゲで、デブで、足の弱った、年老いた男です。彼女は私に何を見ているのでしょうか?」

「あなたの魂はとてもハンサムなのかもしれませんよ」。私は彼の経験を認めるために言った。

「どうしたらいいでしょうか?」

私の内面にいる禅の老師が前面に浮上した。「ありのままでいることを試してみるのはどうですか?」

「分かっているんです。妻を愛しています。そして、他の女性に心を奪われています。板挟みです。もう終わりにしたいのですが、終わるべきとも思えません」

「そうですか」と私は答えた。「それがありのままなんですね」

この男性の経験は珍しいものではない。性的な誘引力は若者だけが経験するわけではない。実際、十分に年老いた人たちのほうが、特に複雑な関係に巻き込まれやすい。彼らは経験に開かれており、感情が安定していて、欲望に動かされやすい。

そんなことは自分とはまったく関係ないと考えているとき、セクシュアリティをこのように明白に経験することはないかもしれない。しかし、これまで述べてきたように、セックスとは単に肉体的に愛を交わすことだけを意味するのではないと理解するだけでも役に立つ。セックスの性的な特質には、快楽、喜び、親密さ、つながり、全般的な官能性も含まれている。人に対してオープンであること、親密になること、楽しむこと、本音の会話をすること——これらも広い意味ではセクシュアリティの表現といえる。こうした経験は性的欲望を十分に満足させることができるため、新しい相手と不倫して人生を破滅させる必要はない。

ブルースは自分の道を見いだすだろうと私は思った。彼は愛に心を奪われていることを認識していた。彼は自分の感情と願望の複雑さに十分に気づいていた。彼は妻を愛していたが、新しい相手が「おいしい」と分かっていた。数か月のあいだ、この状態が続いていたが、その後、ブルースは妻のほうが大切であると判断した。特にドラマはなく、彼は心を静め、新しく見つけた愛を手放した。しかし、エロティックな経験に刺激を受けて、彼は人生を変化させた。彼はがむしゃらに働くことを止め、シンプルな生活をもっと楽しむようになったのである。

人間のセクシュアリティは魂の活動である。それは深くて、感情的で、関係的で、意味とつながっている。歳を重ねるにつれて、あなたはセクシュアリティの深い次元を発見する。実際に、衰えではなく、セックスにもっと快楽を見いだすだろう。老いることによって、セクシュアリティは脱字義化され、確実に衝動的ではないものになる。また、しっかりと意識化することによって、セクシュアリティは成熟する。それは単なる肉体の問題ではなく、心の問題なのである。

老熟したセックス

二十代の大学生キャロル・アンは、独身の高齢の教授とセックスすることが好きだと語った。その理由は、彼らが思慮深く、魅力的だからである。一方で、彼女は激しさとスタミナがある若い男子学生ともセックスしていると語った。彼女は自分の生活に無分別で精力的なセックスを必要としていた。しかし、彼女は若い男子学生と関係を長く続けたいと思っていなかった。

「彼らをセックスに強い男として利用しているみたいですね」と私は言った。

「たぶんね」と彼女は答えた。「でも、あいつらも私を利用しているのよ。彼らは深い関係を期待していないし、私と意味のあるセックスをしたいと思っていないわ」

私はキャロル・アンからセクシュアリティについて多くのことを学んだ。彼女は非常に奔放な性生活を送っていたが、選り好みがあり、制限していた。私が二十代半ばの彼女と出会ったとき、彼女の生活の中心はセックスだった。しかし、それだけではなかった。男性たちが彼女に惹かれるのは、彼女の官能性やオープンなライフスタイルを即座に感じることができるからだった。しかし、彼らは彼女が自分の欲しいものを知り、高い志を持つ思慮深い女性であると気づくまでに時間がかかった。彼女が意識的に若い男性と高齢の男性の両方のパートナーを探し出していたことは、彼女のセクシュアリティが複雑で、多くの点で豊かであることを示していた。

キャロル・アンのストーリーは、自分のセクシュアリティを過去のものと思い込んでいる高齢者を勇気づけるだろう。キャロル・アンは活力のある洗練された若い女性だが、高齢のパートナーを求めていた。彼女は、激しい、抑制のきかない、長く続く精力の塊ではない、セックスを楽しめる成熟した人物を探していた。言うまでもなく、キャロル・アンと同じように、多くの男性たちが、成熟した女性を探している。

私たちが本当に必要としているのは、魂のためのバイアグラ（訳註：勃起不全治療薬）である。私たちは個人的な統合性、関係の寛大さ、親密さの能力を強化しなければならない。これらはセックスの中で欠けやすい特質であり、まさに高齢者が持っているかもしれない特質である。

セクシュアルに老いる

どうしたらセクシュアルに老いることができるだろうか？

1．可能であれば、人生の初期に根差す葛藤に取り組むとよい。セックスはあなたの人生全体を抱擁する。

そして、幼少期の経験に特に影響を受ける。あなたは自分の人生の様々な出来事のイメージや物語から自分のセクシュアリティを育んでいく。その出来事にはたくさんの傷つきがあるかもしれない。その傷つきは振り返りと取り組みを必要としている。

2. 人生が唯一無二のあなただけに提示する機会と挑戦に対して積極的な構えを持つとよい。セックスは生命の象徴であり、生命の前兆でもある。それはすべての領域に通じる活力を与えてくれる。それはいくつかの特別な目的を持っているが、同時にそれはあなたが行うすべてに影響を与える。老熟とは、変容と成熟により、人生を前に進めていくことを意味する。これは特にセクシュアリティに当てはまる。人生から排除されると、セクシュアリティは苦悩するだろう。

3. 私たちの多くは、様々な種類の性的な傷つきを持っている。だからこそ、あなたは愛情のある官能的な人物であることに全力を尽くすとよい。魂の傷つきは、苦悩と制限の誘因になると同時に、心の深層や人格のためのポジティブな力となる。傷つきにあなたがどのように取り組むかにすべてがかかっている。傷つきによって気分を暗くさせたり、他の感情を埋もれさせたりしてはいけない。傷つきが求めているものに応え、しかし降参してはいけない。

4. セクシュアリティは官能的スタイルの生活を築くと成熟する。官能的生活とは、友情や知的好奇心など、深い快楽を楽しむことである。怒り、フラストレーション、抑うつ、恐れによって官能的生活が整うことはない。成熟したセクシュアルな人物は、人生を愛している。そして、あらゆる局面で活力とつながりを求めている。

5. あなたは衝動的ではなくなり、性的に強迫的ではなくなり、セクシュアリティと他の価値を比較してより良い選択肢を選ぶようになる。若い頃、私たちは性的関係やパートナーになる意向について拙速な判断を下す傾向がある。歳を重ねた人物は、多くの場合、自分の感情をより良く理解しており、盲目的そして衝動的に性的欲望に従ってはいけないと知っている。

6. あなたはセックスに真の意味の深みがあることを理解している。したがって、それを軽く扱わなくなる。あなたは性的判断の重みを感じ、人生全体について考慮する。これは高齢者にとっては重荷ではない。むしろ、エネルギーを枯渇させ、人生をあまりにも複雑にしたり、不必要に難しくしたりする、対人関係のもつれを回避する機会となる。最良のセックスはあなたの価値観と矛盾しない。

7. 自分のセクシュアリティとスピリチュアリティを調和させるとよい。あなたは性生活にスピリチュアルな実践や思想の特質を持ち込むことができる。あなたは微細なレベルにおいて、ある種の宗教的生活やスピリチュアリティを楽しむことができる。それがセックスとぶつかることはない。両者は混じり合うことによって恩恵を受ける。セックスのないスピリチュアリティは空虚である。スピリチュアリティのないセックスは矮小である。

長い間培ってきた豊かな人格を関係に持ち込み、リラックスして他人と親しくなり、そして自他の違いをしっかり理解しているとき、あなたはセクシュアルに歳を重ねる。セックスは融合ではなく、結合（二つの異なる世界が、衝突するのではなく、互いに楽しむこと）である。

［脚注］
（11）ジョーゼフ・キャンベル『千の顔をもつ英雄』原著一九四九年、4頁。

第三部：老いを別の角度から想像する

PART THREE: IMAGINE AGING DIFFERENTLY

医学は身体の病いを取り除かなければ役に立たない。そして、哲学は魂の病いを取り除かなければ役に立たない。

――エピクロス

第7章：イニシエーションとしての病気

人の生涯を想像する一つの方法は、経験や記憶の積み重ねとしてそれを見ることである。私たちは、年月を経て、個人の歴史で満たされた大樽と共に死期に辿り着く。同様に、個人的成長という見方は人気のあるメタファーである。すでに見てきたように、自分は成長しているという言い方も一般的である。そして、成長の経験を得るために行くことができる自己啓発センターがある。しかし、このメタファーにはある意味で欠点もある。木は成長する。しかし、私たち人間は、歳を重ねるにつれて、より興味深く、より微細に、より複雑に、より個性的になっていく。少なくとも、私たちも成長したいと願っている。だが、厳密にいえば、私たちは成長しない。私たちは直線的に成長するのではなく、後退や衰退を含んだ複雑な成熟のプロセスを進んでいくのである。ジェイムズ・ヒルマンは心理学における成長というファンタジーに一石を投じた。「心理学における成長というファンタジーは、二十世紀初期の植民地的、工業的、経済的な拡大への陶酔（大きければ大きいほど良い）の遺物に思える[12]」。

年月の経過を想像する別の見方は、一連のイニシエーションあるいは通過儀礼として見ることである。イニシエーションは始まりを意味する。確かに、生涯を通じて多くの人は、自分は何者なのかに関する新しい次元に入るたびに、様々な始まりを通過する。子どもはティーンエイジャーへ、ティーンは成人へ、と続く。

人類学者たちは、様々な土着のコミュニティにおける通過儀礼の印象的な報告を残している。たとえば、若者が大地の窪みや葉っぱの下に埋められ、古い段階の死と新しい段階への再生が示される。苦悩や恐怖を経験した後に、コミュニティに受け入れられ、祝福される。馴染んで満喫しているある段階を手放すことは容易ではない。

新しい仕事を始めることは通過儀礼となる。あなたは要領を学び、自分の義務は何かを発見するだけでなく、すでに存在する従業員コミュニティの伝統や習慣の中に入っていく。あなたは新しい着こなしを身につけ、新しい語彙を増やす。必要なイニシエーションをやり抜くのは容易ではない。それには長い時間が必要となる。ときに数年かかる場合もある。

高齢者に一般的なイニシエーション経験の一つは病気である。私たちは病気のことを修理が必要な身体の故障と考える傾向がある。しかし、感情的、知的、関係的な経験として、病気は人生を再検討すること、死すべき運命と直面すること、人生の意味を明らかにすることを迫る。

医学の魂

数年前、私は医学の魂に関する本を執筆した。その準備段階で、私は多くの医療従事者と患者にインタビューした。患者と話してもっとも印象的だった事柄の一つは、共通の心情だった。多くの患者が、病気の苦痛や不安なんて経験したくなかったと言いながら、同時に、病気は自分の身に起きた最良の出来事だったと言うのである。何人かは、自分は病気によって癒されたとドラマチックにまとめていたほどだ。

彼らは病気になることによって、自分の人生の再考を迫られていた。とりわけ、時間の使い方や、対人関係への対処の仕方を考え直していた。死すべき運命を味わった後、変化する必要性を感じ、人生の意味を作り直そうとしていた。彼らは日常生活の貴重さを感じ取り、結婚生活や家族関係の「値段をつけられない価値」を重視するようになって、小さな問題にこだわらなくなっていた。彼らは病気のおかげで良い人になったと考えていた。

これが人生におけるイニシエーションの本質である。苦痛や不安を通り抜ける中で、あなたはこれまで振り返ったことのなかった事柄について内省する。そして、あなたは再生した人として、もう片方の出口から出てくる。そのうち、あなたはイニシエーションの機会がやってきたときに気づき、オープンに勇気をもって対応することができるようになる。こうしてあなたの運命と宿命が開示され、あなたはありのままの自分自身になっていく。

しかし、病気を身体的な故障と捉えることと、イニシエーションの機会と見ることのあいだには、大きな隔たりがある。前者の場合、経験する人としてのあなたは存在しない。あなたは身体的な試練を通り抜けていくだけである。あなたの魂は関与しない。後者の場合、病気があなたの人生の進路を左右するポジティブな恩恵を与えてくれる。あなたは真の自分になり、本当の意味で個性化する。病気は変容の乗り物となるのである。

病気について魂で経験することができるならば、関係は改善し、人生はもっと意味を持つだろう。あなたは人生からの招待状に応える習慣を持つようになるため、だらだらと無駄な時間を過ごすことがなくなるだろう。あなたは病気に降伏したり、最期まで闘い続けたりしなくなるだろう。

あらゆる種類の病気が魂に与える影響を考えるとき、とりわけ歳を重ねているならば、あなたは病気の価値を見るに違いない。あなたは単純に自分の人生設計や願望の障害物として病気を扱うことがなくなる。そして、多くの高齢者が新しい病気を経験しているので、この視点は重要な意味を持つ。

社会は魂の世話のために作られているわけではない。多くの場合、社会は唯物主義の神話にからめとられている。唯物主義は身体を機械的そして化学的な修理の必要な対象として扱う。それは医学の魂を理解していない。唯物主義は、人が病気に襲われていても、そこにある個人的なイニシエーションの機会を無視してしまう。

したがって、病気の中に魂を垣間見るために何ができるか、適切な治療を追求できるかは、個人としての私たちにかかっている。

病気と治療に深い視点を持ち込むためにできることについて、以下にいくつか提案したい。そのいくつかは明らかで簡単だが、あなたにとって普通でないと思われるものもあるかもしれない。自分の心の深層に注目する世界で生きることに慣れていない人もいるだろう。

1. 最初の私の提案は、多くの人が提案している：自分の感情を表現する。不安ならば、その不安を言葉にする。心配があったら、シンプルな言葉にして、信頼している人たちに心配を話す。はっきりと言葉にされていない感情は、その機能を果たさなくなり、自分に反発する場所へと追いやられてしまう。言葉を濁すことを止める。自分自身を直接的かつ明確に表現する。多くの場合、人は全体のうち受け入れやすい部分だけを明らかにするか、感情に蓋をしてあらゆる種類の言い訳や説明でごまかす。彼らは感情を追い払い、同時に、感情を取り消してしまう。

魂を中心に据えた良い医療従事者は、感情の表現を励まし、あなたの言葉に耳を傾けるだろう。卓越した医療従事者は、ケアの姿勢や理解の深さなど、あなたの魂が欲している多くのことを与えてくれる。しかし、医療分野で働く多くの人は感情を恐れている。すべては患者のためという理由で、感情を隠蔽したほうがよいという疑わしい考え方を学んでいる。

2. 自分の物語を語る。病気を患っている人の多くは、現在の病気についての物語だけでなく、過去の身体問題や人生全般についての物語を語る必要性を感じている。こうした物語は非常に重要である。人類は物語を語る動物と定義づけることができるかもしれない。物語はたくさんの不安な経験をまとめ、意味や平穏や安心を与えてくれる。

繰り返しになるが、魂を重視しない文化は物語の重要性を理解していない。医療従事者の中には、高齢の患者が語る物語にうんざりしている人がいるかもしれない。これは悲しい状況である。すべての人が自分の物語を語る必要がある。子どもだってそうだ。高齢者も経験や記憶を語りたいと思うのは自然である。その他の人たちは傾聴という役割を担うべきだろう。

この語りには単純な事実の聴取のときとは違う特別な性質があることを理解すべきである。語りは繰り返されることによって力強くなる。あなたは同じ物語を何度も繰り返して語ってよい。語るたびに、詳細や強調点がかすかに変化しているかもしれない。これだけでも繰り返し語ることの意義を認めるのに十分である。聴き手には忍耐が必要だ。その物語はとても大切なもので、何度も繰り返されなければならないと理解する必要がある。

3. 瞑想する時間を持つ。熟練した瞑想者でなくても、ただ座り、心を空っぽにしたり、浮かんでくるイメージを漂わせたりするだけの休憩時間を取る意味は、やってみれば簡単に理解できるはずだ。それが瞑想である。通常よりも穏やかに深く呼吸する。いつもよりちょっとだけしっかり座る——背筋を伸ばし、大地にしっかり腰を下ろし、自分にとって意味のある指の形を作る。どうすれば意味のある指の形になるのかピンと来ないならば、伝統的な印相がよい（訳註：印相とは、仏教において、主に仏像が両手で示す象徴的なジェスチャーのことであり、悟りの内容を示している）。親指と中指を触れ、手の甲を太ももの上に休ませる。目を閉じるか、あるいは、半眼にする。

4. 夢を記録する。あなたは夢の世界を真剣に受け止めたことがないかもしれない。今こそ、真剣に受け止めてみよう。私は四十年間心理療法を実践してきたが、もっぱら夢に注目することで人々の人生を支援してきた。どれだけ夢が役に立つか、私には言い尽くせない。しかし、あなたが専門家になる必要はない。それどころか、夢を理解する必要さえない。夢について覚えているすべてを記録するだけでよい。その記録を特別なプライベート・ノートに書き記す。時折、自分が書き記した夢を読み返してみる。自分の夢の記録を治療の一部と考えてみる。

5. 祈る。祈りは信仰を持つ者のためだけにあるのではない。あなたが熱心に教会に通う人であろうと無神論者であろうと、祈りはあなたが享受できる実践である。何らかの教義を信仰したり、何らかの宗教に忠誠を誓ったりする必要はない。人は自然に祈ることができる。信仰を持つ人でさえ、日常の言葉で自然に祈ることを学ぶこともできるだろう。歳を重ねて、病気になったとき、現代医学の範疇を超えた域に手を伸ばしたくなる場合がある。自分の周囲に癒しや慰めを感じられないとき、心を開いて、宇宙、母なる自然の女神、大地の女神ガイアに問いかけたくなる。

普段は宗教的ではない信仰を持たない人が、大変な絶望や無力を感じて、自然と祈りの言葉が口をついて出てくる瞬間は、非常に特別な瞬間である。私は、人が「改心」するとき、信仰を持つ人が得意げに微笑むような、普通のセンチメンタルな意味でこれを言っているのではない。制限のある唯物主義的な世界から、もっと制限のない自由な世界、不思議な出来事が実際に起きる世界への突破という意味で特別な瞬間なのだ。病気はそのような突破を鼓舞する場合がある。それは意味のある老いのシグナルになるかもしれない。

6. 愛する人やすべての人へ心を開く。自分自身を癒す最良の方法は、自分の周囲の世界を癒すことである。対人関係で困っているならば、その問題の解決に率先して取り組む。相手の動きを待ってはいけない。寛大になろう。寛大さは美徳の中でももっとも癒しになる。見返りを期待しないように。あなたの賜物を潔く与えよう。
医療従事者やあなたに関わってくる様々な人たちに対して同じように心を開く。自分を癒すために、今からもっとオープンな人物になる。普段は言葉にしないことを伝える：感謝や称賛の言葉など。優しい愛情のある仕方で世界と関わる。そして、そう、忘れてはいけない。怒りやフラストレーションを表現しなければならないならば、それも表現する。

7. 身体の詩に耳を傾ける。身体は表現する存在である。細かい意味にこだわる必要はない。胃に問題があるならば、伝統的には怒りや強さが宿る部位とされていることを思い起こしてみる。心臓は愛情と関係性の部位とされる。肺は世界を取り入れる：生命の律動だ。肝臓は？　血液をきれいにバランスよく保ってくれる。頭痛は？　あなたの知性、思考、想像。脚？　あなたを運んで移動を可能にしてくれる。手や指？　作業する。

8. 直観を信頼する。これは治療の中心的な役割を担っている。あなたの周囲に力のある大切な物品を置く：彫像、宝石、絵画、お守り。音楽を聴いて穏やかな時間や日常を超越した心の状態を保つ。

9. 医師の診察を受けるとき、同伴者を連れて行く。友人や家族が好ましいが、システムに対処できる人がいい。小さなレコーダーや記録用紙を持参する。尋ねたいことや言われたことを書き留めておく。医療従事者に自分が何を経験しているかを伝える。質問する。必要であれば、もっと時間をかけてもらう。自分が望んでいること、必要としていること、どのように治療してもらいたいか、治療関係であなたにとって何が重要かを伝える。

10. 病気の影響を受け止める。病気のレッスンを心で受け止める。それを問題としてではなく、人生の通過段階と理解する。病気の経過を自分なりに研究してみる。病気についての詩を書いてみる。病気について質の高い会話を心がける。

なぜその時期に病気になったのか、結局のところ、よく分からないことが多い。それは青天の霹靂である――馴染みのないしこり、腰の痛み、気持ち悪い胃。私の母は、いつもと同じように、ある夕方、妹と楽しくピーナッツをパクパクつまんでいるとき、心臓発作に見舞われた。

私たちは、病気を神秘として扱い、敬意を払い、そのタイミングと深刻さについて疑問を抱き、良い解決のために祈るしかない。多くの病院は、宗教的な病院でなくても、美しい魅力的な礼拝所を持っている。深刻な病気は、祈りや瞑想のための空間を必要としているからだ。

夜に病院の横を通り過ぎるとき、私は窓から漏れる明かりに気づく――明るいのはナース・ステーションかもしれない。薄暗いのは患者の病室ではないだろうか。私は病室のベッドに横たわっている人たちのことを思う。いろいろなことを考えたり、感じたり、疑問に思ったりしているだろう。彼らは病気から魂を孵化(インキュベーション：incubation)させようとしている。この静かな時間は重要である。ここでいう孵化とは、自分が何を経験しているかを理解するために、様々な思考や懸念を漂わせ、もの想いに耽る機会のことを指す。このプロセスにおいて、彼らは自分の経験を通して何かを発見し、変容し、象徴的な意味で生まれ変わる。

古代ギリシア人であれば、癒しの神アスクレピオスの神殿に行き、自分を癒してくれる夢や召命の訪れを願いながら、そこに宿泊するだろう。彼らは神殿の中でクリネー（Kline）と呼ばれるベッドに横たわった。これはクリニック（Clinic）の語源である。彼らは孵化を行っていたと言われている。半覚醒状態で、彼らは癒しの神の存在を感じ取ったのだと思われる。

現代の病院の患者たちも静まり返る時間に孵化を行っている。ただし、私たちは病気の魂を忘れ、儀式や自覚なしに孵化を行っているが。私は病院がホスピスやゲストハウスになることを想像している。そこで人々は、単に身体を回復するためだけでなく、変容をもたらす発見に魂を開くために療養する。

孵化とは、卵をあたためて、ひながかえるのを待つことである。病気の場合、横たわって自分の思考や記憶をあたためることが孵化である。まだ発見されていない魂の部分、まさにあなたのアイデンティティを病気にあたためてもらうのだ。病気はあなたの内面や関係にとって強力な出来事となる。病気は空想や感情を呼び覚まし、これまであなたが一度も訪れたことのない自分自身の内面の場所に連れていく。

病院に入院中の高齢者が、過去の振り返りや瞑想や重要な自己内対話によって、療養生活の時間を魂の世話に費やすならば、彼らの病気は彼ら自身に奉仕するだろう。彼らは病気を単なる故障や災難と見ることをしなくなるだろう。私たちは、切迫した騒々しい雰囲気のある積極的かつ英雄的な治療からの息抜きとして、そうした静かな魂の動きを促すことができる。

私は癌を患っていたある女性と静かな対話を行ったことがある。そのとき彼女は静脈注射の化学療法を受けていた。言うまでもなく、このような極限状態において、人は真剣な対話や内省にオープンになる。私は、彼女の病気には意味があり、魂の作業のための機会になるという感覚を与える、魂の代理人としての私の存在が彼女にとって重要だと感じていた。彼女は夫や子ども、全般的に幸せな人生について語った。そして、彼女が亡くなっても、家族が苦しまないことを願っていると話した。破壊的で治療的な薬を投与されながら、静かに座り、一時間ほどで、人生のほとんどについて話し、様々な感情を語った。

私は、すべての病院のすべての病室に、魂の世話人（心理療法家の語源である）が必要だと思う。病気の経験に耳を傾け、より深い、もっと意味のあるレベルで治療を行うために。長い間それは実現していないが、こうしているうちに、私たち一人ひとりが意味の探求のために可能なことを行うのはどうだろうか。アスクレピオス神殿で経験するように、病気の経験、感情や思考を内省し、対話によって癒すのである。

現代の機械論的発想は、気分を治すために薬を飲むことを勧める。すべての病気は化学的そして外科的に治療される。それは病院や医療センターを効率化した。一方、美しさや健全さは失われた。それは老いのすべての側面に影響を与えている。私たちは心臓のために散歩し、内臓に良い食事を心がけている。しかし、私たちは身体について苦悩する魂の影響について全般的に疎い。

高齢者は将来医療の世話になることを不安に思っている。それは手に負えない猛獣なのだ。また、心のこもった世話や住居の必要性について心配している。彼らは、病気に意味を見いだせるならば、そして単なる身体の故障として治療されないならば、もっと気持ちよく歳を重ねていけるだろう。

私たちには二つの主な懸案事項がある：（1）身体的なウェルビーイングのために魂を世話すること、（2）医学的治療のあらゆる側面を魂の作業に変化させること。多くの場合、高齢者の頭を占めているのは病気のことである。また、若者も老いについて思い悩む。したがって、医療分野において魂のある老熟という見方を定着させることは非常に重要である。

身体と連動して魂は病気になる

魂は、特別に注目される必要性から、病気になって弱まる場合がある。そうした病気は身体の問題に転移する。心身医学は新しい考え方ではない。それは多くの想像力に富んだ精神分析家が身体症状の中に「隠されている」感情を探求していた一九四〇年代に非常に勢力があった。たとえば、このアプローチのパイオニアの一人であるトーマス・M・フレンチは、ぜんそく発作が苦しい秘密を告白する必要性と結び付いていることを示唆している[13]。

最初のステップとして、文化的かつ個人的に、蔓延した字義主義の悪しき習慣を克服し、病気を身体の問題として治療する考え方を克服しなければならないだろう。これまではそのような考え方ではなかった。何千年にもわたって、人類は病気における深い想像や感情の領域を真剣に受け止めてきた。私たちはそれを当然と思ってきた。病気を想像する昔のやり方のほうが進んでいるといえるかもしれない。

多くの医療従事者は、身体の向こう側を考えることに抵抗する。なぜなら、彼らはほとんど宗教のように、見たり、触れたり、測定したりできることだけがリアルであるという、十八世紀の哲学を信じ込んでいるからである。それ以外のすべては疑われる。

身体の問題に転移する魂の病気とは何だろうか？　大きな一つは不安である。あなたが何かを心配して、眠れず、食が細り、全般的にリラックスできないならば、腹痛や肌荒れ、その他の病気として現れる。歳を重ねると、不安に上手に取り組むことが重要であることに気づかされる。身体の健康はその取り組みにかかっている。感情的なウェルビーイングは言うまでもない。

あなたは不安に対して何ができるだろうか？　その不安を分かりやすい正確な言葉で、あなたが信頼する誰かに、できるだけオープンに表現してみよう。すべてを言葉にする必要はない。自分の物語を語ることに強い抑制がかかっているならば、それを尊重することも重要である。そのときは、しばらくの間、自分自身にとどめておかなければならないことを抱えてみよう。

第二に、不安の原因に対処する。お金について心配しているならば、もう少し稼ぐ計画を実行に移そう。離婚する必要があるならば、その方向に向かって進み始めよう。問題が解決するまで不安は続くが、しかし少なくともあなたはその解決に向けて動き出した。すると、概してリラックスする。

あなたにできるもっとも健康なことの一つは深いリラクゼーションである。問題を回避することについて述べているのではない。全般的にリラックスしたあり方で生きることが大切なのである。今日、多くの人は、多忙な生活を継続しようとしているので、常に慌ただしい。あなたはリラクゼーションの時間を作っても、活動的でいられる。自分にあっているリラクゼーションの方法を探そう。たとえそれが他の人にとってはリラックスにならない方法でも構わない。

私はクロスワードパズルをする。YouTubeで音楽を聴く。古い白黒映画を観る。ゴルフをする。ピアノを弾く。軽い探偵小説を読む。森の中を散歩する。人によっては、私がやっていることについて、時間の無駄と考えるかもしれない。しかし、私にとっては、リラックスできるし、重要なのである。それらは不安を軽くして歳を重ねることを助けてくれる。

様々な種類の瞑想やヨガは、あなたの心身をリラックスさせる助けになる。心身両面において、無意識の緊張があるかもしれないので、これらは重要である。病気における不安の役割を理解できるようになるために、あなたは身体に耳を傾け、緊張を感じ取らなければならない。

私はあなたにリラクゼーションを真剣に捉えることを勧めたい。そして、通常考えるよりも、もっと先に進んでほしい。筋肉が緊張していないか、頭が高速回転していないか、感情が擦り切れていないか、注意を向けるのである。そのことに対処する。風呂に入る。散歩に行く。映画を観る。瞑想する。詩を読む。

心理療法家である私は、不安のサインに敏感だと思う。私のクライエントがリラックスすることを助けるために、私は自分でもできることをやっている。私は彼らの心配や切迫感に巻き込まれないように心がけている。私は穏やかに呼吸し、自分のペースを守る。パニック状態や極端な心配の真っただ中にいる誰かが私に電話をしてきたら、私は穏やかに応答する。穏やかに応答することは簡単ではない場合もあるが、だからこそ私は特別な努力をしている。ときに、クライエントが自分と一緒に不安になってほしいように見える場合がある。しかし、私は餌に食らいつかない。

不安にならないために、あなたは何らかの哲学を必要としているかもしれない。誰かがあなたを不安にさせようとしているとき、哲学があれば、それについて考えなくて済む。誰かの不安に取り組む基盤となる穏やかな人生を築こう。私は家庭生活に焦点を当て、それを穏やかに保つ方法を見いだすトレーニングを心理療法家に勧めている。なぜなら、家庭生活は専門職活動の良い基盤となりうるからである。

過去の未解決の問題は、身体に向かい、身体に何年もとどまり、膿んでいく。化膿は、基本的に身体の傷に用いられる言葉である。人々は身体のチックや身振りで自分の不安を示す。また人々は自分の不安を漏らす特定の言葉を使う。

典型的には、「貴重なお時間をいただいて申し訳ありません」あるいは「私の不安など聞きたくないと思いますが」と言ったりする。こちらは平静でオープンな気持ちなのに、相手は不安な考えで頭がいっぱいになっているのである。そういう人はこちらに繊細に配慮している言葉だと考えているかもしれないが、彼らの不安な気持ちが漏れていることに気づいていない。

病気になると、私たちは往々にして身体と魂を切り離してしまう。そのため、病気になることは残忍といえる。私たちは突然、物体になる。手術や投薬で治療されるべき内臓の集合体になるのだ。毎日、人々は医療センターに診察に行き、治療されるために、身体の症状を訴える。彼らは生きる屍であり、魂がなく、身体部位をフランケンシュタインのように継ぎ合わせた修理されるべき物体だ。

私は人生の中で何度も医師の診察を受けてきた。しかし今、七十代になって、医療機関についての感じ方が変化してきた。第一に、私は「お年寄り」としてひとくくりにされることを怖れている。私は若い患者のようにちゃんと診察してもらえないかもしれない。また私は、各種の巨大な映像装置や薬の過剰投与に対して非常に不快感を抱いている。私は現代科学を理解できない弱ったお年寄りなのだろうか？　私は魂のある人として診てもらうことを望んでいるだけなのに。

最近、私は手術した。私の物語は医療機関に対応する上で何らかのヒントになるかもしれない。私の物語は、魂に満ちており、ポジティブである。ここ三、四年、私はゆっくりと臍ヘルニアになっていた。しかし、私はそれについて気に留めていなかった。私の大好きな医師が、様子を見ましょう、少なくとも大きくなるまでは、と言ってくれていた。しかし、ある日、小さいヘルニアは実は危険という文章を目にしたり、他の医師に言われたりした。壊疽の危険性があり、生命にかかわる場合があるのだ。

私はすぐに手術を受けることにした。私の地元の医師は、近所の病院で手術の予約を入れましょうと言ってくれた。しかし、私は近所の病院で良い経験をしたことがなかった。そこで私は車で二時間離れた都市にある病院に勤めている友人に連絡した。彼は自分の病院で手術することを勧めてくれた。私は病院のＣＥＯに手紙を書いて、アドバイスを求めた。彼も同じ手術を勧めてくれた。それで私は予約を入れた。

診察は一〇分だったが、私はとても親切にされていると感じた。私の妻、娘、継息子は皆、手術に立ち会ってくれ、出会った病院のスタッフは私たちに人として素晴らしい対応をしてくれた。執刀医が私のところにやってきて、自分の息子を紹介した。執刀医の息子は手術の研修医をちょうど終えたところだった。その彼が補助に入ることになった。妻が私にささやいた。これはいいことだわ。執刀医はベストを尽くして息子にいいところを見せたいと思うから。

その病院では、私は面倒なお年寄りとして扱われている感じがなかった。ちょっとした礼儀正しさが大きな違いを生み出していた。唯一のネガティブな経験は、麻酔から目覚めるときだった。私にゆっくりと意識が戻ってきたとき、私の近くの間仕切りから大声が聞こえてきて、平穏が破られたのだ。そのとき、私は音楽の準備をしていなかった。その後、私は執刀医とＣＥＯに、感謝と共に、麻酔から目覚めるときの問題について手紙を書いた。彼らは解決策を検討しますと返答をくれた。

あなたは自分の病気と治療に積極的でなければならない。医療機関は、治療方針におとなしく従い、言う通りにしてくれる従順な患者を望む。しかし、あなたの人生であり、あなたの病気である。あなたは自分の考えや理解を持ち込み、話し合わなければならない。大量の薬について質問したいかもしれない。これは全部必要なのだろうか？　この薬の量は一般的かもしれないが、あなたの状況にあわないのではないだろうか？　どれか一つでも苦しむ価値のない悪い影響を及ぼしていないだろうか？

病気に意味を見いだすために、読みやすくて最良の本の一つは、ダリアン・リーダーとデイヴィッド・コーフィールド著『本当のところ、なぜ人は病気になるのか？――身体と心の「わかりやすくない」関係』である。その本では、人生の変化と健康の変化が同じクラスタであることを示す研究が引用されている。そして、深刻な病気の始まりに何があったかを見いだすことや、客観的事実として病気を捉えるのではなく、人間的ないし対人関係的な側面を大切にすることを提案している。

医療システムに魂を持ち込むことはそれほど大変ではない。私のケースの場合、個人的なケアを大切にする病院、心のある手術、家族総出の「ビジネス」、医療従事者の優しさや人間性、そして、私自身の家族もとてもあたたかく迎え入れてもらって手術に立ち会えたこと、などがよかったのだろう。これらは単なる基本的な人間性の問題といえる。医療業界を癒しの世界に変容させるには、それだけがあればよい。

心臓を手術する一か月ほど前に、私は狭心症になり、心臓の血管にステントを入れなければならなくなった。それは私が心を込めて設計し、大好きだった家を売却した直後だった。二十代の頃、私は虫垂炎になった。それは私が初めて家族と離れてアイルランドに引っ越した直後だった。どちらの出来事も必要なことで、ある視点からすると良い出来事だったが、それにもかかわらず、私の感情生活につらい裂け目を残した。それらの出来事が病気の原因であると言うつもりはない。しかし、私の健康のタイムラインを振り返るとき、私はそれらの出来事が先行していたことを心に留めておきたいと思う。病気に魂を与え、人間的な経験にするために。

病気を単なる生物学的な出来事とせず、人間的な出来事とみなすことは、魂のある老いというプロジェクトの一部である。老いることは、自動的だったり、生物学的に決められているのではない。老いは私たちの選択や人生に対する理解と関連がある。私たちが人間的な視点を保ち、生活のあらゆる側面を唯物論的に捉える現代の傾向に巻き込まれないならば、意味のある老いの機会に恵まれるだろう。

［脚注］

（12）James Hillman, "Abandoning the Child", *Loose Ends* (Zurich: Spring Publications, 1975), 28.

（13）Thomas M. French, *Psychoanalytic Interpretations* (Chicago: Quadrangle Books, 19070), 465.

第8章：怒りっぽい老人

数年前、ボストン美術館の古代ギリシアの展覧エリアを鑑賞していたとき、印象的な光景が描かれた古代の壺に出くわした。その壺では、アクタイオンという若者が、女神アルテミスと自身の猟犬に攻撃されていた。猟犬と共に描かれているのは若い女神リッサであり、彼女の頭部から発狂した猟犬が出てきているように描かれている。

その神話は父の農場で生活していた若者の話である。父のアリスタイオスは農耕や栽培の神話的あるいは元型的な創始者とされる。ある日、アクタイオンは、森の中を散歩しているとき、女神アルテミスの水浴びを目撃した。水浴びを目撃すべきではない女神がいるとしたら、それはアルテミスである。アルテミスは勇ましい狩猟と貞潔の女神であり、プライバシーと高潔さを重んじていた。激怒したアルテミスは、罰を与えるために、アクタイオンの顔に水をかけた。すると、彼はゆっくりと鹿の姿に変わっていった。それはまさに彼が狩り、アルテミスも狩っていた動物であった。そして、彼自身の猟犬が彼に襲い掛かり、彼を引き裂いた。猟犬たちは発狂していた。猟犬たちはリッサの頭から出てきているように描かれている。

私はリッサのイメージに魅了された――その女神の頭部から猟犬が現れている。明らかに無実である以前の飼い主アクタイオンに襲い掛かる戦闘モードの猟犬たちのイメージはたくさん見てきたが、私はリッサについてあまり考えたことがなかった。いくつかの神話では、アルテミスをよく見ようとして、彼は木に登っている。

リッサは憤怒や激怒、狂犬病（これも犬だ）の女神である。しかし、神話に描かれたイメージであるという事実は、彼女に何らかの必要性があること、ものを見るときの重要な要素であることを意味している。犬はときに狂犬病になる。森に住む美しい貞潔の女神アルテミスに仕えている犬は、彼女の怒りの棘として知られている。

高齢者の怒りについて、人々は哀れな性格の衰弱と言う。しかし、リッサは神話と心理学の両方に居場所があることを覚えておきたい。彼女はリアルで重要なのだ。怒りは常に統制の喪失を意味するわけではない。怒りには目的がある。怒りは年寄りにもある。私たちの仕事は怒りを厳しく裁くことではなく、その意味を推測することである。年老いた人の頭部から狂犬が襲い掛かってくるのはなぜだろうか？

怒りの場所

心理学には定説がある。どのようなやり方であろうと、感情を抑圧すれば、その感情は歪んだ誇張された形で再び出現する。高齢者の怒りについて、興味深い見解がある。若い世代は高齢期のことを感情的に抑制が効いている穏やかな時期として見る必要性を感じているというのだ。ある研究者（キャスリーン・ウッドワード）は、私たちが高齢者に分別の体現を期待するとき、その要求は自分の怒りを表現する必要性に対する防衛であると述べている。私たちが高齢者は温厚かつ賢明であるべきと思っているために、老人が怒ると心をかき乱されるのである。

家族は、一般的に怒りの表現は良いということに同意しても、高齢者が常に怒鳴ったり、すねて不機嫌だったりすることに困っているのではないだろうか。彼らは強情で、慢性的に怒りっぽく、気難しい。とはいえ、私たちはその個人ではなく、二者関係（怒りっぽい老人と困っている若い家族あるいは医療従事者）について考えていることを忘れてはいけない。これは元型的な魂との深い出会いの状況を特徴づけている。

　怒りっぽさは、多くの高齢者の内面の性格にある。それは衝動的に見えるかもしれない――高齢者はそれをほとんど統制できない。それは個人の人生に歴史があるかもしれない。しかし、もしかすると、怒りには何か建設的な意味があるとも考えられる。

　ジェイムズ・ヒルマンは『老いることでわかる性格の力』で、ギリシアでツアー旅行に参加したときの話として、神聖な境内で敬虔な態度を示さなかった若者を叱りつけていた高齢女性の興味深い物語を語っている。ヒルマンは、それを世代間の確執、あるいはまったくの個人的な怒りと見ていない。そうではなくて、彼は、高齢女性が文明を無視する若者を目の当たりにして、文明を救いたかったのだと考察している。議論するとき、ある人の守りたい基本的な価値観が、あまりにも簡単にそして無意識的に除外される場合がある。人によっては、この怒りっぽい老人は単なる老いぼれ、我慢できない愚か者、気難しい人だと感じるかもしれない。そういう人たちは、高齢者の苛立ちに潜む、より大きな理由を見落としている。

　ヒルマンの見方は、高齢者の怒りにより大きな、ポジティブな目的があることを示唆している。たとえ怒りが慢性的であっても、その感情は重要な価値観を喪失した悲しみに由来するかもしれない。私たち部外者は、ネガティブな態度の深い目的に気づくために、それを裁くことなく、より詳しく見ていかなければならない。ヒルマンは怒りっぽい老人を理解し、そのポジティブな性質を解釈しているのである。

　高齢者は子どもの頃に学んだ特定の価値観を思い出し、それが現在の世界の秩序から失われていると考えているのかもしれない。彼らは両親や教師と同一化し、文化にとって重要な価値観の代弁者になる。そして、よく吟味することなく、自分が正しくて重要だと感じたことのために、声を大にして一言言わなければならないと感じている。

私はしつけで怒られるときに、罵り言葉を使われたことがない。父が穏やかにちょっとだけ汚い言葉を吐いたことがあるくらいで、他の家族はそれさえもなかった。今日、公共の場で、人々が会話の中で何度も「Fワード（罵り言葉）」を使っているのを聞くとき、それも小さな子どもが目の前にいる場合、私は腹を立てる。しかし、私が何かを言おうものならば、私は怒りっぽい老人と嘲笑されるだけだろう。あるとき、私は子どもたちに囲まれた若者が罵り言葉を吐き捨てまくっていたとき、我慢ができなくなった。私が一言注意すると、彼は中指を立てた。別のときは、攻撃的な男性が「悪かった。考えてなかった」と言った。怒りっぽい老人になるか、黙って通り過ぎるかの選択肢を突き付けられるとき、私はときどき前者を選んでしまう。

多くの点で、時代の流れにあわせることは賢い。価値観や好みは変化する。たいていそれらは改善されていく。たとえば、今日の人々は高齢者差別についての自覚が高くなっている。まだ長い道のりはあるが、これは喜ばしいことである。しかし、いくつかの過去の良い価値観は失われた。そうした価値観を守るために、私のような老人は怒りっぽい人になるリスクを冒さなければならない。

新しい世界を築いている若い人たちの注目は、新しいものに向かっている。ゆくゆくは、彼らも歳を取り、彼らの「新しい」考え方は古くなる。すると、彼らは怒りっぽい老人になって、相当な力で防衛しようとするだろう。

ヒルマンの結論は、高齢者が怒鳴って困ったときに、私たちにささやかな安らぎを与えてくれる。「私たちは誰もが演劇のコーチ、音楽の先生、店舗の支配人、年老いた叔父に、厳しく叱責され、傷つけられた思い出を呼び起こすことができる。ある価値を理解させ、守らせ、受け継がせるために、嘲笑や愚弄を受けたことがある。それは伝統を次の世代に継承する手段としての叱責だ(14)」

私はここで一つ指摘しておかなければならない。ヒルマンは、一般的にはネガティブと考えられている人間の様々な行動のポジティブな価値を見いだす名人である。私はヒルマンから、嫉妬、裏切り、抑うつが、人の魂や対人関係にポジティブに貢献することを学んだ。私は、このねじれを念頭に置くことを提案したい。ネガティブな評価を聞いたとき、そこに何らかの価値があるかもしれない可能性を検討することが大切である。それをもっとオープンな心でより深く見てみよう。

怒りには根があるかもしれない

他の可能性もある。高齢者の怒りは常に正当化できるわけではない。怒りっぽい老人になることが常に良いとは限らない。

人によっては、これまでの人生でネガティブな態度を身につけている場合もある。彼らのストーリーラインを遡ると、ずっと昔の虐待や拒絶に苦しんでいるかもしれない。彼らはこれまでの人生で、職場や政府の権力者に悪戦苦闘してきたのかもしれない。彼らは深く考えたり、思想や芸術に昇華された経験を楽しんだりする機会がなかったのかもしれない。彼らは、人生をより良くするために、一生懸命に働き続け、深い喜びを諦めてきたのかもしれない。彼らは不正や偏見の犠牲者だったのかもしれない。そのため、人生の恵みを充分に満喫する自由を感じたことがないのかもしれない。現在では、高齢者差別の犠牲者であるかもしれない。

いずれにせよ、高齢者の怒りと直面したら、私たちは彼らの不幸せを説明するために、彼らの経験を探究してみることができる。歳を重ねるにつれて、彼らは人生に対する不満を抑圧することが次第に難しくなっていることを見いだすだろう。しかし、彼らの周囲の人が文脈を読み取れるならば、怒りやフラストレーションがあっても高齢者を愛することに役立つ理解を見いだせるかもしれない。理解の欠如は、怒りを炎上させ、いつまでも怒りを引き出し続けることになるだろう。

高齢者の怒りへの対処法

これは魂の問題である。それは人格と感情の両方を含んでいる。魂は、深みを目指すこと、忍耐を保つこと、人間の状態に共感することを求める。高齢者をケアする人々は、高齢者の不機嫌に対して自動的に嫌悪感を抱くかもしれない。その場合、彼らは高齢者と同じことをしている。不機嫌の理由を想像するための内省の時間を取っていないのだ。

怒りは常に意味のある表現である。ただし、その意味は冗長な言い回しや声高な不満の中に深く隠されている。怒りが慢性的そして習慣的になると、意味が心の奥深くにしまい込まれ、見抜くことがほぼ不可能になる場合もある。家族にできることは、忍耐強く振り返りの機会を提供し続けることであり、怒りに対して衝動的にフラストレーションをぶつけないことだ。

歳を重ねるにつれて、自分の怒りがより強く、より頻繁になっていることに気づいているならば、あなたにできることは以下の通りである。

1. 怒りを内省する。あなたは自分と自分の率直な感情のあいだにスクリーンを置くことができる。あなたは怒りを声に出すことができる。ときには他人に向かって言える。「私は怒りを感じている。でも、この怒りがなんだかさっぱり分からない。私は怒りを減らしたい。でも、自制心を失わないことは難しい」。こうした言葉は、少なくとも生々しい怒りの代替手段を認めている。あなたは内省を望んでいる。そうするためにちょっとした助けが必要かもしれない。

2. 過去を振り返る。子ども時代に遡って、あなたを怒りっぽい老人にしたかもしれない状況を探る。支配的な親あるいは教師は、生涯にわたってあなたに影響を与え続ける。フラストレーションの源の特定を試み、信頼できる誰かに物語を語る。それについて振り返る会話を始める。問題に対する完璧な解決策を期待しないこと。しかし、前進していこう。

3. 常に強くあること。被害者を演じる習慣に気づき、自分の力を表に出す。ときに怒りは、とりわけそれが慢性的なときは、消極性に由来する場合がある。自分自身の力を抑え込み、自分の願望、欲望、計画を挫折させているのだ。習慣的に消極的な人は自分の力を抑圧している。それは怒りとして暴発する。自分自身のニーズや願望を表現し、それらを満たすようにできるだけ行動することが解決策である。

4. 自分の「魂の力」に触れる。それは過去の経験、深く根差した才能とスキル、生来的な創造性、人生に対する熱意の貯蔵庫である。それはより力強い人生の基盤になる。この力の源は自我や意識的な自己と結び付いているだけでない。それは心の非常に深い領域にあり、ほとんど触れることはできず、知ることさえできない。あなたは自分にもっと活力を与えるために、隠れた原材料を表面に浮上させなければならない。活力それ自体は怒りになる以前の創造的な力といえる。怒りは、あなたの生来的な活力が避けられ、深い地下に押し込められ、抑圧されていることを示している。

5. あなたの怒りは、ポジティブな意味で、何を望んでいるだろうか？　怒りは活力や個人的な魂の力に変えることができる。フラストレーションを行動化する代わりに、あなたがポジティブな意味で探しているものは何かを自問してみよう。あなたは何を達成することを望んでいるだろうか？　それについてポジティブな言葉で考えると、自分の人生における怒りに居場所を与えることになる。怒りを破壊的で他人にとって厄介な問題にするのは、抑圧的側面があるからだ。もっと言えば、それは想像力の問題である――この世界の中の自分自身の生き方をあなたがどのように想像するか、インパクトと影響力を持つために十分にそれを信頼しているか。それらは抑圧されたとき、声高だが軟弱で、破壊的な怒りに変容する。

建設的な力としての怒り

古代の神話に戻る。怒りの精神を人物化したマルス（訳註：ギリシア神話に登場するゼウスとヘラの息子。武勇や闘争心や戦いの神、軍神）は、多くのポジティブな贈り物を与えてくれる：断固とした態度、明晰さ、エッジの効いた創造性、影響力、忍耐力、そして活力。ローマ人が活力にあてた単語は vis であるが、それは暴力（violence）の語源である。言ってみれば、活力は怒りの中にある。マルスは人生において必要な力であるといえる。もっと自由に表現するならば、マルスはポジティブなエネルギーである。

これらの連想は怒りに適用されるが、高齢者の怒りっぽさにも当てはまる。怒りの表現は表向き迷惑で、無益に見えるかもしれない。しかし、その深層に、たとえ弱った状態であっても、前に進み出たい生命の活力がある。注目されることや活躍することを望んでいる生命の活力のサインを見抜くために、あなたは少なくとも一つレベルを下げて見る必要がある。

あなたの知り合いの高齢者が頻繁に怒っているとき、表現されることを望んでいる生命の活力を見抜くことを試みてみるとよい。あなたが怒っている側ならば、多面的かつ神話的な深い方法で怒りを理解することが助けになるかもしれない。怒りはあなたに仕えている。怒りは、あなたが隠している行動に可能性を与え、世界が身を脅かすときや何かが正しくないとき、あなたに警告している。

私の父は臨終の日々によく怒っていた。百歳だった。生涯にわたって、そして、高齢期に入るまで、父は怒りっぽい人ではなかった。父は強い意見を持ち、利用されることを嫌がっていたが、概して心底穏やかな人物だった。私は、臨終の日々に父が怒ったのは、自分の自立性や尊厳が病院というセッティングの中で奪われたからだろうと思っている。今日、単なる物体や症例として扱われていると感じることなしに、現代医療を経験することは容易ではない。私の推測では、父の怒りには背景に正当な理由があり、彼に仕えていた。

反精神医学の精神科医Ｒ・Ｄ・レインは、心臓発作で地面に倒れたとき、「医者を呼ばないでくれ」と叫んだという逸話がある。それは怒れる言葉だったが、ある意味でポイントをついている。フリッツ・パールズは、エキセントリックな精神科医だったが、病院で横になっているとき、身体からチューブを引き抜いた。彼は非人間的な治療に対して決して諦めなかった。

私たちは怒りに対して一般的な偏見を持っている。おそらく単純にそれが快適ではないからだろう。しかし、それは良い目的に仕えているかもしれない。高齢者と関わるとき、怒りを葛藤の妥当な表現として理解するために、私たちは怒りについての偏見を減らさなければならない。高齢者は怒りを世界に向かって表現する強さを必要としている。しかし、世界は彼らのことをまったく考えていない。全般的に言えば、怒りを第一に良いもの、ポジティブな感情として捉えることが助けになるだろう。怒りを含むすべての感情は、誇張され、極端あるいはネガティブな方法で表現される。すべての感情には潜在的に問題がある。しかし、それ自体が悪いということではない。怒りは何かが間違っているとき、あなたに知らせてくれる。あなたはステップアップして、不快感を効果的に表現しなければならない。激しい憤りを示す心の特別な力に関する年齢制限はない。

怒りは二次的な感情である

多くの人は、なぜ自分が怒っているのかを理解していなくても、小さなことで瞬時に激怒する場合があることは気づいている。ここに特別な種類の怒りの二つの特性がある：それは一瞬のうちに起きる。そして、原因は何もない。多くの人は隠された怒りの発端を児童期や思春期にまで遡ることができる。両親、親戚、教師から、息が詰まる荒っぽい扱いを受けたことはないだろうか。

慢性的な怒りは、適切な表現を見いだせなかった感情である。人によっては、いつも不機嫌だったり、ほんのちょっとした不満で怒りを爆発させたりする。しかし、たいてい無駄で、空しく見える。多くの場合、それは現在の苛立ちに対する反応ではなく、少なくともある部分では、数年前に抱いた不満の持ち越しである。不満のもとになった圧力を探すために、児童期や思春期を振り返ることが助けになるかもしれない。洞察を得るか、問題を認識して変化を感じるまで、物語を繰り返し語るとよい。

慢性的な怒りを扱う最良の方法は、発散することだと考える人もいる：枕を叩く、大声を出す、叫ぶ、泣く、怒鳴るなど。私は発散型のセラピーを信頼したことがない。なぜなら、感情はたいてい二次的なもので、本来の不満とかけ離れているからだ。もちろん、物語を明確化するという文脈において役立つ発散もあるかもしれない。しかし、過去の物語について感情を込めて十分に語り尽くすだけでも、怒りはやわらぐはずだ。

私自身のことを例に挙げよう。母は魅力のある素晴らしい女性だった。しかし、母は自分が受けた教育やしつけから子どもはおとなしく従順にすべきと学んでいた。母は私に、公共の場では静かにしなさいと常に言い聞かせていた。家では、母は私とゲームをしたり、ふざけたりしていたが、人がたくさんいる外出先では、母は私におとなしくして何もしないことを期待していた。私は四歳か五歳のときの象徴的なエピソードを思い出す。母が一時間ほど外出するので、私はポーチに座っているように言われた。その日、母は遅くなって、家に戻ったときには日も暮れていたが、私がまだポーチに座っていたのを見つけた。母は驚いて、どうして誰かと遊びに行かなかったのかと私に聞いた。私は理解できなかった。私はそこに座っているように言われたので、遊びに行ったらいけないと思っていたのだ。私は遊びに行ったら母に怒られると確信していた――私は統制を失って激怒する母を見たことがあった――しかし、目の前にいる母は、私がしたいことをすることを穏やかに期待していた。

私がこの物語をよく覚えていることに注目してほしい。あなたが、この物語を語る私の声を聞いたら、私の感情を感じ取ることもできるだろう。なぜだろうか？　これは単なる一回の出来事ではないのだ。これは私の神話の表現であり、私の創造の物語であり、私の原点となる物語なのである。この物語は大人になってからの私の苦悩に関する洞察を与えてくれる。そして、七十年たった今も私の記憶の中で再生されている。

私は恵まれた子ども時代を過ごした。しかし、心理療法家として私は、両親やその他の大人にひどく傷つけられた人々からたくさんの物語を聞いてきた。彼らは単におとなしくしなさいと言われたのではなく、叩かれ、脅されていた。私は、愛情豊かな穏やかな母の困惑させる期待を思い出すだけで、強い感情を掻き立てられる。だからこそ、暴力的な雰囲気の中で育てられた人々や、困惑させる期待を埋め合わせる愛情やあたたかさを受け取ってこなかった人々が何を感じたか、想像することは難しくない。

様々な背景のある人々について想像してほしい――彼らの多くは、全員でないとしても、振る舞い方についての禁止命令を嫌というほどよく知っており、おとなしく年齢相応に振る舞ってきた――そんな彼らが、歳を重ねて退職し、同じコミュニティに生活している。それぞれの人は子ども時代の要求や制限に何十年にもわたって取り組んできた経験があるだろう。高齢者になってからの数年間を加えると、どれくらいの怒りが蓄積されているだろうか。

ここに怒りに関する別のキーポイントがある。それは言語的そして感情的な虐待だけに由来するのではない。怒りは内面を外に表現しようとする、その人の創造的な衝動である。何らかの理由で、自分らしい人生を生きることができず、自分の望んだ仕事に就職できず、やりたいことができず、自分自身を十分にそして正確に表現できず、服従を強いる世界で生活しなければならないならば、あなたは怒るだろう。あなたの怒りは、抑え込まれたときに、声を聴いてもらうことを求めている創造的精神といえる。

ここにも、内面に怒りっぽい人を抱える高齢者を支援するヒントがある。感情を込めて細やかな言葉で自分の意見を表現する方法を示そう。それは創造的な衝動の表現の手段を見いだす援助になる。自分の個性を表現する機会を与えよう。それらはすべて怒りの副産物である。怒りは創造的かつポジティブな可能性に変容する。

怒りっぽい老人に応答する

怒りはあなたの生命の力の苛立ちの表現である。高齢者は彼らがなしえなかった事柄について痛いほど自覚している。そして、それをなすことを願い、計画している。高齢者は自分自身に問う。「自分の人生の価値は何だろうか？　自分自身の誇りとして何ができただろうか？」。答えがネガティブならば、高齢者は悲しみと不満がないまぜになった感情を抱いているだろう。

よく振り返ると、たとえ怒りが怒りっぽい老人の仮面（ペルソナ）と癒着し、怒りが個人的な流儀に変わっていたとしても、多くの怒りは理解可能である。怒りっぽい老人というのは仮面、人物像、心理学的コンプレックスなので、あなたはそれと距離を置くことができる。あなたはユーモアをもってそれを扱うことさえできるかもしれない。邪心のない率直なユーモアは、怒りの破壊力を受け流すうえで効果的である。

怒りについて語ることは、ある程度のカタルシスをもたらす。あなたが怒りっぽい老人の親戚や援助者ならば、感情にイメージを与える記憶や思い出を語ることを促すことができる。それは意味と理解を見いだす一歩になる。心理療法家である私は、感情と距離を置く方法としてユーモアに頼ってきた。多くの場合、ユーモアはイメージや物語、正確な言葉に向かう心の動きを可能にする。それらすべてが怒りを洗練させる。すると生々しい直接的な怒りではなくなる。

あなたが怒りっぽい老人の親戚や援助者ならば、以下のチェックリストを確認してほしい。

1. 怒りっぽい老人が何者かになることを学べるように援助する。見捨てられた、見下された、忘れられたと感じさせないように。
2. 怒りっぽい老人が自分自身を表現する方法を援助する。
3. 怒りっぽい老人が過去の物語を語ることを援助する。怒りによって口火が切られた子ども時代の物語でよい。
4. 怒りっぽい老人が自分自身に関することを選択できるようにする。彼らに、ルールや誰かの願いに必ずしも従わなくてよいと伝える。

5. 怒りを個人的に受け取らない。しかし、過去のきっかけを見るように試みる。

多くの対人関係において、衝動的そして感情的に反応することは好ましくないといえる。関係がうまくいくためには、私たちはある種の心理療法家でいなければならない。もちろん、身近な人々に対して実際に心理療法家を演じようと言っているのではない。適切な距離を置きながら過去の行動を振り返ると、怒りとして表現されている背景にある深いテーマを見抜くことができる。両親や教師は子どもと、恋人は愛するパートナーと、若者は老人と一緒にこの作業を行わなければならない。

この作業については、個人の魂、その美しさ、その葛藤を認識しなければならないと言い換えることもできる。魂と共にあるあなたは、多くの心の層を常に同時に考えなければならない。あなたは現在の中の過去、実際の生活に現れた個人の無意識の不安、個人が取り組んでいる別の問題を象徴的に示している実際の行動等を考慮しなければならない。多くの場合、対人関係の問題は表面的な価値ですべてを理解することに由来する。

あなたが怒りっぽい老人になってしまったとしても、ほんの少しの間であれば、自分自身を裁いたり、その習慣を取り除く義務を感じたりしなくてよい。あなたの機転を利かせて、何が表現されようとしているのか、この行動はどこから来ているのかを探求するのがよいだろう。あなたを侵略するこの精神に伴う強い感情と距離を置くように。自分の言葉を使うこと。自分の感情を正確に表現する強い力のある言葉を見いだすこと。

ときに怒りや頑固さは単純な身体的原因がある：特定の薬、アルコールの過剰摂取、睡眠不足、予期不安。

原因が何であれ、親戚や援助者は決して単純に反応せず、表面化の背景に潜む原因を常に探さなければならない。私たちは皆、見当違いの怒りや慢性的な不機嫌な態度に影響を受けやすい。

数年にわたる研究と経験の結果、単純かつ陳腐な言い回しになるが、私はこうした行動への処方箋を次のように要約したい：寛大に応答すること。多くの場合、正しい反応は、自分の葛藤をひどい形で表現している人の助けにはならない。むしろ怒っている人は反発するだろう。気難しい老人、怒りっぽい老人だけが感情と距離を置かなければならないのではない。親戚や援助者にも怒っている老人に生の感情をぶつけないようにとアドバイスするべきである。物事を徹底的に考えたり、内省したりするための空間を作り出すことが大切である。

あなたが定期的に怒りっぽい老人に対応しなければならないのであれば、人の助けを借りたり、休息を取ったりする必要がある。心理療法家という役割にはやりがいがあるが、休息を必要としている――身近な心理療法家に聞いてみてほしい。数日間休みを取ろう。セッションのあいだに休憩を入れよう。誰かのケアをするとき、あなたは特別なものさしで自分自身の世話もしなければならない。とりわけ、怒りの空気があるときは用心する必要がある。反発したくなる衝動は強力だ。あなたは自分の周囲と内面に広い空間が必要である。

怒りを創造的な力と考えよう。あらゆる感情的表現と同じように、怒りは過剰になりやすく、的を外れたり、過去の悪い経験に根差していたりする。怒っている老人と向き合うあなたの仕事は、あなた自身の生の感情で反発したくなる衝動を抑えて、老人の怒りが何を言おうとしているかを見抜くことである。怒りとその人を混同してはならない。怒りと距離を置くことや、怒りを見るための広大な空間が必要である。

歳を重ねるにつれて、以前の怒りが視野に入るようになり、同時に、新しい屈辱が新しい怒りを生じさせる。多くの場合、怒りは反転した蓮のようだ。表面には泥だらけの美しくない根が見える。水面下に美しい蓮の花が咲いている。このような普通でない花の意味全体を尊重するために、水陸両用の眼差しを培う必要がある。怒りは常に何かを求めていると仮定することができる。それは何らかの理由で不満を表現している。それはしばしば複雑な偽装や言い訳に覆われているが、その核心は人生に奉仕することを望んでいる。

［脚注］

(14)『スタンリー・ホールは、昔からの見解を受け入れている。彼の言葉で言えば、高齢者は「感情の強度が減退する」。加えて、性的欲望も漸進的に減少する。それは老化と共に始まる……ホールは、一般的に老化を通じて感情の強度が減退すること、そして、それは分別の状態の一つであるという見方に同意している』。(Kathleen Woodward, "Against Wisdom: The Social Politics of Anger and Aging," *Cultural Critique*, no.51 (2002), 186-218.)

(15) ジェイムズ・ヒルマン『老いることでわかる性格の力』河出書房新社、原著 195 頁。

第9章：遊ぶ、働く、リタイアする

神にとっては、すべてが善で正しい。しかし、人間は善悪を区別して経験する。

――ヘラクレイトス

自分の生活についてしばらくの間考えてみてほしい。すると、あなたは仕事が大部分を占めていることに気づくだろう。今日、小さい頃の教育でさえ、技術的な知識とスキルを必要とする仕事の新しい市民になるために準備することが目的となっている。多くの人が、学校の時間割を延長して、休み時間や長期休暇は短く、芸術系科目は縮小してほしいと思っている。演劇やスポーツも生計を立てるための手段に変わっている。言い換えると、人生における仕事と遊びの繊細なダンスは、より仕事のほうに傾いている。

仕事生活というテーマ全体が重荷になりやすい。難しい職域の仕事を探している人たちは、トレーニングを受け、必要な経験を積み、長い時間を費やしている。自分が注目されて出世するチャンスを得るためである。あなたは疲弊させる労働の場で本当に一生懸命働いているかもしれない。多くの人は、それでも自分が朝起きて仕事に行けるのは、友達になった同僚がいるからだと言う。

しかし、生計を立てるために一生懸命働いた後のリタイアも問題になっている。あなたはどうやって生き延びるのか？　時間をどう使うか？　人生の目的の感覚をどのように維持するのか？　これまでは仕事が人生の意味の主な源泉だった。あなたの魂はその方向に傾いていた。仕事が無くなったら、何が残るだろうか？

　こうした質問は抑うつ的だ。高齢者が落胆を感じるのも不思議ではない。しかし、問題は加齢や老化ではない。問題は人々が若者にしか役に立たない活動に信頼を置いていることである。老いることによって、すべてが崩れ去り、消失してしまう。

　仕事を人生の中心に据えないことが大切である。目的の感覚を与え、喜びをもたらすことができる他の事柄はたくさんある。それらは疲弊させる身体労働、忍耐、出世競争を伴わない。それらは魂に関連する事柄であり、世俗を超越している。そして、それらはあなたのキャリアが終わるときに、焦点を当てることができる事柄である。

　私たちはキャリアと仕事のサイクルを終わらせるときにリタイアという単語を使う。しかし、この単語には、人生の意味と喜びの主な源泉であった一番大切なものが終わったかのような意味あいがある。あなたは仕事をしていた。そして、もう仕事は終わった。仕事を辞めると、次に来るものについてのポジティブな単語はない。リタイアはネガティブな概念だ。それは「仕事の後に何がある？」を意味している。実際、あなたは仕事を終えた後の人生の準備として、旅行したり、勉強したり、読書したり、あるいは、仕事以外のたくさんの活動や趣味に参加してきたかもしれない。自分のキャリアから自由になることはポジティブな成長であり、希望のある別の言葉を使うことが大切ではないだろうか。

　リタイアはリラックス、自由、新たな選択肢、創造性、個性、報酬、発見の時間に導いてくれる。何十年も仕事をしてきたために喪失感を抱いているならば、そして慣れ親しんだ活動や習慣が失われて寂しい思いをしているならば、自分の能力の一部を見ることしかできていない。仕事をリタイアした今、あなたは人生で別の何をしたらよいか、新たに発見することができる。

リタイアは魂と自我の差異を浮き彫りにする。あなたのキャリアはすべて自我に関連していた：名声を得る、お金を稼ぐ、成功を感じる、目標を勝ち取る。より深い魂はこんなに英雄的ではない。魂は非常に重要なまったく異なる価値に宿っている。以下にチェックリストを示したい。

1. 美
2. 黙想
3. 深く感じる経験
4. 意味のある対人関係
5. 知識
6. 故郷の感覚
7. アート
8. 精神的な安らぎ
9. コミュニティ
10. リラクゼーションと心地良さ

私はこうした価値がすべてのリタイア・コミュニティのミッション・ステートメントに含まれてほしいと思う。これを両親が年老いてきた子どもたちに知らせたい。人生の初期には、あなたは、お金を稼ぐ、一生懸命働く、子どもを育てる、家を建てる、学校に行く、独立に向かって努力するなど、異なる価値を持っていたかもしれない。しかし、高齢者は異なる場所にいる。何かを作ったり、行ったりするのではなく、もっと黙想的になっている。もちろん、人によっては、高齢になっても一生懸命働き続ける。しかし、彼らでさえ、魂の価値を少しずつ導入することによって恩恵を受けるだろう。

リタイアのために準備を始める好機は、あなたがキャリアを始めた日といえる。これは私のいう人生のあらゆる段階に老熟が存在する一例である。あなたは自分の仕事がどれだけ重要で見返りが多くても、それと同一化せず、多面的な人物になることによって、二十代で老熟に向かっていく。あなたはキャリアや家庭に安住せず、人生に対する関与を継続的に拡張していかなければならない。

人生の初期に自分のキャリアに自分自身を明け渡すという誤りを犯してしまったと仮定してほしい。あなたはリタイアしたら、自分自身を吟味し、自分の内面に注目や成長を求めている要素を見いださなければならない。そう、うわべのキャリアの背後に隠していたとしても、あなたはそういう要素を持っている。あるいは、目の前の世界に眼差しを向けると、自分の欲望を目覚めさせる何かを発見することができる。

私の親友ヒュー・バン・デュセンは、編集者として六十年間ハーパーコリンズ社に勤めて、最近リタイアした。ヒューは物腰の柔らかい洗練された男性である。彼は神学、哲学、カルチュラル・スタディーズに関心を持ち、最初はトーチブックス社でキャリアを始め、それからハーパーペレニアル社に異動した。私は一九八〇年代にヒューと出会い、一九九〇年に編集者として拙著『失われた心 生かされる心』を担当してもらった。私たちはその後、数冊の著作で十年間一緒に仕事をして、親しくなった。

何年間も、ヒューは油絵を描いていた。マンハッタンの彼のオフィスには、いくつかの作品が飾ってある。私は、意味のある人生の構成要素を発見しようと奮闘しているアマチュア・アーティストの絵画に、常に惹かれてきた。ヒューの作品には魅力があった。オリジナリティがあり、色使いが新鮮だった。ある日、彼はニューヨークのアパートメントでたくさんの作品を見せてくれた。そこで再び、私はシンプルで洗練された作品群に衝撃を受けた。そのとき、ヒューはキルティングもしていた。私は、とりわけ男性がやっていることの少ない手織りの工芸品において、彼の想像力がどのように働いているのかを見ることを楽しんだ。

それから二十年近くたった今、ヒューはマンハッタンでの仕事生活をリタイアして、今後は油絵やキルト、妻との時間を楽しむことにもっと人生を費やしたいと思っている。彼はとても素敵に歳を重ねた。彼は人生を積極的に生きていた。自分の心の活力を保ち続け、仕事で難しい決断を下し、趣味のライフワークを拡げてきた。彼にとってリタイアは、これまでの趣味を天職にすること、少なくともこれまで以上にアートに時間と注目を振り分けることを意味していた。彼にとってアートは代表的な出版社というビジネス環境とまったく異なる世界を象徴していた。

言うまでもなく、出版と油絵、さらにキルトも関係しているが、アートがヒューに生き方をシフトするリタイアの方法を与えている。それは自分の時間をどうするかあれこれ試行錯誤するよりも、はるかに良いことではないだろうか。私は仕事を辞めた後の人生でアートに時間を使うリタイア戦略を提案しているわけではない。それ以上のことを含んでいる。常に関心を引かれることを大切にする創造的な生活を送ることによって、そして自己表現に向かう衝動に従うことによって、老いを生きるという方法である。それにより、あなたは実務的ビジネス活動の領域と、アートが喚起する夢の領域を混ぜ合わせることに導かれるだろう。

要するに、意図なくバラバラに様々な事柄を行いながら単純に歳を重ねるのではなく、生活の仕方として明確に外的世界と内的世界を結び付けようと試みることが大切である。これは、たとえば、ヒューにとっては、積極的にキャリアを追求しつつ、同時に、生活の中で真剣にアートに打ち込むことであった。アートは、たとえキルティングのように単純なものであっても、神秘、イメージ、深層の領域にある。アートのイメージに触れることは、動物と共に生活するようなものだ――それは捉え難いが、本質的で神秘的な何かを与えてくれる。

私の考えでは、ヒュー・バン・デュセンが打ち込んだ油絵とキルティングの真剣な作業が、彼を老熟させたと思う。彼はアートから直接レッスンを学んだのである。また、それは歳を重ねるときに避けられないリタイアの準備となった。それは単に、彼には何かやることがあったということではなく、美を追求する内省の方法を持っていたということである。キルトや油絵の制作は、ある種の瞑想だったといえる。

同じように、私は自分の生活において二つの活動を大切にしている。音楽とフィクション執筆である。私は大学生のときに音楽を真剣に勉強した。しかし、私は専門家を目指さなかった。それでも私はほぼ毎日ピアノを演奏し、ときどき譜面を研究してきた。それは私を神秘的な夢の領域に結び付けてくれる。音楽はリアリティの別の次元に連れ出してくれるのである。その意味で、音楽家はシャーマンと共通点がある。シャーマンは精霊の旅の助けにするために音楽を使う。音楽家は音楽の理解を深めるために、シャーマンのヴィジョンと目的を参考にできる。

私はときどき、作曲の勉強に費やした数年の努力は何だったのだろうかと振り返ることがある。私はそこで学んだスキルを専門的に使うことはない。けれども、音楽に対する理解は、私の人生を計り知れないほど豊かにしてくれた。振り返ってみると、私はお金を稼ぐためではなく、自分の魂のために音楽学校に行ったことに気づく。音楽は私に染み渡り、私が行うすべてに影響を与えている。とりわけ、歳を重ねるにつれて、音楽の意味が大きくなった。単純に音楽のための時間が持てるようになったからではない。私のキャリアはまだ減速していないので、時間が増えたわけではない。しかし気質上、歳を重ねるにつれて、音楽はこれまで以上に重要になっている。歳を取った私は、自分の人生を振り返り、永遠性について常に考えるようになった。音楽は、今や優勢となった、そうした心の糧になっている。

遊び心のある仕事と真剣な遊び

私たちはしばしば遊びと仕事を別々のものと考え、対立させることさえある。しかし、深層の視点からすると、それらはたいてい一体である。仕事上の努力は、ゲームのように感じられるだろう。あなたは仕事がうまくいくように、できることをすべてやる。そして、あなたは勝つか負けるかする。仕事においてあなたは、契約、収支、顧客について、競争相手と争うかもしれない。その争いはスポーツに似ているのではないだろうか。よく見れば、仕事にはゲームや遊びの要素を見いだすことができる。同時に、遊びの要素があったとしても、仕事の真剣さは何も変わらないことにも気づく。

文化における遊びの要素について書かれたもっとも基本的な本の一つである『ホモ・ルーデンス』（「遊ぶ人」という意味だ）において、ヨハン・ホイジンガは遊びの本質の一つとしての闘争を強調している。仕事で私たちは、成功に向かう競争において、しばしば他の会社やそこの従業員と闘うことになる。ある視点からすると、それはすべてゲームであり、真剣な遊びといえる。遊びの興奮や面白さがあるのだ。政治もまた、遊びに満ちている。人々は議論を楽しむ。なぜなら、議論には遊びの要素が詰まっているからだ。私たちは、まるでフットボール・ゲームを見ているかのように、誰が勝利したかを議論することを楽しんでいる。

宗教でさえ、その儀式に遊びの要素を持っている。人々は普通ではない衣服で着飾り、演劇的な振る舞いや動作を行う。究極のゲーム、人生それ自体を勝ち取るためである。結婚生活や家庭を作ることも遊びの側面がある。それは子どもの「ままごと遊び」に見ることができる。遊びやゲームの要素のない何かを想像することは難しい。

遊びとは、私たちが行う特定の何かではなく、私たちが行うすべての一側面である。遊びは人の魂の主要な活動である。遊びは魂の主な価値の多くを持っている：喜び、詩、象徴、意味の多層性、ドラマ、映画と同じ「まるで～のように」のクオリティ。私たちの表面上の生活は深刻に見えるかもしれないが、あなたは表面下に遊びとゲームのヒントを見いだす。喜びもまた、無料である。魂は、たとえ真剣なビジネスであっても、喜びを探し求めている。

小さなビジネスの先頭に立つあなたは、国際的な舞台における商売を目的とする重要なプレーヤーの一人として、自分自身のことを想像するかもしれない。あなたは契約を勝ち取ったり敗れたりする。あなたはゲームの遊び方を学んでいく。

真剣な仕事の中の遊びの要素に気づくだけでは十分ではない。あなたはそうした仕事を自覚的に遊ぶことができる。真剣な仕事をやりながら、遊びのクオリティを存分に楽しめるのである。その後、高齢になり、真剣な仕事からリタイアするとき、あなたは遊びの知性を発揮する余裕ができる。遊ぶ機会が増えることは、自分の人生が真剣でないことを意味するのではない。それは単純にもっと魂を生きる機会が増えるということだ。

私はゴルフ・コースやテニス・コートでリタイアした人々と出会った。そして、彼らが自分のゴルフやテニスに本当に真剣になることができているのを見てきた。そのゴルフやテニスの中で、彼らはゴルフやテニスを通して魂の原材料に取り組んでいた。彼らは仕事やキャリアというカムフラージュの中で遊んでいた。遊びは、実用的、金銭的、自己中心的な理由でなく、心から楽しむものである限り（そして、あなたが本当に楽しんでいるならば）、常に魂の活動である。

遊びのない仕事は重荷である。遊びは労働の重荷をいくらか軽くする助けになる。仕事が真剣な目的と遊びの両方を兼ね備えているならば、あなたは仕事を愛したり、楽しんだりできる。この意味で、歳を重ねているあなたは、遊び心で満たされた仕事を通して、魅力的な人物になっていく。あなたは自分に必要な魂の作業に取り組んでいる。あなたは、解決を必要としている、あるいは、少なくとも展開を必要としている様々な課題に取り組んでいる。しかし、あなたが遊び心なしに仕事をするならば、魂の作業が無視されているため、仕事があなたを老熟させることはない。あなたは年月の移り変わりと共に歳を重ねていく。しかし、あなたは魅力的な人物になっていないだろう。

あなたが人生ずっと大工だったとしよう。そこにある遊びの要素は、ブロックを積み立てたり、雪でかまくらや砦を作ったりする、子どもの喜びのようなものかもしれない。建築は楽しい。あなたは大工としての真剣な仕事の中にその楽しさを持ち込むことができる。その後、歳を重ねるにつれて、あなたは遊びの側面をもっと復活させることができるかもしれない。あなたはいつも検討していたが仕事では試す自由のなかった建築の方法を試してみたいかもしれない。私は自分が住む家を建てた男性を知っている。彼はその家で子どもを育てた。今、彼は高齢の男性になり、家を建てるプロジェクトはさすがに大きすぎるので、自宅の庭に小さな日本風の茶室を建てることにささやかな喜びを感じている。この場合、仕事と遊びの境界線を引くことは難しい。

魂のある老熟とは、単純に年月を通過するだけではない。真に自己一致した魅力的な人物になっていくことである。仕事に十分な遊びが含まれているとき、あなたは心を奪われており、想像的かつ創造的になっている。あなたは自分の営みにしっかり関与する。それゆえ、あなたはそれに深く影響を受ける。あなたは内面の奥深くに根差して仕事をする。喜びや報酬も同じように深い。

私は大学生だったとき、修道院の生活を離れたばかりだった。私はコインを回転させる機械で25セント、5セント、10セントを仕分ける仕事をしていた。私の仕事はできるだけ速く、それらのコインをロール紙で包むことだった。私はときに八時間ぶっ通しでその仕事をした。シフトの最後には、床に散らばった包まれていないお金を集めた。それは数百ドル、おそらく数千セントになった。私の記憶では、これは私が行った仕事の中でもっとも魂が欠けていた。けれども、この短い経験から、私は自分自身や労働の世界についてたくさんのことを学んだ。

その意味のない小さな仕事は私を老熟させた。私は今でも現在の生活の価値を見分ける方法として、あの仕事について考える。一例を挙げると、著述家という仕事が単語やページを計算に入れるような世俗的な活動であったとしても、私は不平をこぼさない。私は一日八時間ぶっ通しでコインを包む仕事がどんなものか覚えているのだ。私はまた、そうした退屈でつまらない、遊びのない労働で生計を立てている人々に共感する。

最近、雨や雪が降っていなかったとき、日曜日に古い友人のロバートとテニスをした。イングランド出身の彼は、しばらくドイツで生活した後、アメリカでシュタイナー教育の教師になった。ロバートは非常に思慮深いため、私は彼が自分の老いやリタイアについてどう考えているかを尋ねてみた。ロバートは七十七歳だった。

「よく考えるよ」と彼は言った。「私にとって重要なことだ。健康だったら、教師を辞めた後に、やりたいことがたくさんある」

ここでロバートの話をいったん止めたい。健康が第一の関心事であり、常に運命の問題であり、神秘的であることに注目してほしい。私たちはどうなるか確実なことは分からない。そのため、私たちをノックダウンして計画を妨害する運命の余地を残さなければならない。しかし私たちは、ロバートのように、それでも希望をもって計画する。

彼は続けた。「私は世界各地で数週間ずつ教えることを続けたいと思っているよ。私は旅行したいし、学びたい。それに私は自分の魂の世話をしなければならないね」。シュタイナー教育の教師であるロバートは、魂という単語をとても自然に使う。「特に私の対人関係を大切にしたい：妻、子どもたち、彼らの家族。それから私は言語や音楽に焦点を当てたい。私は若者が自分自身を見いだし、良い人生の基本を学ぶことを助けたい」

ロバートは非凡な人物で、私がリタイアについて尋ねたとき、彼はとても真剣に答えてくれた。私がインタビューした多くの人と同じように、その会話全体が彼にとって重要だったようだ。ロバートは何らかの奉仕を通じて自分の人生に意味を与える活動を続けたいと思っていた。しかし、家族のことを考えていたし、自分自身の計画もあった。

私は彼の返答がリタイアについて考えるすべての人にとって良いモデルになると感じた。彼は明確に価値の順位づけを行っていた：健康、家族、奉仕、個人的な願望。彼の計画は明確で柔軟性があった。

この真剣な会話をしたのがテニスの試合中だったことにも注目してほしい。関係について友人と真剣な会話をする必要があるとき、ランチをしながら会話するのと同じである――食事や試合は魂を呼び覚ます。真剣な魂の作業に取り組みたいとき、友人と食事や試合（ゲーム）をするとよいかもしれない。

ゲームには別の利点もある。ゲームはそれ自体の時間枠を持ち、多忙な日常の時間の外側に出ることがどんな感じなのかを実感させてくれる。ゲームには時間を超越する永遠性が含まれる。ゲームの最中に、私たちは永遠の魂を感じ取ることができる。その感覚は、多忙で目的に追われる日常的な活動の最中には捕まえることができない。多くの場合、ゲームによって永遠の要素を思い出し、日常の時間で行っている活動が物語の全体ではないと知るだけで十分である。

リタイアの時期——私は、正式にリタイアしていなくても、仕事生活において重要な変化を経験している人々も含めるために、この言葉をゆるやかな時間幅で使っている——は、過去の労働を振り返り、その記憶を整理するのに良い時間である。このような整理は、あなたのアイデンティティや価値観を強めることを助ける。したがって、会話にそうした記憶を持ち出し、もう一度それについて考えてみるとよいだろう。リタイアの時期は、自分自身にとっての優先順位の一覧を作り、その詳細について検討するのに最適である。

リタイアの魂

今日、リタイアに向かう様々な態度があり、リタイアの様々な方法がある。人によっては、伝統的な道を進む。たとえて言うならば、退職記念の黄金の時計を受け取り、仕事を離れていく。ある人は、自分がやっているのは、リタイアするような仕事ではないと感じている。また、別の人は、表向きはリタイアし、少なくとも彼らの心の中では引退しているが、その後も中途半端な仕事や様々な活動でほぼ同じくらい仕事を続けている。

配管工そして配管工講師だった私の父は、リタイアした後、日常生活における水の役割について学校で講演することを好んでいた。しかし、父は、生涯ずっとやってきたことを行っていただけだった。あらゆる機会を捉えて、子どもや若者に人生の美しさや魅力を伝えようとしていた。リタイアして、父は自分の経験と知識をコミュニティに還元し、子どもたちを育てることを助けようとしていた。

この本を執筆するにあたり、私は文学仲間カール・シュスターと長い会話をした。彼の経験は「魂のあるリタイア」を探している人すべてにとってレッスンとなるだろう。

カールはリタイアした弁護士である。彼は自由になった時間のほとんどを西マサチューセッツのバークシャーで過ごすことを決め、都会の法律事務所にはたまに戻るだけにした。今、彼は、リタイアは人生最高の出来事と言い、とりわけ自分のしたいことを何でもできるという贈り物として気に入っている。彼は、多くの高齢者が行っているように、若者をサポートすることが人生の一部だと強く感じ、若い音楽家が人々の家で演奏するプログラムをサポートしている。

カールは、若者が成功するようにサポートすることに関心を持つことで、セネックスとプエル、老人と少年の葛藤を解決する方法を見いだした。精神分析家でなくても、彼が自分自身の中で老人の世界と若者の世界を統合しようとしていることは理解できるだろう。それは年老いた人にとっては、もっとも重要な達成となる。

彼は自分のプログラムで、ホーム・コンサートの開催に友人同士のつながりを活用していた。そして、それがコミュニティの創造に役立っていることを自覚していた。そのイベントは人々の生活を豊かにし、音楽家に経験とちょっとした稼ぎを与えていた。プログラムの収益は直接音楽家に届けられた。

カールは音楽について「教義のないスピリチュアリティ」と述べていた。彼はユダヤ人で、音楽が宗教と関連しており、人間の心の全体性にとって原初的なものであると感じていた。彼にとって音楽は宗教の領域である至高体験に連れて行ってくれるものだった。しかし、音楽は宗教のもつ問題や限界から解き放たれている。

カールにとって、ホーム・コンサートで演奏する音楽家を発見することは、彼を父と子の関係に似た対人関係に導くものだった。彼は若い音楽家が素晴らしい人々で、一生懸命で、真剣であることを見いだした。彼が言うには、彼は彼らに愛情を感じていた。彼らが奏でるクラシック音楽は高齢者に新しい理解の光をもたらした。彼にとって、ホーム・コンサートで出会い、知り合いになった音楽家の人生を見守ることは格別な体験だった。

カールは冬を避けてフロリダに行くとき、バークシャーのホーム・コンサート・プログラムで出会った多くの人と会っていた。彼は音楽の超越的な力を分かち合うネットワークの一部であるかのように感じているという。特に、あらゆる人を刺激する若い音楽家との個人的なつながりを大事にしていた。今、カールは高齢者のための広範な生涯教育に関与することを計画しており、リタイアした者のできることに限界はないと感じている。

「リタイアした」は、実際のところ、リタイアを意味しない。多くの場合、それはキャリアが人生を支配しているときには手の届かなかった活動を追い求める自由や解放を意味している。キャリアを終えた人のことを「人生の自由な段階」に入ったと言うほうがいいのではないだろうか。今や彼らは心の声に従い、魂の願望を本当に追い求めることができる。

ここで再び興味深いパターンが示される。仕事生活は遊びの要素を含んでいるという点で魂がある——裁判所には対決がある。今、リタイアしたカールは、音楽や音楽家、演奏家に関心を向けている。法廷での対決（play：遊び）から家庭での演奏（playing：遊び）へ。深刻な対決から真剣な演奏へ。

私たちは自分がリタイアし、老いるときに、この力動について考えることができる。人生におけるリタイアの時期に、魂により焦点を当てる方法として、もっと遊びに向かっていくことが意味をもたらすのだろう。それは遊びではあるが真剣な演奏である――若い音楽家は自分のアートやキャリアにものすごく真剣である――しかし、結局のところ、彼らは音楽を演奏しているだけだ。

リタイアに関する私の考え方はおそらく一般的ではない。著述家である私は、最期まで書き続けられることを願っている。私は、友人ヒルマンが亡くなる直前に見舞いに行ったとき、彼を細かく観察した。彼は田舎の家のリビングルームで病院のベッドに横たわり、モルヒネ点滴を打ちながら、最後の最後まであるプロジェクトに取り組んでいた。ある日、彼は私に「自由を感じる。選挙がどうなるかが気にならない。ニュースが重要ではないから、他のことにエネルギーを向けられる」と言った。

私は自分自身の個人的な目的を持っている。そのいくつかは自己中心的だ。たとえば、私はサンスクリット語を学びたい。私はインドの宗教に関心があり、数年でいくつかの単語を覚えた。それらは特別に美しい：サムサーラ（輪廻）、ドゥッカ（苦）、ダルマ（法）。私は若いときに学んだギリシア語やラテン語に精通している。それらも神々や女神たちの物語、福音の元来の啓示に私を近づけてくれるので、私にとっては聖なる言語である。ラテン語のアニマ（魂）、ビス（力）、プエル（子ども）、ギリシア語のメタノイア（回心）、プシュケー（魂）、ケノーシス（神性放棄）。私は高齢になったら聖なる言語を学ぶのがよいのではないかと思う。おそらくそれは永遠に向かう準備になる。しかしながら、おそらくそれはあなたの準備と関係なく自らを示すだろう。

私は自分自身がたくさん受け取ってきたことから、父やカール・シュスターのように、次の世代をサポートする必要性を感じている。私は若者が人生や世界や他の人々の美しさを理解するために役に立ちたい。私は若者が美しい言葉や偉大なイメージを学び続けるための刺激や動機を与えたい。たとえば、珍しい動物や昆虫を発見するときのように。若者が苦痛な感情や人生の行き詰まりに取り組み、個人の限界まで十全に生きる方法を見いだすための役に立ちたい。若者には特にクラシック音楽や思慮深い絵画、素晴らしい建築によって示されている希望と洞察、深い喜びを与えたい。これは私の偏りであり、私の年齢と世代の狭い嗜好であることを知っている。若者は彼ら自身の好みを見いだすことができるだろう。

キャリア終了後の年月は新しい発見と古い解決の時間である。自由な時間がある。何も達成する必要がなく、すべてを経験し、表現できる。私の友人ヒューのように、これまでの習慣や期待を忘れて、海辺の風景を描き、オーブンの敷物やベッド掛けをキルトで制作できる。それ以外に何が重要だろうか？　これこそシンプルに輝く人生であり、高齢者はそのような生活に耽ることができる。

これは錬金術の時間である。記憶の詰まったガラス容器を観察し、出来事を何度も繰り返して振り返り、その美しさや悲しさ、そして永遠性の意味を解放するのだ。これは魂作り（soul-making）と呼ばれる。それは老熟した人物になるプロセスの締めくくりであり、実際、もっとも重要な部分だろう。高齢者にはたくさんやるべきことがある。魂作りに熱狂はなく、目的はなく、期限はない。また、それは英雄的でなく、要求されることもない。

リタイアとは、あなたが仕事を辞め、ベッドに入り、夢を見ることを意味する。あなたの関心は内面に向かい、あなたは感情の宿主であることを感じる：切望、願望、悔恨、満足、欲望、後悔、解決、罪悪感、そして、一つの希望、小さな希望。あなたは想像や記憶の中でそれらを生き直す。様々な感情に心を近づける。そして再び一つの希望として、小さな洞察や理解、許しを得る。リタイアは、様々な出来事の記憶を処理された記憶に変容させるために不可欠のプロセスである。あなたの魂はこの栄養によって生きていく。

私はリタイア（retire）を「リ・タイヤ（re-tire）：再びタイヤをつける」ための時間と捉えたい。あなたは新しいタイヤをつけ、最期まで十全に生きるための新たな推進力を得て、これまでとは違う方向に進んでいく。あなたはキャリアのために働くことを辞め、もっと遊ぶようになり、逆説的に人生の真剣な遊びを発見し、本当に大切なことを見いだす。そしてもっと早くにリタイアすればよかった、最初からこうしていればよかったと思う。

〝私の終わりは私の始まり〟という中世に愛された有名な歌がある。それはリタイアの歌だ。あなたは始まりに戻り、自分の経験や決断を振り返る。川の石を磨くように、あなたは考えを巡らせる。あなたの喜びや後悔の感情、あのときこうすればよかったという新しい考えなど、あなたの物語が石を磨く。

その物語は、あなたが今どのように感じているか、どれだけ自分の過去に心を配っているか、どのように自分が始まり、どれだけ自分が無知だったか、どのように自分はやり直したいか、を語っている。とはいえ、リタイアするこの地点に至るために、あなたは同じ道を辿ってこなければならないだろうと分かっている。あなたとは、これまであなたが歩んできた道である。あなたとは、あなたの選択の結果である。それを変化させると、あなたは別の人物になる。したがって、あなたは自分が何者だったのかを受け入れることを学び、すべての過ちがパズルのピースであることを理解したうえで、ありのままの自分になっていかなければならない。それはときとしてつらいレッスンになるだろう。

あなたの人生が混乱に満ちていたならば、あなたはすべての腐った原材料を拾い集めて、黄金に変容させなければならない。これも錬金術である。それは簡単なプロセスではないが、自分自身を惨めに感じることなく、人生や自分のプロセスを愛するならば、可能である。

高齢期はつらい。少なくとも、つらい瞬間がある。高齢期があなたをつらい人物にするわけではないが、往々にしてそうなる。あなたは贖罪を必要としている。それは自分の運命を受け入れ、ありのままの人生を別のものに変えることを要求しないときに訪れる。悲しみを抱えているならば、その悲しみはあなたの人生の要素である。それはあなたが自分の黄金を作るために与えられたものである。父親が人生に失敗していたために、自分の人生がうまくいかなかったと感じている多くの人を、私は知っている。しかし、その考え方は論理的ではない。あなたは自分自身の人生を生き、父親の問題を手放すことができる。父親に父親の問題を抱えてもらい、父親に罪を贖ってもらうべきだ。それはあなたの仕事ではない。

ここで私たちは怒りのテーマに戻る。ときにあなたが自分自身と自分の対人関係のためにできる最高のことは、自分の怒りを生きることである。怒りを必要な燃料と捉えてほしい。あなたは怒りに溺れて暴力的になったり乱暴になったりしてはいけない。怒ることが適切ならば、怒りを穏やかな方法で表現することだ。怒りに基づいて、毅然とした、揺るぎない、明確な、鋭い、力強いあなたになろう。爆発する必要はない。怒りを爆発させることはたいてい効果的ではない。もちろん、状況が悲惨なときは、効果的な場合もあるかもしれない。しかし、たいていはそうではない。

怒りは明確化し、必要な距離を置くことに役立つ。怒りはあなたがすでに決めていた決断を下す助けになる。リタイアは人生を明確化する機会となる。表面的な対人関係はもう必要ない。収入を守るために自分を抑えることはもう必要ない。平和を保つためにいい人でいることはもう必要ない。

仕事とリタイア：コインの表裏

リタイアはキャリアに特徴づけられる時期の終わりではない。リタイアはおそらくもっとも重要な新しい段階の始まりである。この段階に入ると、男性も女性も混乱する。誰もが人生ずっと働いてきているだろう。就職していなくても、少なくとも家庭で家事を担っていたり、何らかの形式で働いている。誰もがその仕事に意味を見いだし、それに適応することを学んでいる。今や、その仕事を手放し、何もしないことを楽しむことが求められる。

リタイアする人は、自分が常にやりたかったことについて考えるだろう。そして、今やそれをやる時間がある。彼らは旅行したり、趣味を再開したり、何らかのスキルを学んだり、趣味が本業になるかもしれない。私の父は人生ずっと切手を集めていたが、リタイアした後、その趣味を実際のビジネスにした。しかし、これまで述べてきたように、その後の人生が魂のためにあるならば、リタイアを人生のもっとも真剣な時期にしなければならないだろう。何らかのスキルを生かじりして、どれだけそれが役に立ち、楽しかったとしても、それだけでは十分ではない。

リタイア後の計画を立てるとき、自分のもっとも深い自己について熟慮し、今の自分の人生に大きく貢献することを考えるべきである。旅行の計画を立てるならば、あなたにとって深い意味がある場所に行くべきである。ボランティアをするならば、あなたの魂に訴える何かをするべきである。新しい趣味に手を出すならば、あなたに新しい人生を開くような、中身のある活動を考えるべきである。リタイアに関する一般的な考え方は、お金や表面的な活動に焦点を当てる。しかし今、人生をより意味深いものにするためのときが来たのだ。

私がサンスクリット語を学びたいのは、若い頃にラテン語やギリシア語を学んだことが執筆にとても貢献したことを知っているからである。私はサンスクリット語の単語を頻繁に研究するが、今までその言語を学んだことはない。歳を重ねるにつれて、私のキャリアは衰退しつつあることを知っている。しかし、私にはまだ執筆するたくさんの年月が残されている。私はサンスクリット語を学ぶことを考え、楽しく学習している自分を想像している。一生懸命な若い学生だったときとは、まったく違う。高齢になると、あなたは自然とゆっくりになる。私は、敏捷性を失った身体からの合図に従って、自然とスローダンスをするという考え方が好きだ。

歳を重ねて、リタイアに向かうとき、あなたはより一般的な意味でリタイアすることができる。仕事とキャリアからのリタイアだけでなく、何事も急ぐ人生や、自我を高めようとする習慣からのリタイアである。あなたは一般的なリタイアのモードに入る。自分の人生を諦めるのではなく、あなたに深い喜びと満足を与える、より実質的な、より深い、これまでとまったく違うやり方で人生に取り組むのである。やり過ぎること、急ぎ過ぎること、自分自身に振り返る時間を与えないことからリタイアし、美しさを楽しもう。重要でないことに時間を費やすことからのリタイア。魂のない社会からのリタイア。

著述家ジョン・ラーは、リタイア後の活動に大変な情熱を持っている。「私は大地に還る前に大地を感じたい。顔で太陽を受け止めたい。脚が動いているあいだに、そしてまだ目が見えるうちに、冒険したい。魚釣りに行きたい[16]」

リタイアを定義し直すことは、そこから退屈さを取り除き、新しい冒険として再構成することだ。あなたは新しい何かを始めるために古い何かを離れる。しかし、それが新しいからという理由だけで、新しいことを始める必要はない。これはあなたの魂と活動をつなげる絶好の機会である。あなたは自分にとってもっとも意味があることだけを行うべきである。それはあなたがリタイアする仕事と対照的だろう。仕事は経済的なニーズと本質的に自分は何者なのかの妥協の産物だったに違いない。

今あなたは英雄的な物語からリタイアすることができる。あなたは疲労困憊させる試練をこなし、ドラゴンを倒してプリンセスを勝ち取る必要があった。これからは、あなたは魂の望みに耳を傾け、新たなスタイルに徐々に慣れていかなければならない。今あなたは何かを成し遂げなくても意味を見いだすことができる。それでも十分に人生に関与している。もうあなたは自分自身を証明したり、不可能を達成したりする必要はない。

私は高齢期に受身的になることや動きを止めることを勧めているのではない。高齢期の生き方は多様である。ある人は椅子に座ることを好み、別の人はこれまで以上に積極的になることを好む。グロリア・スタイネム（訳註：ラディカル・フェミニスト運動の活動家）は、彼女のエッセイ『六〇代を生きる』で書いている。「老いは平静さや平穏さを創り出し、世界に無関心になるとされている。そうよね？　私はまったく正反対の自分を見いだしたわ[17]」

私がリタイアした友人と話しても、人生に無関心になった人はいない：まったく正反対だ。彼らはこれまで以上に人生に関与している。ただし、自分や世界にとって重要なことにしか関与しなくなる。私は、数十年にわたって彼らを一生懸命に働かせ続けた不安の静まりを感じ取ることができる。

リタイアという考え方は、タオイストのいう「何も行為せずに達成する」という理想によく合致する。あるいは、古い努力や不安を手放して、自分のすべきことをするということではないだろうか。この哲学は「無為」として知られているが、私にとっても自分の高齢期の理想である。必死にやるのではなく、やりたいことをいろいろやる。あるいは、もっと過激に言えば、何の努力もせずに大きな事柄を成し遂げる。何もせずに、すべてを達成するのである。

［脚注］
(16) John Lahr, "Hooker Heaven," *Esquire*, June/July 2016, 89-140.
(17) Gloria Steinem, *Doing Sixty and Seventy* (San Francisco: Elders Academy Press, 2006)

第四部：未来へ心を開く

PART FOUR: OPEN YOUR HEART TO THE FUTURE

生と死、覚醒と睡眠、若さと老いに差異はない。驚くべき、突然の移行によって、片方がもう片方になる。

——ヘラクレイトス

第10章：エルダー（老賢性）を発揮する

落ち着きたいならば、しわくちゃの上っ面ではなく、鏡の中に何かを見なければならないと自分自身に言い聞かせる。すべすべした肌を失っても、私は平穏でいなければならないと。そこにある何かを得ることで満足を見いださなければならない。何か、そう、それは私の中に常にあった。私の中に常にあった何かは、日の光を一度も浴びていない。

——ペギー・フレイドバーグ(18)

多くの人は若さの泉を探している。しかし、老いの泉を探しているという人のことは決して聞かない。けれども、ただの加齢ではなく、本当の老いは、素晴らしい贈り物である。私たちは老いと闘う。なぜなら、老いは紛れもなく重荷だからだ。しかし、老いと共に人格や性格を成熟させることができたら、老いに貴重な恩恵を発見するだろう。

本当に成熟した人物は、自然に知恵の源となり、エルダー（老賢者）と呼ばれる。それは栄誉ある呼称である。魂のない時代において、人々は主に表面的な価値に注目し、多くの場合、エルダーの高潔さは忘れ去られている。そして、社会は知恵や霊感の本質的な源を失ったことに苦しんでいる。

私の人生の鍵となる物語の一つは、いくつかの拙著で紹介したが、私が十九歳のときに始まる。私は僕会（Servite order）で六年間を過ごし、スピリチュアルな生活に集中する修練期間をちょうど修了したばかりだった。私は司祭職を目指す長い道のりにおける次の段階に進んでいた――北アイルランドで哲学の勉強を始めることになっていた。クイーンメリー号に乗船してアイルランドに向かう洋上で、アイルランドのアートを探して、二年後に家に戻るときに持って帰ろうと思いついた。

引っ越し後、落ち着いてすぐ、ダブリンのアイルランド国立美術館の広報課にアドバイスを求める手紙を出した。しばらくして、国立美術館の館長であり、また名高い詩人そして作家でもあるトーマス・マッグリービー本人から手紙が届いた。彼を訪問するためにダブリンに来ないかと書いてあった。

ここでいったん話を止めたい。特別な才能を持つエルダーが慣習を破り、友好的な返信を送ってくれたことに注目してほしい。私の場合、それは友情になった。トーマスは明らかに自分が父親のようになって導くことのできる新しい友人を作ろうとしていた。彼は人生で何度もそうしてきたのだ。

国立美術館で、私は彼の個人的な執務室に招待された。そこは小さな部屋で暖炉があった。トーマスは暖炉の前の長椅子に座っていた。肩にショールをかけ、普通のスーツに蝶ネクタイを着用していた。彼は著名な作家たちとの友情について話し始めた――とりわけ、W・B・イェイツ、D・H・ロレンス、T・S・エリオット、ジェイムズ・ジョイス、サミュエル・ベケット、そして、画家ジャック・バトラー・イェイツ。トーマスは特にジョイスの妻ノラと娘ルチアを援助したことで知られている。私が彼に会ったとき、彼は六十七歳だったと思う。彼としてはいくらか他人行儀ではあったが、あたたかく、リラックスしていた。

私は彼と会うために国立美術館を何度も訪問した。ときに私たちはメリオン・スクエアから歴史的建築物シェルボーン・ホテルへと散歩し、ハイ・ティーをした。トーマスは、詩、絵画、そして彼の知るアーティストたちの複雑な人生について語り続けた。彼は私にアドバイスすることを好んでいた。非常に教養のある老人が、冴えない頭の若者にアドバイスをするのである。

ある雨の日、一緒に散歩をしていたとき、だらしない服装の男が私たちに近づいてきて、傘もささずに目の前に立った。髪の毛はびしょ濡れで、雨の水が鼻から滴り落ちていた。彼は濡れた通りにじっと立っていたが、トーマスの詩『レッド・ヒュー・オドネル』を暗唱した。私は唖然として、トーマスは涙を流した。彼は男に感謝して、三人で散歩した。私はその短い出会いのことが忘れられない。ダブリンの一般市民がトーマスの作品を愛していたのだ。

その当時、トーマスは、パリに住んでいたアイルランド出身の作家サミュエル・ベケットの親しい友人だった。私はすでにベケットの愛好者だったので、トーマスがベケットについて語る物語に特別の関心を持った。あるとき、彼が、ベケットの演劇は暗くて不条理だが、本人自身は親しみやすくて気持ちいい人物だと言っていたことを思い出す。また、ある日、〝サム〟が二人と一緒にビエンナーレのためにヴェニスに行かないかと私を誘ってくれたことをトーマスが伝えてくれた。私はその可能性を聞いて気を失いそうになった――著名な作家でベケット以上に会いたい人なんていなかった――しかし、私の修道院の院長が行くことを許可するはずもなかった。そして、私はまだ修道院を離れる準備ができていなかった。

私はトーマスと会い続けた。そして、彼の友人である著名な作家たちの物語を聞き続けた。また、彼は私に小さなアドバイスを与え続けた。「ときどき言葉の分からない国で過ごすことを忘れないように」「執筆するときは、自分らしく、そして上品に書きなさい。しかし、シンプルに、流れるように」「何があっても、友人を大切にしなさい。友人はもっとも貴重な贈り物だ」

私がアメリカに戻った後も、私たちは何度も手紙のやりとりをした。ただ、彼はすぐに亡くなってしまった。美しい手紙の中で彼は書いている。「君が私くらいの年齢になったとき、そして君が伝道の仕事を終えたとき、一人の若者が君の人生にやってきて、私トーマスがそうだったように、その若者を祝福することで、君に新しい人生が与えられることを祈っている」

私は、トーマス・マッグリービーが彼の貴重な時間と関心を私に与えてくれたのはなぜだったのだろうと、よく考える。一つには、彼は生涯にわたって、たくさんの人の「魂の友（アナムカラ：anam cara）」だったことが挙げられる（訳註：アナムカラとはケルトの言葉でソウルメイトを意味する）。たとえば、彼はアメリカの最高の詩人の一人、ウォレス・スティーブンスにとって、そのような友人だった。彼らが交換した手紙を読むと分かるように、スティーブンスにとってトーマスは、エルダーではなく、本当の魂の友だった。スティーブンスは他の友人への手紙に書いている。「彼（トーマス・マッグリービー）は、いずれにしても、祝福された人物で、古くからの信仰の習慣を維持しています。私は、神が君を祝福するように、彼の手紙でねじを巻かれます。それは私にとって、あらゆる点でとても特別なことです」

他のアーティストを支援する彼の傾向を考えると、私はこれから子ども時代の繭を出ようとしているところだったが、同じ方法で私に対応してくれていたのだろうと想像される。とにかく、彼は男女を問わず、誰にとっても老いの良いモデルといえる。私たちは、自分に接触してきた若者にとってのエルダーである努力をすることによって、老いの本当の喜びを見いだすことができる。

友人としてのエルダー

私はこれをメンタリング（師弟関係）のマッグリービー・モデルと名づけたいと思うが、それにはいくつかの優れた特徴がある。彼とジョイスやベケットとの関係について読めば、彼が彼らと「友人になった」ことが分かる。彼は距離を置く師匠あるいは堅苦しい師匠ではなく、彼らが人生を歩んでいくことを支える親友だった。私の場合、彼は私を職場に招待し、入念な配慮と敬意をもって待遇してくれただけだった。私は若く、無知だったが、彼は私を見下さなかった。彼は私と一緒にいることを楽しんでいた。そして、私も彼と一緒にいることが楽しかった。

何世紀にもわたって、魂についての本は友情の重要性を強調してきた。友情は人生のありふれた一部分なので、ほとんど注目されていない。多くの場合、人々は軽い気持ちで、そして無意識的に、友情を育んだり手放したりしている。しかし、マッグリービーは友情を人生の中心に据えていた。それが彼のスタイル、彼の流儀であり、それが彼の人生に意味を与えていた。

彼が偉大な詩人にならなかったことを残念に思う評論家がいる。彼は素晴らしい詩を書き、たくさんの詩を翻訳している。しかし、彼は才能のある人々が自分の道を見いだすための支援に人生の目的を見いだしていたように思われる。ここに、私たちが老いてエルダーになるためのレッスンがある。私たちは誰かの親しい友人になることで、人生の意味を見いだすことができる。多くの人が、このような友情は達成困難だと考えている。しかし、私たちはマッグリービーの流儀で、静かな導きを示すことによって、この種の友情を強めることができる。

まだ真価が問われていない若いカウンセラーやセラピストに言いたい。ある意味であなたの正反対といえる自分の内面の奥深くにいるエルダーになりきり、あなたのクライエントにとっての成熟した友人になりなさい。あなたはセッションでは距離を置き、堅苦しくあるべきと教えられてきたかもしれない。そのことは気にしなくてよい。セッションで癒しや知恵が開花するために、その状況で友情が生じることを大切にしよう。それが友情の精神である。これは文字通りの友情ではないかもしれないが、いずれにせよ、とても重要である。

友情は段階的にやってくる。何人かの友人たちとはとても親しく、あなたと彼らのあいだに何のバリアもないように見える。一方、「良い友人」であっても、それほど親密でない場合もある。また、あなたは友人と思っていても、実際はもっと単なる知人に近いときもある。

トーマスのことを振り返ると、彼は私が現れるのをただ待っていたのだろうかと不思議に思う。彼はすでに準備ができていたように思われる。ところで、私たちは決して仲間ではなかった。彼は経験のある、世慣れた、確固たる地位を築いている紳士、父親像であった。同時に、彼はあたたかく、私たちの友情について愛情豊かに話した。それもまた、彼が持っていた特別な天賦の才能である。彼は社会的地位を持ちながら愛情豊かであり、高齢でありながら手の届かないことはなく、賢明でありながら私の知識不足を忍耐してくれた。

エルダーの役割を楽しむ

歳を重ねるにつれて、トーマス・マッグリービーのようになることによって、人生の意味や喜びを見いだせるようになる。あなたは若者の友人になり、いくらかの導きを与えるエルダーという役割に準備ができる。しかし、これを上手に行うためには、自分のアイデンティティの中のエルダーの部分と自己一致して、あなたの人生哲学を生きなければならない。ある評論家はマッグリービーについて述べている。「部屋に一人こもって詩を書くのは彼らしくない。むしろ彼は集まりに顔を出し、会話する」。

エルダーという役割は様々な姿として想像できる。コミュニティの中で何でも知っている、力のある年長者かもしれない。あるいは、リーダーというよりはグループの一員であるが、心豊かな友好的ないし社交的な人物かもしれない。高齢者をステレオタイプ的に堅苦しくて孤独な人物と想像しないように注意しなければならない。

英語では「友人を作る」と言う。必ずしも友情がやってくるわけではない。友人になるために、あなたはクリエイティブになって何かを行う必要がある。エルダーは自分の友人がいるだけでなく、行く先々で友人を作ることができる人物である。そして、他の人が友人を作ることも助ける。

エルダーはまた、知恵を授けることができる。高齢者はしばしば自分の経験の価値やこれまでの人生で学んできたことを大切にしない場合がある。あるとき、私はオスラー・シンポジアという、医師のための素晴らしい会議に参加した。あるセッションで、退職した医師が彼の人生の物語を語った。人生が行き詰まったり、生命の危険にさらされたりした、いくつかの出来事に焦点を当てていた。それはシンプルなセッションだったが、シンポジウムの企画者による効果的なアイディアだった。一人のエルダーが彼の人生経験の物語を語ったのである。セッションのあとで、その場にいた医師たちは彼の物語にどれだけ影響を受けたかを明かしてくれた。客観的事実や情報ではなく、個人的な物語、年長の医師の人生経験に基づいた知恵が語られたことを称賛したい。

エルダーはまた、過ち、失敗、危機一髪の経験を告白することによって教える。私の父は、父を誘惑しようとした女性について語ってくれたことがある。「楽しいかもしれない」。父は言った。「けれど、その価値はないと思ったね。私の結婚生活はどんな浮気よりも満足感を与えてくれるから」。私は、父が私に人生のレッスンを与えようとしていることに気づいていた。しかし、たいていの場合、父はレッスンに見えないようにレッスンを与えてくれた。マッグリービーも、私が気づかないようにレッスンを与えてくれた。たとえば、国立美術館の中を歩いているときに、アートをどのように鑑賞するかをさりげなく穏やかに示してくれた。

祖父母の役割

私たちは男性と女性のエルダー、父、母、祖父、祖母、その他のエルダーの元型的イメージを区別すべきである。多くの人にとって、その人の魂は、両親の精神よりも、祖父母の精神によって支えられている部分がより大きい。私たちの多くにおいて、この組み合わせは強力である。祖父母は、自分たちの存在が孫にとってどれだけ重要か、師の役割を担うことがどれだけ重要かを理解すべきである。

祖父母は自分たちの愛情や注目を、両親のような感情的複雑さを抜きにして、豊富に与えることができる。人生を通じて、子どもの魂は十分な受容と称賛を必要としている。祖父母は両親ができないことで子どもを満たすことができる。もちろん、父母の場合もそうだが、他の人々が祖父母の代わりに、必要とされる愛情を与えることはできる。

祖父母は彼ら特有の導きと知恵を示す。私たちはブラックエルクの偉大なヴィジョンの中にこのことを神話的に見る。スー族の聖者であるブラックエルクは、人生の初期にヴィジョンを見て、人々のリーダーになった。ヴィジョンにおいて、祖父たちの中の一人が彼に言った。「世界中のおまえの祖父たちが集まりを開いた。そして、おまえに教えるためにおまえをここに呼んだ……私はそれらが年老いた男性たちではなく、世界の力であることを知っていた」

ブラックエルクは聖なる方法で見るべきと常に語っている。それは、字義通りに見るのではなく、自然の内面を深く見ることである。彼は自分の祖父たちが自然界を通して、動物や彼のヴィジョンを通して、神話的な方法で語るのを聞いた。私たちは同じことができる。ある意味で、人生それ自体が祖父母であり、エルダーの容姿、声を持ち、私たちを導くためにそこにいる。

祖父母は永遠性に近い。若者は時間を遡った若い頃の祖父母を想像することが難しい。祖父母の未来は永遠性を連想させる。祖父母は多くの経験を持ち、多くの秘密を持っている。祖父母はスピリチュアル・ガイドとして完全にふさわしい。

著述家というエルダー

エルダーの導きは本に見いだすこともできる。私たちのエルダーたち、すでに亡くなったエルダーたちが、私たちにたくさんのことを教えてくれている。私たちは彼らの言葉を読むことができる。あるいは、映像で彼らが話しているのを見ることができる。内面で私たちに語り掛けてくる声は読書体験の一部なので、本を読むときに祖先たちが書き残した抽象的な思考を文字で読んでいると捉えるのではなく、彼らの思考を声として聞いていると捉えるのはどうだろうか。本は私たちにたくさんのことを教えてくれる声を聞くための媒体である。

著述家である私は、このエルダーという役割を強く感じる。紙上の言葉を通して私の声が届くことを願っている。私の仕事は、未来の読者が私の思考や言葉を内面で「聞き」、常にそれと対話してくれることによって意味を持つ。私は愛すべき未来の読者を念頭に置いているが、私の言葉を一人のエルダーからのものとして受け取ってくれることを願っている。

エルダーの仕事は、導きが必要でロールモデルやサポートを求めている人物に気づけるように準備しておくことである。高齢者は意味のある経験がやってくるのを待つだけならば、空虚感を感じるかもしれない。彼らは常に自分自身を整え、そして、導きを求める招待状に積極的に応答しなければならない。私の友人トーマスは、私の手紙に鋭敏に反応してくれた。彼は組織にありがちなよそよそしい返答の慣習を破り、その代わりに友情を与えてくれた。

エルダーは癒すことができる

ジョン・オドノヒューはアナムカラという特別の友情について、字義通りの自然の法則に依存しない深遠な関係と記している。「あなたのアナムカラで永遠性を目覚めさせる……恐怖は勇気に変化し、空虚は豊潤に、距離は親密さになる[19]」

あなたがエルダーになるために必要で、自分自身と他人に利益をもたらす条件がある。創造的になって型を破る勇気、人生が展開するように空っぽになる時期を許容する意志、現代人の生活の大部分を占めている通常の距離感ではなく親密な生活の仕方などである。

一般的に、神経症的な苦悩は他者への奉仕や自分を手放すことで癒すことができる。特に、高齢期の悲しみに取り組むには、他者の求めに応じ、あなたの着想を与えることを習慣的な方法として確立するとよい。あなたは、たまたま他人よりも歳を重ねている誰かであるという高齢期の意味を変容させることができる。あたたかみのない慣習を手放し、導きを求めている人の利益のために創造的になり、人生をアサーティブに生きることができるエルダーになるのだ。

あるとき私の妻は、彼女の精神的教師であるヨギ・バジャン師（訳註・西洋にクンダリーニヨガを広めた人物）の家にいる夢を見た。彼の妻もそこにいたが、それは私の妻の元夫の祖母だった。実際の生活では、彼女は高齢になったとき、必要な介護を受けることにトラブルがあった。私たちはこの魅力的な配役について語り合った。非常に強力なインド人の家父長的な教師と、介護を必要としている老婆である彼の配偶者。最初に、私たちは強力な父権的教師に相当する強力なエルダー女性の精神がスピリチュアルな人々に欠けていることについて考えた。私たちはまた、妻の夢が、より健康で賢明な高齢女性を必要としていることについて話し合った。彼女が受けたヨガのトレーニングは父性的な教えに偏っていた。

私たちは皆、老若男女を問わず、高齢女性の強靭な精神を必要としている。その女性は、賢明で、受容的で、神秘的で、勤勉であるだろう。彼女は一つのタイプではなく、個人的な人物像、内なる精神である。彼女はあなたが必要としている特別な性質を持っている。あなたの作業は彼女と知り合いになり、彼女の性質を授かることである。彼女は時間を超越しているが、彼女はあなたの老熟を助けることができる。彼女の援助を受けて、他人との比較においてではなく、あなたは内面から、魂から、老熟する。

多くの女性たちは若く見えるように試みることで老いに対処している。彼女たちも女性のエルダーの精神を呼び覚ますことができる。彼らは年老いてなお美しく見えるように試みることができる。年老いた顔や身体の美しさを評価するのだ。そうすると、彼女たちは年齢を否定することなく、若々しくいられるだろう。ここにパラドックスがある。まず自分の年齢を生きるときにのみ、若く見えるのである。それから、あなたが望む若さを取り戻す努力をすることができる。自分の年齢を否定しても、あなたが若くなることはない。

若さと老いを陰と陽として考えてみよう。あなたは一方から他方へ静かにそしてスムーズに移行することができる。両方を念頭に置くことが望ましい。自分の老いの美しさを理解し、同時に、自分の若さを繊細に呼び起こす能力を培うことが大切である。両方が備わってこそ、美しい人物になれる。完全なバランスである必要はない。ただ適切で効果的なバランスとして表されるだけでよい。

一人暮らしの高齢期の男女は、ときどき、孤独で愛情を求めている自分を感じ、友人に過剰なサポートを求めたりする。このとき、まさに若さと老いのように、依存心と独立心も連動して機能することを覚えておくと助けになるかもしれない。それらも、陰陽のように、相互的な表現を必要としている。実際、あなたは依存の仕方を知っている場合にのみ、本当の意味で独立することができる。あなたは自分の力や独立性を失うことなく、他人に頼る仕方を知っている。恥ずかしく思う必要はない。あなたは、依存はアートであり、コントロールされるよりも、傷つきを知っているほうが、人格の強さが必要であることを発見するのではないだろうか。

老いていく男女の主な不安の一つは、子どもあるいは誰かの重荷になりたくないということである。しかし、依存を避けようとすればするほど、彼らは重荷になる。ただ事実と向き合うことが必要なのかもしれない。そうすれば、あなたは独立心の精神を維持するための効果的な方法を見いだすことができる。しかし、早かれ遅かれ、自分自身で何でもやる能力は減っていく。

単なる老人ではなく、エルダーである感覚は、助けを求めて他人に頼る必要性を相殺することに役立つかもしれない。あなたは援助を受け取るが、同時に、尊厳や価値を維持することができる。あなたは多くのことについて依存しているかもしれない。しかし、あなたは尊敬に値するエルダーであり、あなたから教えてもらうことには喜びがある。

エルダーになる方法

私はいつもエルダーという単語にちょっとした違和感を覚えていた。私はエルダーになりたいという野心を抱いたことはないし、それが何を意味するのか、今一つピンと来なかった。けれども、思いがけずエルダーについて話すことになった多くの人は誰もがエルダーに静かな敬意の念を持っていたし、最近ある友人は私に、歳を重ねることの主な要点はエルダーになることだと語ってくれた。

考えてみると、エルダーになることとは、老いについてポジティブに感じる良い方法といえる。そして、老いの過程で実際の良いことを行うことにもなるかもしれない。エルダーとは、老いることが栄誉であり、静かなリーダーシップと教えるという特別な役割を担っていることを意味する。前述のように、エルダーを経験することは、私の人生を豊かにしてくれた。その経験に基づいて、私は人がこのポジティブな役割を担うための方法を以下のリストにした。

1. 最初の要件は、自分の年齢に心地良さを感じることである。エルダーは年老いている。必要とされる年齢をどう定義するかは相対的だ。人によっては五十代でエルダーになり、別の人は七十代や八十代でもっともらしくなる。私の父は九十代でエルダーになった。私の友人ジョエル・エルキンス博士は百歳でエルダーになった。あなたの年齢が何歳であれ、それを受け入れ、率直にそして穏やかに年齢について話そう。

多くの人は自分の年齢を公開することを避けようとする。彼らは控えめに、数字のヒントを言うだけだったり、悪く思われないように常に話題を避けたりする。エルダーは何と言っても自分の年齢をしっかり受け入れている。自分の年齢について言葉を濁すならば、自分自身に心地良さを感じていないことを意味する。自分の年齢をごまかすのは、ほんの少し神経症的だ。あなたは意識の私的領域に隠れたテーマや現在進行形のゲームを抱えている。あなたは自分自身を紹介する方法がすっきりしていない。そうした状況で、エルダーになることは非常に難しい。

自分の年齢について率直でないならば、あなたは自分より若い友人と親しくなろうとするかもしれない。あなたは自分の若さに取り憑かれ、それを失うという考えに耐えられないかもしれない。あなたは人工的な人生を送り、老化の自然な過程に取り組むことができないかもしれない。自分の年齢を否定する理由を内省する助けにするために、いくつかの可能性を挙げてみた。

2.

他人を導き、教育することができるくらいに自分の教育と経験に自信を持とう。自分自身の純粋な知恵を認めるためには、人格の強さが必要になる。今日、多くの人が賢明なカウンセラーという役割を思い描く。それはおそらく、本を書いているとか、取り巻きがいるとか、そういうことを指している。しかし、多くの場合、そういう人は自分の宿題に取り組んでおらず、エルダーになる準備ができていない。私は才能や能力に関する自惚れた感覚について話しているのではない。一方、人によっては、何年もかけて自分が積み上げてきた知識の重要性を単純に認識しておらず、どれぐらい自分が若い人々に教えられるかを分かっていない。ここでの課題は知識や経験ではなく、導く能力である。

トーマス・マッグリービーは「人生のレッスンを君に与えたい」とは決して言わなかった。彼は臆することなく、自信と喜びに満ちてエルダーという役割を引き受けてくれた。その振る舞いは人格を必要とする。自分自身に関する要求水準の高さや誤った卑屈さに陥ることなく、自分自身を知る能力が必要とされる。

通常、あなたは数年をかけて本物のリーダーシープの能力を育んでいく。エルダーになるための修業期間は非常に若いときに始まり、生涯にわたって続く。エルダーという役割は人格の開花であり、人生の使命の完成である。マッグリービーは私に語ってくれた。自分のアクティブな人生は終わったと思っていたが、そのとき私が彼の個人的な導きの学校に潜在的な生徒としてやって来たと。

3. エルダーは若者を愛さなければならない。しかし、年老いた人のなかには、若さに嫉妬し、羨んで、若者がそばにいると怒りを感じる人もいる。彼らは老いに対処する自身の失敗の表現として、不満を言い、裁き、批判する。彼らはカタルシス、すなわち、老いの苦悩と若者への怒りの浄化や掃除を必要としている。彼らは老人でいることを愛することを学ばなければならない。自分自身を愛することを学ぶのである。多くの場合、自己嫌悪は誰かに対する怒りに変容する。高齢者の仕事は自然に生きること、時間をかけて老いに開かれること、ありのままの老いを受け入れることである――老いているが怒ることなく、経験があり、教える準備ができている人物になることが大切である。

4. エルダーは自分の知識や知恵を使って、他人、とりわけ若者のためになることをする。私の父が中学校の生徒に都市の水道について教えたいと思っていたことを思い出してほしい。父は生徒の前で水道や配管の技術的な知識を話していたが、同時に、自分の人生について語り、若者が自分らしく生きるように鼓舞する高齢者でもあった。

その話には、水道の技術に関する直接的な学びや理解だけでなく、高齢者が自分の人生の仕事にどうやって喜びを見いだしたかという間接的な学びがあった。エルダーには二つの学びを授けることを念頭に置く賢明さがある。あなたは技術的なスキルを教えることができる。同時に、あなたは高齢者として、人生のレッスンを教え、インスピレーションを与えることができる。

若者のエルダーになろうとした私の父が遭遇した問題の一つは、学校の管理者や教師の態度だったという。父が学校や教会にアプローチしたとき、多くの管理者からスケジュールに空きがないと言われて拒否された。おそらく彼らは父のことを自分自身の人生のために何かをしたがっている変人と見たのだろう。しかし、父は機会あるごとに、あちこちで若者に教える昔からの習慣があった。父は子どもや若者が好きで、あらゆる機会に子どもたちを自然の成り行きで支援していた。父は子どもがお年寄りと触れ合うことには利点があるという哲学を持つ思慮深い人物だった。父はエルダーという言葉を使わなかったが、私が本物のエルダーについて学んだのは、父が最初だった。

5. インスピレーションを与える力を育む。

刺激を与える（inspire）という単語は「命を吹き込む」という意味である。あなたが誰かに刺激を与えるとき、一生懸命働くことや創造的になる理由、世界に関与する意味を吹き込んでいる。字義通りの意味ではないが、人工呼吸をするときと同じように、あなたは自分自身の良い呼吸を誰かに与えるのである。

インスピレーションは、驚くべき効果があるだけではなく、その働き方が魔法のようである。あなたは通常、合理的に刺激を与えるわけではない。あなたの強力な言葉や身振り、おそらくあなたの用いた例が、他人の心に火をつける。あなたは女神であり、導きの精霊になる。人々はあなたの年齢を見て、困難な時を乗り越えるため、新しい考え方を得るために、あなたに頼る。この分野のエルダーとして、私に学生が紹介されてくるとき、最初私はびっくりする。私は自分が年寄りであることを普段は忘れているからだ。しかし、私は自覚的にその役割を担うことを試みる。ときどき人は役割や仕事を非公式に依頼してくるのだ。

エルダーの影

すべてに影の側面がある。エルダーという役割もそうだ。エルダーの暗い側面を垣間見るために、ユングのアニムスという概念を引き合いに出そう。ジェイムズ・ヒルマンの流儀でユングの著作を読んでから、私は魂（アニマ）に類似した私たちの内面の要素をアニムスと描写している。しかし、魂が愛情やイメージや詩や夢想と関連しているのに対して、アニムスは私たちの内面における、あるいは活動における、理性的、直感的、批判的、内省的な力とされる。

ユングは、意見はたくさん言うが本当のアイディアはない人という形で現れる、未発達の貧弱なアニムスに特に関心を持っていた。このアニムスは偏見、間違った思考、悪い論理、借用した判断、思想家や専門家のふりをしているが根拠を示さない態度として現れるかもしれない。ヒルマンは影なるアニムスが魂の深い運動を傷つける方法について述べている。「私たちはアニムスの声を聞く。私たちはそれに突き動かされて経験を抽象化し、意味を抽出し、行動に移し、一般原則として教義化し、何かを証明するためにそれを使う[20]」

高齢者はエルダーという役割を担うときに、品格のない、それほど効果的でもない方法で、これらのすべてをやってしまう可能性がある。おそらくあなたは、自分の年齢を利用して中身のない意見を表明したり判断を下したりする人々、リーダーシップの能力を持たないのにリーダーになろうとする人々を知っているだろう。単に年齢を重ねただけであるにもかかわらず、知恵があると思い込んでいる高齢者もときどきいる。彼らは老熟のプロセスが生涯ずっと続くこと、思慮深く忍耐強い人物こそが本物のリーダーそして知恵の源であることを理解していない。ときに私たちは中身のない単なる年季の入った殻をエルダーと誤解してしまう。

日常生活において、あなたはときどきメディアがお年寄りをエルダーとして扱っていることを見るだろう。その人はエルダーになるための心的作業をしていないことが明らかなのに。その場合、あなたが受け取るのは薄っぺらな意見と利己的な判断である。

自分がエルダーとして扱われているのに自分の内面が空っぽであることを感じているならば、自分が本当は人々の求めているエルダーではないと知っているならば、あなたは自分の無知を認めなければならない。そして、良い判断を下すために情報を収集し、良い助言を提供することによって、影のエルダーを賢明な老人に変容させなければならない。

言うまでもなく、「影」があることは、あなたの行うすべてが決して完全にはならないということを意味している。すなわち、あなたがエルダーという役割を担うとき、いくらか自説を曲げなくなったり、誇張し過ぎたりするかもしれないということを知っておいたほうが良い。あなたは批判的になり過ぎたり、助言し過ぎたりするかもしれない。あなたにできることは、エルダーという立場にそうした影が取り憑いていることを受け入れ、影の悪影響を最小化し、世界がエルダーを切実に求めているときに、知恵の源になるという挑戦的な仕事を引き受けることだ。

エルダーであることの喜び

エルダーになることとは、他人が導きや知恵を見いだすことに役立つだけでなく、高齢者に生きる理由を付け加える。それは寛大で思いやりのある人生最後の行為になるかもしれない。それは最終期の奉仕であり、特別な威厳と献身をもって行われる。

高齢者が意識的にエルダーという役割を引き受けているならば、それは助けになる。私は自分自身の経験から言える。人々はある時点からあなたをエルダーとして扱う。そして、あなたは彼らに与えることのできる利益を求められる。それはあなたが移行するための合図である。あなたはもう群衆の一部ではない。今、あなたは成長し、コミュニティの中で新しい立場を引き受けなければならない。あなたにとって、それは別の通過儀礼、状態の上昇であり、新しい喜びを楽しみ、新しい責任を感じる次元へと、あなたとあなたの人生を変容させなければならない。

あなたはこれまでとは趣の違う衣服を着たり、もっと威厳をもって話したり、自分の年齢を受け入れて明確に経験したり、今までだったら興味がないか、疲労を理由に断っていたであろうリーダーシップの機会を引き受けるべきである。私は生涯ずっと執筆と旅行が続いたので、そろそろ家でくつろぐべきかもしれない。しかし、私は自分がエルダーに選ばれたことを知っているので、もっと仕事をしなければならない。

高齢者はタイミングやチャンスに精通する必要がある。歳を重ねることは、すべて時間に関することである。それには時計によって計測される何時何分だけでなく、経験される時間の質も含まれる。あなたは自分自身に言うことができる。「私は歳を重ねている。自分の人生を意味深いものにするために、自分の時間をどう使うかについて考えるときだ」

人によっては、エルダーになることは大きな決断である。なぜなら、影響力が大きく、社会的だからだ。しかし、多くの人は、誰もが小さな意味でエルダーになる。孫や近隣の人たちに経験に基づいた助言を授けるからである。世界はエルダーという役割を担うことを意識的に決断した高齢者から恩恵を受ける。やがて私たちは、エルダーになる技術を学び、それを行使し、具体的な貢献を果たさなければならない。

［脚注］

（18） Peggy Freydberg, *Poems from the Pond*, ed. Laurie David (Los Angeles: Hybrid Nation, 2015).

（19） John O'Donahue, *Anam Cara: Spiritual Wisdom from the Celtic World* (London: Bantam Books, 1999),31.

（20） James Hillman, *Anima: Anatomy of a Personified Notion* (Dallas: Spring Publications, 1985), 181-83.

第11章：遺産：人生という実験の未来

多くの人と同じように、妻と私は、アーティストそして著述家としての作品や道具を整頓し、こざっぱりした家を保ちたいと思っている。こざっぱりという観点で言うと、私たちは二人とも完全には及ばない。1から10のスケールで言うと、私たちはだいたい7.5くらいだ。スピリチュアルな仕事であるにもかかわらず、私たちは二人とも魂を重んじている。魂には収集癖があり、無秩序を好む。しかし、私が物を溜め込む理由は、私のあとにやってくる人々とつながりたい気持ちである。

私はこの地球に執着すべきでないことは分かっているが、孫たちやひ孫たちについてつい考えてしまう。私はすでに彼らのことを愛していて、たとえ、彼らの時代に私のことは忘れ去られていたり、見当違いとみなされていたりしても、自分の著作のコピーを彼らみんなに渡したいと思う。そのため、私は著作や資料や記念品や花瓶や仏陀の置物や形見を捨てられない。なぜ古い延長コードや乾ききったペンを捨てられないのか、私には分からない。

魂のある人生を生きることとは、身体的に不在の人々（すでに亡くなった人たち、そしてまだ生まれてきていない人たち）との関係を大切にすることである。時間を拡張すると、あなたは永遠の自己と触れることができる。実質的に歳を重ねる一つの良い方法は、あなたの内面の別の場所で生きることである。そこは、あなたの現在の時刻とそれほど関連がなく、過去と未来の両方向に引き延ばされた「年月の流れ」と呼ばれる。

私のひ孫、玄孫（やしゃご）、来孫（らいそん）、昆孫（こんそん）のために生きることとは、自分の人生の短さに取り組むことの助けになる。私は死が自分の関係や自分の終わりではないことを知っている。むしろ、死は私が生きる期間を引き延ばす取り組みの助けになる。私は未来の愛する人たちのために具体的な準備をしている。私は祖先たちとの関係に取り組み続けているのと同じように、彼らの存在も感じている。

時間感覚を拡張する

私は、現代のスピリチュアルな人々のあいだでとても一般的な、「今この瞬間を生きなさい」という呪文に満足したことがない。ときどきスピリチュアルな教師たちは、人々にとって自然ではないことをやらせようとする。そのため人は、心の底から楽しめず、しばしばそこで行き詰まる。今この瞬間を生きることには努力が必要で、私の経験では、その努力は得られる対価の価値がない。それより私は、過去や未来の中で生きていたい。私は自分が生きる時間枠を、今この瞬間に収縮させるよりも、拡張することを好んでいる。

C・G・ユングは、人生を意味あるものにするために具体的に行動する良いモデルである。彼はチューリッヒ湖畔に別荘として電気も水道も通っていない石の塔を建てた。彼は自分の時間感覚を強めたかったという。日記の中で、彼は自分の経験について重要なことを述べている。彼は、原初の物質である水の近くにいたかった、母性的、子宮的な構造の中で生活したかった、と説明している。「ボーリンゲンの塔にいると、まるで同時に何世紀も生きているような感覚になる。この場所は私を忘れさせる。そして、この場所と生活様式は遠い昔の事柄を思い起こさせる。現在を示唆するものはほとんどない」

つまり、ここでユングは現在を軽く見ている。私は、彼が自分の人生を生きる上で時間枠を拡張しようとしていることを理解できる。そして、私は過去にだけでなく、未来にも時間枠を引き延ばしたいと思う。私は未来の世代と関係を持ちたい。そうする方法の一つとして、私はやがて私の家で暮らす人たちのことについて想いを巡らせる。私は、これまで家族と暮らした家のほとんどで、手紙や写真の入ったタイム・カプセルを埋めた。おそらく次の所有者がそれを発見するかもしれないし、あるいは、それが発見されるまで数世代かかるかもしれない。

未来に向けて生きること、未来に遺産を受け渡すことのためには、想像的な空間に自分自身の身を置く信頼と能力、未来がどうなっているかに関するあなたの空想が必要である。それは老いのプロセスという本当の冒険を発見し、それを楽しむことを助ける想像となる。

私の父は七十代後半のとき、自分が死んだときに何をすべきかに関する具体的な情報を書いた手紙を私に残した。また、その手紙には、自分の人生の振り返りや、次の世代に手紙を書いているときの気持ちが記されていた。その手紙は、私の子どもたちや彼らの子どもたちに残したい貴重な遺品である。その手紙を読むと、父が他人に思いやりを持っていたことがよく分かる。父の言葉が子どもたちや孫たちに与える影響の大きさは私にとって驚きではない。

手紙について：電子メールやインスタント・メッセージの時代において、手紙は公衆電話ボックスのように消え去ろうとしている。しかし、手紙は今、以前よりも効果的になっている。あなたは机に向かい、手を動かして手紙を書いたり、コンピューター上で書いた手紙を印刷したりできる。あなたは自分のスタイルで、重要な事柄について書き残すことができる。子どもたちや友人たちがあなたの書こうとしていることをすでに知っていると思わなくてよい。想いを言葉にしよう。特別な言葉に。見かけが良くなるように、良質の紙を使うこと。飾り書きで署名し、適切に保管すること。封筒を封ろうで厳封するのはどうだろうか。もしかしたら、その手紙を今渡したくなるかもしれない。手紙の受取人には、しばらく保管するように言おう。

ドラマチックに。その手紙はあなたの想いであり、未来への贈り物である。

以下は未来とつながるシンプルな方法である。タイム・カプセルを埋める。いつか読んでもらう手紙を書く。あなたが知っている価値のある事柄やスキルについて教える。知恵を受け渡そう。あなたの個人的なスタイルが見えるように、理解してもらえるように書こう。

遺産を受け渡す／受け継ぐ

遺産には二つの方向がある。一つは未来の世代のために価値ある何かを受け渡すことであり、もう一つはあなたに残された何かを受け継ぎ、大切にすることである。私は今この瞬間を生きるべきと誰かに言われるたびに、自分は十五世紀に心地良さを感じると打ち明けてきた。それは世界各地で特に創造的だった時代であり、私はその特別な世代によって残された作品群に感嘆する。作品群は芸術、書物、思想、そして衣服のデザインにまで及ぶ。私がヨーロッパ旅行に出るのは、まだそこにある古い世界を楽しむためという理由が大きい。アイルランドやイングランドを旅行するとき、私は十五世紀の城や教会を観光することが好きだ。

私は、過去が私に残してくれたものを理解すると、未来のために遺産を受け渡すことを考えるのがより簡単になることを見いだした。そして、このように時間を拡張すると、私は老いについてポジティブになれた。私は現在にそれほど心を奪われることはなく、十五世紀という若々しい衝動的な世界に踏み出すことがどのような感じかを楽しむことができる。私が大切にしている自分の風変わりな部分は、現代を踏み出して別の世界そして別の時代を生きることに由来するのだろう。

著述家そして教師である私は、自分の古い考え方や方法を、申し訳なさそうにではなく、エキサイティングに提示することができたとき、若い人たちの関心を引いていると思う。私が何かに好奇心を持つことは良いことなのである。これは実際に自分のスタイルで遺産を若い人たちに受け渡すことを準備する助けになった。

遺産は、たとえば大きな邸宅や繁盛している会社といった、物質的かつ具体的なものかもしれない。あるいは、それはとても微細なものかもしれない。画家であり彫刻家でもあるアン・トルイットは、母校ブリンマー・カレッジを訪問したときの、回廊での静寂の瞬間について細やかに述べている。「鏡越しに、雨で輝いている鮮明な緑、庭園の中心にある円形の噴水、そして、その向こうに学生を見た。彼女は花崗岩の壁によりかかっていた。彼女は真剣に何かを書いていた。彼女の邪魔をしないために、私は自分自身をその場所に置いておくかのように、そして彼女の静寂がそのまま続くように、そっと遠いほうの扉から立ち去った[21]」

トルイットは、深く集中している学生を見て、自分自身がカレッジにいたときのことを思い出した。彼女が学生のプライバシーを守るために取った行動は、学生と自分自身の両方に向けた、彼女からの小さな贈り物といえる。彼女は学生に共感を覚えた。それは彼女が数年前の自分自身を見たからであり、だからこそ彼女は学生の貴重なプライバシーを大切にしたのだ。

若者に対するこのような配慮は、高齢者が良く老いることを助ける。それは若者との微細な、しかし意味のあるつながりや同一化を維持することである。この小さな出来事においては、ある学生と成熟した女性がアイデンティティを共有している。私はアン・トルイットが本物のアーティストであることに驚かない。彼女は他人の中に自分自身を見ることができる繊細さを示し、その視点によって相手を丁重に扱っている。

スピリチュアルな系譜

数世紀前、芸術家や著述家は自分たちを形作った先駆者の歴史的な系譜に畏敬の念を持っていた。彼らは聖賢たちに関する彼ら自身の系譜を「古代神学（prisca theologia)―スピリチュアルな系譜」と呼んだ（訳註：伝説的な聖賢たちや古代ギリシアの哲学者たちによって示されてきた「真理」が、キリスト教神学の成立以前から連綿と受け継がれてきたとする考え方。ルネサンス期の思想家マルシリオ・フィチーノによる概念）。

たとえば、十五世紀の著述家は、彼の思想や生き方に影響を与えた重要な先駆者の系譜を作るかもしれない。それはプラトン、聖アウグスティヌス、アラビアの哲学者、そしてもっと身近な師に至るまで幅広いだろう。私自身の系譜を作るとしたら、エウリピデスに始まり、プラトン、オビディウス、トマス・モア、エミリー・ディキンソンに行き、バッハ、グレン・グールドを通って、それからユングとヒルマンに辿り着く。私はこの系譜に少なくともあと十名は付け加えたい。

私は特別な本棚に彼らの著作を置くことによって自分の系譜を大切にしようと試みている。ユング全集は、私が毎日仕事をする場所の目の前に置いてある。ヒルマン全集は、本棚の上のほうだ。私にとってものすごく意味があるわけではないが、ときどき役に立つ書物は、地下室の中にしまってある。

私は自分の書斎にトマス・モアの銅像を持っている。エミリー・ディキンソンと彼女の故郷マサチューセッツ州アマーストの古い写真や、グレン・グールドの写真本もある。私はそれらの先駆者を敬愛し、できるだけ敬意を表している。私はこうした行為が私と未来をつなげる準備になると感じている。私は未来の読者のことを思い、愛情をもって執筆している。私は人生に対する見方をできるだけ彼らに受け渡したいと思う。私はこれを自己愛的とは思わない。むしろ、老いに向かう良い方法であり、シンプルに老いを楽しむこと、次の世代により多くを受け渡すことにつながると考えている。誰もがこれをできる。これには自分の心を未来に開き、T・S・エリオットの言う「別の強度の中へ」動くことが必要とされる。

心理療法で、クライエントはしばしば祖先のことや、子ども時代に彼らを傷つけた両親について語る。しかし、私は両親や祖先についてポジティブな視点からの質問を投げかける。クライエントの人生の良い側面に、それらの人たちがどのように貢献しているか、あるいは、少なくとも自分に良い影響を与えた人を見つけてもらう。私たちは大人になってからのうまくいかない生活について両親を責めるべきではないと言う心理療法家もいる。同意するが、しかし私は両親のことも忘れたくない。私の心理療法では、大人になっても良い影響と悪い影響の両方をもたらす家族に関する物語を語るように促している。

心理療法を訪れる人々は、表向きの明白な問題よりも、人生に対する見方が狭まって生きづらくなっていることに苦しんでいる場合が多い。彼らの想像力は行き場を失っている。多くの場合、私は彼らの人生に対する見方を拡げる援助を試みる。私は祖父母や祖先に関する物語を尋ねる。たとえば、祖父母が生まれ育った場所や、特に祖父母が他の人々にしてあげたことなどについて。より大きな世界に見方を拡げるだけで、症状はやわらいでいく。

私が述べていることを丁寧に読んでいるならば、先人が私たちに与えてくれた良きものに気づき、その遺産を大切にすることを勧めていることは理解してもらえるだろう。先人の価値を見ることは、自分の価値を見ることを助けるのだ。

シンプルな例を挙げよう。最近、心理療法の初回で、七十代前半のある女性が、老いについての抑うつと、年月があっという間に過ぎ去っていたという感覚について私に訴えた。彼女は、自分が老女になったことに突然気づき、いつも夢見ていたことを何もしてこなかったと、すごく後悔していた。彼女は自分の人生にエネルギーを注いでこなかったと感じていた。彼女は自分が何をすべきかを他人にゆだねてきた。そのアドバイスの多くは、一生懸命働くこと、そしてお金を稼ぐことだった。

時間を無駄にしたという感覚を聞きながら、出し抜けに彼女に尋ねた。「お父さんのことを話してくれませんか」

「あのですね」と彼女は答えた。「私はこれまでにいくつも心理療法に通いました。両親のことを嫌になるくらい話してきたんです」

私は彼女が抵抗しているのだろうと思った。そこで私はもう一押しした。

「これまでに心理療法に通ってきた方が、子ども時代や両親についてたくさん話してきたことは理解しています。多くの場合、その会話はクライエントである息子や娘の心理を説明し理解するための試みです。しかし、私はあなたのお父さんがどんな人物だったのかを聞きたいのです。お父さんの物語をただ知りたいのです」

こうして彼女は父親について話すことになった。私は彼女に物語を詳しく述べるように促した。私は彼女の現在の問題を説明するために父親のことを聞いたのではない。彼女の人生の物語を引き延ばすために、彼女に至る家族の歴史を遡り、そして未来に向けた彼女の憧れや願いを聞いたのである。私は、自分は誰なのかという感覚を引き延ばすことによって、彼女の心理療法を始めたいと思った。私は時間感覚を引き延ばすことそれ自体が治療的で、彼女の深い魂の浮上を促すと考えたのである。私はユングのレッスンに影響を受けている。彼は母親の死に大きな痛みを感じて、塔を建てることに労力を費やした。その塔には彼の魂が充満していた。私たちは物語によって時空間を拡張していく。私たちの究極の目標は、永遠の魂を垣間見ることである。

人が両親や祖父母やその他の親戚の物語をただ語るときは、そうした人たちについて複雑に描写する傾向がある。一方、自分が今こんなに不幸せな理由を説明しようとするとき、あなたは両親のことをネガティブな角度から単純化して説明する。しかし、自分にとって重要な人物の物語をただ語るとき、あなたはもっと軽い気分で、彼らの様々な葛藤を理解しながら説明するのである。

人はストーリーテリングのモードに入っているとき、人々の中に良いものを探そうとする。あるいは、ときどきあることだが、家族の状況が本当に悪いならば、少なくとも人は関係者の心の複雑さを見て、批判をやわらげる。家族力動の重要な詳細を含む物語か、あるいは、状況を多層的にしている複雑さを示唆する物語が語られる。物語が複雑なとき、あなたは単純な結論に飛びつけなくなる。

すべての物語が平等に良いものという印象を与えたいとは思わない。しばしば、家族の中で、特定の物語が何度も語られる。おそらく家族の一人を犠牲にして、状況を固定化させるためである。繊細ではない父親を責めることは簡単である。そして、あらゆる感情的な問題について母親を責めることも一般的である。しかし、ほとんどの場合、状況はもっと複雑だ。

心理療法家である私の役割は、人々が自分の物語を豊かに話すための援助であると思う。私は入念に聴き、細部を語ることを促し、状況をもっと細分化していく。多くの場合、物語が聞き覚えのある地平を離れ、いつもの批判や言い訳から自由になるとき、洞察が舞い込んでくる。その洞察は貴重だ。なぜなら、その洞察はここ数年人生がどのように進行してきたかについての想像を変化させるからである。

良い心理療法家はいつも語られている物語では満足しない。さらに細かく語るように促す。すると、しばしば、刷新された物語が語られる。国家が過去の歴史を解釈する仕方と同じように、歴史修正主義はあらゆる個人の自己感覚の一部にもある。ただし、それは良い老化のサインである。

自分たちの祖先を褒めたたえることは簡単ではない。私たちは自分に降りかかってきた家系の問題の影響を感じている。私たちは誰もが弱くて間違いを犯すことを忘れてしまう。しかし、祖先が残してくれた良いものを見ることができるならば、私たちは未来とより良く向き合うことができるに違いない。私たちは常に不確実な未来と向き合うために、信頼して頼ることのできる何かを必要としている。

誰もが遺産を持っている

なぜあなたは自分自身の遺産が未来の世代に与える影響について案じるのだろうか？　あなたは自分の人生に価値があり、重視されることを望んでいるから、というのが明白な答えである。あなたは何年にもわたる奮闘や創造的な努力を厭わずに何かを示したいと思っている。またあなたは何かに貢献したいと思っている。あなたの遺産は必ずしも自分の自我を増強させるものではなく、むしろ寛容さの表現であったり、つながりたい願望だったりする。

私は母のことを考える。母は専業主婦だった。母は物質的な遺産を遺したわけではない。しかし、母は並外れた献身と愛情のある女性だった。母が私の娘に与えた影響は大きい。娘は祖母のサポートと愛情に今でも感謝している。私は自分の仕事の方向性を考えるとき、特に人生における親密さや魂という側面について強調することや、心理療法でクライエントに対して奉仕することは、母の影響、母の遺産であることに気づいている。私は母の素晴らしさについて何度も話すことによって、あるいは母の写真や手紙を大切に保管することによって、母からの贈り物に対する感謝を忘れないようにしている。

母は愛らしいムクゲを夏の別荘の庭に植えていた。そこで、新しい場所に引っ越しするたび、私は母を褒めたたえるためにムクゲを植える。私たちは最近これを行った。そのとき妻が白い花と色のついた花とどちらがいいかを聞いてきた。私は母だったら白い花を望むと即座に思った。毎朝、庭の小さなムクゲを見るたびに、非常に個人的な「古代神学」、母から受け継いだ私のスピリチュアルな系譜、魂に満たされたアニマ系譜のことを思い起こす。

未来の世代とつながる

遺産を受け渡したいと願うことは自然で称賛に値することだが、意図的である必要はない。あなたが自分の人生の挑戦や機会を受け入れ、それを十全に生きると、自然の成り行きであなたに続く人たちのために何かを残している。良い教師とは、その人から受け取ることに価値がある地点まで成長した人物だとよく言われる。それは遺産にも似ている。あなたが寛大な精神をもって豊かな人生を生きると、あなたは意図せずして豊かな遺産を受け渡しているだろう。

それでも、未来の世代について考えることには価値がある。私の世代は、病んで枯渇した自然環境を残すべきだろうか？　私たちは家庭の内外で争いが絶えない世界を子どもたちに残すべきだろうか？　明らかに違う。私たちは個人的に平和な世界に貢献することもできるが、さらに私たちの知恵、発見、創造的な仕事を残すことで、未来の世代にその恩恵を受け渡し、それを大切に受け継いでもらうこともできる。

老いた人々はときに自分自身に問う。私の人生に価値はあったのか？　私は忘れ去られるのだろうか？　あなたは、死後の評価について心配すべきではない、とスピリチュアルな超然とした態度で言うことができる。私たちは成り行きにまかせるべきで、生命の広大な海に溶けていくのだ。しかし、私の人生には価値がなかったのではないかという不安を抱き続ける人もいる。私はそれを無意味な、あるいは神経症的な思考とは思わない。私はその不安を真剣に捉え、未来の世代のために何かを行う動機に変化させることを提案したい。

ある意味で、遺産を受け渡すことは、故人を思い出すことの反対だが、これら二つは緊密に結びついている。私には遺産に関する深い想いを呼び覚ますシンプルな方法がある。ゴルフで次のホールやティーボックスに着いたとき、私は地面に固定されたベンチを見る。多くの場合、それはフェアウェイに面している。ベンチには小さな真鍮の記念版が付いていて、友人や配偶者や家族がそのコースでゴルフをしていた人物を追悼している。しかし、そのベンチは、数年先にそのホールに来てひと時の休憩のためにそこに座るすべてのゴルファーへの贈り物でもある。記念版は遺産を受け渡すことと故人を思い出すことの結びつきを思い起こさせる。私は人々が私の名前で何らかの遺産を受け渡すことを願っている。

この単純な例において、遺産に心が宿っていることが分かるだろう。遺産は、その人が愛されていたこと、そして、その人がこれからやってくる人たちについて愛情を込めて考えていたことを示している。

詩人マヤ・アンジェロウは書き残している。「人々はあなたが言ったことを忘れ、あなたが行ったことを忘れるが、あなたが彼らにどのように感じさせたかを決して忘れない」。つまり、遺産は心の問題である。それは目の前にいない人々とつながる感情であり、思考ではない。それは愛情の特別な方法である。歳を重ねることを喜びに変えることができる何かがあるとすれば、それは愛情を示す新しい方法を発見することだろう。

未来へのシンプルな贈り物は、まだ生まれてきていない人々に心を開くことである。それは希望や見通しや思いやりに基づくスピリチュアルな行為である。ある意味で、それはあなたの関係の範囲を未来に拡張することであり、あなたをより大きな人物にする。それはまた、あなたが自分自身の老いに取り組むことを助ける。なぜなら、あなたが意識を現在進行中の現在から内省される未来へと移行させることは特別な感覚を培うからである。さらにそれは、まだ生まれてきていない人々を抱擁するエルダーとしての役割も拡張する。

たとえば、社会変革のために暴力を使うような非人道的行為の循環を終わらせたとき、強力な遺産が創られるだろう。そうした遺産のポジティブな側面を言えば、障壁に取り組む新しい教示的そして慈悲的な方法となるかもしれない。次の世代が刺激を受け、参考にする例となるからだ。

神秘的な世代の連なりにおいて、私たちのあとに続く知らない人々に心を開くことができるだろうか？　私は自分のこれまでの歩みを振り返り、他人に心を開くために必要な自我を取り去ることができるだろうか？　この意味で、遺産を創ることとは、自分の成熟の一部であり、私欲を超えて自己を拡張することである。

遺産は人生に対する大きなヴィジョンの一部でもある。あなたは幸せになりたい。あなたは家族や友人の安全や健康を望んでいる。あなたは自分の国が繁栄することを望んでいる。銀河や宇宙という壮大な視点はどうなっているだろうか？　あなたは世界を形作ることに貢献したいと思っているだろうか？

この大きなヴィジョンにおいては、あなたの遺産は無意味なほど、とても小さなものかもしれない。けれども、ささやかな遺産が積み重なり、生命の豊かな複雑さに貢献し、壮大な何かに発展していくのである。私たちの小さな人生は、創造それ自体というグランド・ヴィジョンと交差し、大いなるパラドックスの一つを呼び起こす。私たちの人生は、この広大な世界という文脈において、どうしたら意味を持つのだろうか。

遺産を受け渡すために、私たちは自分の人生を真剣に生きなければならない――本書のメインテーマの一つである。私たちは自分のヴィジョンを作り上げなければならない。そうすれば、小さな自分の運命が展開している広大な世界に圧倒されていると感じることはなくなる。私たちは無意味に思える人生の渦中で、自分の人生の意味に気づくために自己感覚を大きくしなければならない。

人はしばしば意味を探していると言う。ところが、意味は今この瞬間にある。自分のヴィジョンを生きること、思いやりを育むこと、抑圧することなく勇気を出して生命の側に立つこと——これらはすべて意味の源である。遺産を受け渡したいならば、意味のある人生そして寛大な人生を生きるだけでよい。

遺産は良く老いるための方法である

老いにおける痛ましい悲しみの一つは、この短い人生にあまり価値はなかったと思うことである。しかし、他人のために遺産を遺していると感じることは、人生に価値を与える。多くの人は、遺産の重要性に気づき、遺産を形にするために象徴を作る。彼らは後世の人々に素晴らしい森を遺贈したり、想像をかき立てるモニュメントを建てたり、学校の記念碑をレンガで作ったりする。私が住んでいるニューイングランドの郊外では、一般の人が使用するための公園、ビーチ、湖がときどき寄贈されている。

エリザベス・マーシャル・トーマスは、一九九三年に出版した『犬たちの隠された生活』がベストセラーになり、その印税でニューハンプシャー州ピーターボロにある美しいカニングハム池を購入し、町に寄贈した。彼女は、人間のためのビーチと犬のためのビーチを作ることを条件とした。私はよく家族とそのビーチに行って楽しんでいるが、犬たちが彼らのビーチで素晴らしい時を楽しんでいるのを見ることができて感謝している。そこにいると、あなたはときどきリズ・トーマスの物語を耳にして、彼女の遺産の気前の良さを感じるだろう。

未来の世代の世話をするべきという感情が、あなたを人間らしくすることに役立ち、あなたの人生に深みと広がりを与える。それは人生の意味についての不安に根差すナルシシズムを乗り越える確かな心の動きである。あなたは過剰な注目を自分自身に向けている。なぜなら、あなたは自分の価値に不安を抱いているからだ。しかし、他人の世話をすることで自己を超えることにひとたび気づくと、自分の遺産と自分自身の心の平穏を結びつけることができる。他人のために何かを残すことによって、あなたはより大きい、より深い人物になる。

歳を重ねるにつれて、自分の価値についての疑問は、より強くなるだろう。人生は短い。自分の人生を意味あるものにするために何ができるだろうか？　これまで十分にやってきただろうか？　人はあなたについて何と言い、どう考えるだろうか？

人はしばしば大きな自己感覚を持っている人物を批判する。彼らはナルシシズムと偉大な自己の区別ができないのだ。私たちは大きな人物、グローバルな視点で人生の使命を見ている人物を必要としている。もちろん、多くの人が空虚で非現実的な自己イメージを持っている。しかし、多くの人が本物である。彼らは大きな視点で人生を見て、壮大なスタイルでそれに取り組んでいる。

自分の遺産について意識的に考えないならば、あなたは老いの痛ましい状態の一つに陥ってしまうかもしれない。それは後悔である。自分にできたことをやらなかったことについて後悔し、したくないと願っていたことをやってしまったことについて後悔するのである。しかし、後悔は無駄で空虚な感情である。それは魂に根差していない。それは罪悪感に似ている。それはあなたをただ悪い気分にするだけで、変化に向かう本当の決断をもたらさない。

同様に、後悔は変化に向かって片道だけしか進まない。罪悪感に対する良い選択肢は、責任を本当に認め、ただ感情を感じるだけでなく、本当の意味で罪悪感に「なる」ことである。後悔が熟すと、深い自責の念になる。自責の念は魂に触れ、違いを生む。それはただ漂っている感情ではなく、変化の印象を与える。自責の念は、人としてのあなた、そして人生におけるあなたの選択に影響を与える気づきである。より良い選択肢は、人生を日ごとに意味あるものにすること、人生についてより大きな視点で考えること、あなたが貢献できることは何でも今やることである。後悔している暇はない。

後悔だらけならば、遺産を受け渡すことはできない。それはあなたの人生の自然な動きを止める。あなたは自分を抜け出したくなる。あなたは後悔している出来事に固定化され、感情を凍結させてしまう。後悔が支配するとき、あなたはポジティブに老いに向かうことはできない。加齢するだけだ。

後悔は自責の念を感じる試みである。しかし、なかなかうまくいかない。自分が後悔に満ちていることを見いだしたら、後悔をいかにして自責の念へと変容させるかを考えるしかない。あなたはそれをもっと直接的に感じなければならない。そして、反応として何かをしなければならない。自責の念（Re-morse）は分け与える（morsel）と同じように、「噛み続ける」という意味である。自責の念は、あなたに歯型をつけ、あなたは無視できなくなる。それは返答を要求している。

あるとき私は、自著のサイン会である女性に出会った。彼女は後悔の物語を語ってくれた。十代の頃、彼女はカトリックの女子修道会に入り、修道女になった。最終的に彼女がそこを離れるまで、何年にもわたって、彼女はそこの厳しい禁欲生活を生きてきた。しかし、彼女の感情人生には大きな汚れがついた。彼女は修道会に入った決断や、青春真っ盛りのあいだ、積極的な性生活を諦めたことを後悔していた。歳を重ねるにつれて、後悔は強くなっていった。その後悔は頭を離れなくなり、彼女の人生を悲惨にした。

私は、その後悔を自責の念に変化させることができたら、そして、彼女が人格の弱さや、自分が望まない人生を歩んでしまった感情や、痛々しい後悔を克服できない背景に何があるのかを詳しく見ることができたらと思った。彼女は自分の運命を、あるいは、彼女自身の形式的な決断を受け入れることができなかった。彼女はそれまで歩んできた自分の人生と共に生きることができなかった。その代わりに、彼女は自分の内面深くのリアリティと距離を置いて後悔することを選んでいた。おそらくその時点でも彼女は自分のセクシュアリティを大切にしていなかったのかもしれない。あるいは、まったく異なる人生に積極的な精神で歩みを進めるよりも、自分自身を哀れんでいるほうが簡単と思ったのかもしれない。私たちは長い会話をする機会がなかった。なので、想像するしかないが。

人生を埋め合わせること

世界、自分の家族、特別な人々に遺す価値ある遺産を持っていると感じることは、老いを耐えやすくする。それはあなたに不死の味わいを与えることができる。あなたが亡くなっても、少なくともしばらくの間、あなたの影響は持続する。あなたには次世代に受け渡す遺産があるので、人生には意味があると感じられる。

遺産は、あなたの不作為や不法行為、あなたが原因になった他人のあらゆる苦悩、またはあなたの過去のその他のネガティブな出来事を埋め合わせることになる。あなたが謝るだけでは十分でない場合、これは小さなことではない。あなたは混乱を引き起こしたあとに、自分自身を挽回するために何かをしなければならない。特筆すべき遺産を遺すことは、人生の目的や価値を取り戻すことになる。

私は期待したほど出版した自著が売れなかったときは、いつも自分の遺産について考える。私は、いつの日か誰かが私の著作を理解してくれることを願いながら、もう一度未来の世代のために執筆する気持ちを奮い立たせる。私は未来の読者を念頭に置き、現在の意見や嗜好に左右されて心を惑わされないように気をつけている。

具体的に言うと、今の時代精神が量的研究や諸問題に対する具体的解決策を好むことを私は理解している。その文脈においては、私が魂や宗教的そして魔術的な諸伝統を強調することは、時代錯誤あるいは見当違いと見られるかもしれない。だから、私は未来の世代が、唯物論的そして機械論的な現代の態度を変化させ、ヒューマニティやスピリチュアリティに重きを置くことを期待している。私はいつも未来の人々に愛情を感じており、私の言葉が彼らの世代に私の遺産として伝えられることを願っている。

遺産は、あなたの心を活性化し、ヴィジョンを拡張することができる。ただし、遺産は単純ではないと私が考えていることもお分かりだろう。本質的に、それは良い願いや愛情だけでなく、争いや心配を含んでいる。それは未来の人たちがあなたを愛するだろうと願う妄想に見えるかもしれない。それを空想と呼ぶのはどうだろうか。そのほうがより寛大である。

未来の世代に対する愛情が大きくなるにつれて、私は生命の循環の一部であることを以前よりも感じるようになった。そして、自分の人生の短さについてそれほど心配しなくなった。私の老いは自然の循環、そして、より良い未来への贈り物である。この寛大な捉え方は、深遠なスピリチュアリティを示している。人はしばしば、瞑想の仕方を学ぶことや、ライフスタイルを浄化することが、スピリチュアリティであるかのように語る。より挑戦的な側面は、未来の世代と関連して人生の限界に取り組むことだろう。遺産を遺すことは、あなたのもっとも重要なスピリチュアルな達成の一つであるだろう。

最後になるが、遺産は、喜びや満足感の源であり、あなたが歳を重ねる際の価値あるクオリティである。遺産はライフワークのプロセスを完了させる。そのプロセスにはいくつかの段階がある。

1. 自分自身を教育し、能力やスキルを磨く
2. そうした能力を使う仕事を探す
3. キャリアを追求する
4. キャリアの岐路や終了に取り組む
5. 自分自身の道の成功を達成する
6. 奉仕に強調を置いた高齢期にシフトする
7. 未来の世代のために遺産を遺す

このスキームは大まかな骨格にすぎないが、誕生から死に至る創造的な人生の流れを示している。これは単なる図式ではない。あなたはある段階から別の段階に移るたびに、人生のダイナミクスを感じるだろう。遺産を遺すという感覚は、単なる終点ではなく、達成感であることによって、そのリズムにフィットしている。全体で円弧となり、遺産の中に自然な終点がある。

私たちの文化は仕事から人生の意味を遠ざけている。それでもリラックスして人生を楽しんだなら、あなたは遺産を遺すことができる。仕事のノルマが緩まったら、私たちはもっと創造的になって、子どもたちに残す世界についてもっと真剣になりたいと思うだろう。

遺産とは、主にあなたの人生の作業に費やす時間と労力を想像する方法といえる。文化や歴史の中で際立つ大いなる遺産を遺す人もいるが、私たちの多くは平凡な人生を生きるため、未来に与える影響のほんの一部を想像することができるだけである。遺産は、私たちのあとにやってくる人たちに与える影響の大きさではなく、誰かにとって重要であったという事実が重要である。

私に大きな影響を与えた知恵や創造的な仕事をもたらした人たちを公共の場で称賛できることは私に喜びを与える：トーマス・ニュージェント、グレゴリー・オブライエン、レネ・ドソネ、エリザベス・フォスター、トーマス・マッグリービー、そして、ジェイムズ・ヒルマン。私の非常に個人的なスピリチュアルな系譜である。もちろん、私の系譜はもっと長くすることもできる。あなたは自分にとって親しみがわく名前を書き出し、彼らの影響を認めることで、あなたの系譜に名を連ねた彼らの遺産の意味を理解することができる。

老いの作業に取り組むならば、コミュニティと協働が必要である。それは決して孤独な作業ではない。私たちは身近な人の老いに関わることで、自分の高齢期の準備ができる。私たちのコミュニティには未来の世代も含まれる。未来の世代のことを考えるためには、これからやってくる人に対して近しさを感じるような、想像力を鍛える真剣な努力が必要となる。

［脚注］

(21) Anne Truitt, *Prospect* (New York: Scribner, 1996), 216.

第12章：孤独感を変容させる

私は老化を信じない。私は太陽に向かって永遠に自分を変えていけることを信じている。それが私の楽観主義である。

——ヴァージニア・ウルフ、ある作家の日記、一九三二年十月

私が三十年以上実践してきた心理療法の主な原則の一つは、ジェイムズ・ヒルマンから学んだシンプルなものだ。「症状と共に進め」。常に問題を征服し克服しようとする世界で、この原則は魔法のように、重い感情の緊張からの解放を見いだすことに役立ち、人生の新しい領域に目を開かせてくれる。ある部分では、その魔法は一般常識とまったく違うところからやってくる。ほとんどの場合、苦痛に直面した私たちは「どのようにこれを取り除けばいいのだろうか?」と問う。しかし、私たちの魔法の原則は、まったく違っている。「どうしたらこの問題の中にもっと入っていけるだろうか？　どうしたら安心して幸せになった自分自身を向こう側に見いだせるだろうか?」

ヒルマンはこの点について詩人ウォレス・スティーブンスの一節を引用することを好んだ。「世界を通る道は、それを超える道を見いだすよりも難しい」。あなたは不快な事柄、たとえば孤独感について、それを

回避しようとする代わりに、その中に入り、それを十分に知ったあとに安心感を見いだすことができるだろうか?

孤独感の中に入ること、あるいは、症状と共に進むことが、どのように孤独感の援助になるかを説明してみたい。

あなたが孤独な場合、孤独感を取り除こうとして、人と一緒にいることを自分自身に強制すると、結果としてあなたは感情を抑圧することになる。あなたは孤独感から逃げることによって、つまり孤独感から遠ざかる反対の場所に向かうことによって、孤独感を抑圧している。しかし、フロイトの基本原則は今でも有効である。抑圧されたものは戻ってくる。あなたはある状態から自由になるために自分自身から逃げようとする。しかし、それはおそらくこれまで以上の強さになって戻ってくる。あなたは自分自身を社交の場に引っ張り出す。そして、家に戻ると、あなたはこれまで以上に孤独になる。

症状から遠ざかろうとすることは、自分自身から、つまりあなたの魂の状態から逃げることである。自分の孤独感を認め、それにほんの少し注意を払うほうがよいだろう。それに降伏する必要はない。あるいは、それに溺れる必要もない。私は拙著の題名を『魂に溺れる』にせず、『魂の世話』と名付けたと冗談を言ってきた。孤独感の中で、その感情を取り除こうとせず、自分自身の世話をするのはどうだろうか。

症状(この場合は孤独感)の中に入っていくのは、何があなたに不快感や苦痛を与えているかを症状が示しているからだけでなく、あなたが何を必要としているかを症状が示唆しているからである。これは私が何度も引用してきた考え方である。この考え方は、良い友人であり、卓越した心理学者であるパトリシア・ベリーにヒントをもらった。あなたが孤独を感じているならば、社交的になって人と関わろうとする代わりに、孤独感の可能性を探求するのはどうだろうか。

あなたの孤独感は、あなたがもっとひとりになる必要があること、あるいは、少なくとも集団の中にいない時間を大切にすべきであることを教えているのかもしれない。あるいは、もっと深い部分で、あなたはもっと個人になり、集団の一部にならないことが必要なのかもしれない。孤独感は、常に何かに占有されている生活の代わりに、大事な事柄について内省するために必要な空間へと私たちを連れ出してくれる。孤独感は、人がしばしば空虚で無意味な絶え間ない活動に従事することを癒やすためのヒントなのかもしれない。

高齢者の物理的な孤独

言うまでもなく、環境に由来する孤独の感情がある。あなたは活動的な人生を生きてきた。しかし突然、高齢になると、家族と縁遠くなる。彼らは自分たちの生活で忙しいのだ。友人は転居したり、亡くなったりしてしまった。昔のような友情を見つけることは難しい高齢者のコミュニティの中にいる自分に気づくことになる。

問いはこうだ。「この物理的な孤独にどう取り組んだらよいのだろうか？」

母が亡くなったとき、父は九十一歳だった。その後、父は数年間一人暮らしだった。父はひとりでいることがとても幸せそうに見えた。もちろん、父は母がいないことを悲しんでいた。あるとき、父は私に、毎朝寝室に飾っている母の写真を見つめながら、母と会話していると言っていた。父は、七十五年前の十代の頃に始めた切手収集を続けていた。父は大好きな切手収集で忙しく、世界中の人とつながっており、それは少しお金にもなった。近所の人は父のことが好きで、温かい食事や食料品を定期的に届けてくれていた。一人暮らしにもかかわらず、父が孤独を感じているようには見えなかった。

しかし、父は調子が悪くなった。父は病院に担ぎ込まれ、そして家に戻った。父が一人暮らしを楽しみながら自分の家に住み続けることができないことは明らかだった。兄が兄の家の近くに介護付き住宅を見つけた。毎回、そこで父に会うとき、父は悲しそうな表情だった。父はいつも社交的だった。父はすぐに友人を作ることができ、いろんな活動に参加した。父は新しい環境でもそうしていたが、明らかにひとりでいることを恋しがっていた。この時点になると、父は切手に熱意を見いだすことさえできなくなっていた。唯一、深刻な事故で長いこと療養していた孫をサポートすることだけが、父を元気づけていた。

私が父の表情に見たのは一人暮らしの孤独感ではなく、自分の世界や趣味を失った孤独感だと思う。父は人生の悲劇や要求に対していつもあまり感情を表に出さなかった。父は大きな拡大家族の一員だった。何か悪いことが起きたら、葬式の手配、遺言書の検認、感情的なサポートを、常に父がすべて行っていた。父は自分の状況について決して不満を言わなかった。父はもう一人暮らしできないことを知っていた。しかし、施設の部屋の生活は、自宅で父が満喫していた生活ではなかった。

父は切手に対する熱意を失ったが、生活に対する熱意は失っていなかった。百歳の誕生日パーティで、父は心から笑い、祝いに来たたくさんの人たちといっぱい会話していた。しかし、パーティが終わると、父は施設の部屋に戻らなければならなかった。私は車椅子を押して父を部屋に戻した。その日、私は父が楽しんでいる姿と父の孤独感の両方を見た。

孤独とひとりでいること

孤独とひとりでいることは二つの異なる事柄だ。あなたは群衆の中で孤独を感じるかもしれないが、ひとりでいても孤独でない場合がある。私たちの経験則「症状と共に進め」に従うならば、ひとりになることによって孤独感を癒やすことができるかもしれない。苦痛な感情は、私たちに必要なことについてのヒントや方向性を与えてくれる。しかし、それはどのように機能するのだろうか？　それはどのように意味があるのだろうか？

自分自身の人生を感じること、強い自己感覚を持つことが重要だろう。騒々しい群衆に囲まれていると、それは難しいかもしれない。あまりにもたくさんのことが起きているからだ。あまりにも多くの人のことを考えなければならないからだ。群衆の中にいると、あなたは自分自身に耳を傾けることや、自分に何が起きているかを知ることができない。そして、あなたは自分自身の人生から孤立してしまう。

老いによって、あなたは以前の生活をどんどん失っていく。それはあなたが何者であったか、あなたが自分のことをどのように感じていたかを失っていくことである。その感情は明らかに孤独感に見えるかもしれない。しかし、それはまた、慣れ親しんだ世界、そこにいた人々、場所、経験の喪失といえるかもしれない。

修道院を離れたとき、私は非常に孤独になったことを覚えている。私はシカゴのニアー・ノースサイドにアパートを借りた。そこは私が知らない地域だった。大学から家に戻るとき、明るいレストランで人々が夕食を共にしているのを横目で見ながら、私はストリートを歩いた。私はひとりでいることから来ると思われる痛みを感じていたが、実際のところ、その当時、私はひとりでいることを楽しんでいた。私が寂しかったのは、何年も知っていた古いコミュニティや友人を失ったことだった。私は意味があると思って満喫していたライフスタイルを失って寂しかった。そして、私は自分がどこに向かっているか、まったく分からなかった。私が感じていた「孤独感」は、慣れ親しんだ世界の喪失、その世界の安心感や親近感を喪失したことだった。

私は自分自身や自分の世界を持っていなかったので、その喪失は心をかき乱した。窓の外に見える明るい景色には、自分の慣れ親しんだ世界を楽しんでいる人々がいた。そのとき私は、表面上はたくさんの知り合いに恵まれていたが、自分自身の世界がなく、自分が何者か分かっていなかった。孤独感は、多くの場合、外から見た印象の内側に隠れている。

また、その反対もありうる。あなたは、過去、家族、友人、あなたにとって大きな意味のある場所と、ここ数年間であまりにも親しくつながり過ぎてしまっているかもしれない。今や新しいアプローチが必要になっている。しかし過去に思い入れが強いので、あなたは現在や未来に感情を注ぐことができない。あなたの孤独感は現在や未来を受け入れることを遠ざけている。

リズ・トーマスは、何年も夫とシェアした家に住んでいると私に語った。その場所は、過ぎ去った生活の思い出に満ちていた。今、彼女は新しい生活と新しい家、思い出のない場所、新しい冒険を後押ししてくれる場所が欲しかった。彼女を取り巻く人々は、彼女が過去の思い出を大切にしていると思っていたが、彼女は前に進みたいと思っていた。

ここでも私たちは陰と陽の知恵を見る。それはダイナミックな対極の原理であり、互いに打ち消さずに対になって機能する。最初に一方が強くなり、その後に他方が強くなる。W・B・イェイツは、ときには相互に浸透し、ときにはまったく分離して、表と裏が入れ替わる旋回として、その原理を想像している。

過去と未来は、その差異を際立たせながら、前後に入れ替わるのではないだろうか。

歳を重ねながら、私たちは柔軟性や弾力性が求められるいくつかの段階を通過する。私たちは喪失し、獲得し、再び喪失する。私が本書で繰り返し述べているテーマは、老いることが、過ぎ去る年月を眺めることではなく、人生とオープンに向き合い、そのときどきの人生からの招待状に応じて変容し続けることであるということだ。変容を繰り返すことは、眺める人生ではなく、自分の人生を生きることにつながる。ソローは『ウォールデン　森の生活』で述べている。「私は熟慮しながら生きたいと願って、森に行ったのです。人生の本質的な事実だけと向き合い、人生が教えようとしているものを学びたかったのです。私に死期が迫ったとき、自分が生きていなかったことに気づくことなどないように」。人生があなたを老熟させるとすれば、それはあなたが老いを歓迎し、その錬金術、魂の化学変化に作用する着実な変容に自分自身を開いたからである。

ここでもう一度、「老い」という単語を、通常の使い方である年月の経過という意味ではなく、年月の経過と共に「熟成する」ワインやチーズについて話しているときのような意味で使っていることを指摘しておきたい。ワインやチーズは年月の経過によってもっと良くなり、特別な価値を持つことさえある。人も同じように熟成する。いろんな経験を通して変容することで、人としての味わいがもっと深く、もっと豊かになる。しかし、このように老いるためには、経験の影響を受け入れ、自分の視点を変化させて、人としてもっと洗練され、もっと気づきを持たなければならない。たとえば、自分の孤独感をしっかりと受け入れ、それを個性に変容させなければならない。

人は自分が無意識であること自体に気づいていない場合がある。私たちはとても問題のある事柄について無意識であることに気づかない。私たちは検討したり対処したりする必要がある事柄について考えずに生活していることに気づかない。私たちは、日常の行動で場当たり的に反応し、内省しない。

日常生活について十分に深く内省する能力を得ることは達成である。歳を取ると、十分に内省することが期待できる。なぜなら、経験があなたにいろんなことを教えたからだ。十分に内省するためには、ある程度の孤独を受け入れなければならない。なぜなら、内省には静かにひとりでいることが求められるからだ。

私たちのいう孤独とは、シンプルに自分自身と共にひとりでいる状態、自分の思考に開かれている静かな状態のことを指す。外側から見ると、あなたは何もしていないかもしれないが、内側では、あなたは思い出や考えを巡らせて忙しくしている。あなたは内省するときに、このような孤独に耐える必要がある。それがあなたを老熟させ、あなたに人格を付与するのである。

内省の良い条件

内省を推奨することは奇妙でさえある。内省は当たり前のことだからだ。成熟した人物になるためには、必然的にあなたは内省する必要がある。しかし、私たちは外的な出来事を重視して人生を解釈する高度に外向的な社会に生きている。私たちの内省する能力は、日々衰えている。私たちはニュースが非常に簡略化された「キャッチフレーズ」で伝えられることに慣れているが、今やキャッチフレーズでさえ消化するにはあまりにも長過ぎる。

内省は純粋に静かな場所で行わなければならないわけではない。深い喜びのある対話やリラクゼーションや読書の最中、さらにはテレビの音声を聞いているとき、世界の出来事や文化の発展に関するオンラインの分析を見ているときにも、内省を深めることができる。また、内省はエンターテインメントと同じではないが、ときに二つは重なり合う。たとえば、よく練られた映画は内面を見ることを促す。私は個人的に、自分の人生の方向性を振り返り、自分がどこに向かいたいかを内省するときに、伝記や日記を読むことが格好の素材であることを見いだしている。

普通の人にとって、内省の第一段階は、誰か他の人による出来事の理解を読んだり、聞いたりすることだと仮定してみよう。あなたは他人の考え方を読んだり、聞いたりして、それを自分自身の方法で自分自身のものにする。おそらくあなたはその人が提示している視点のすべてを取り入れるわけではなく、自分にとって役に立つ考え方を都合よく取り入れる。

内省の第二段階は会話である。あなたは何か価値のあることを話す人たちや、話していて楽しい人たちと会話する。喜びは重要な要素である。ここでも、あなたはその人たちが提示しているすべてを受け入れるのではなく、やりとりの中で、自分自身の考え方を明確化し、新しい考え方を取り入れる。

内省の第三段階は、自分自身を表現できる効果的な方法を見いだすことである。それは様々な執筆の形をとるかもしれない——日記、詩、エッセイ、フィクション。自分の考え方を動画にしたり、音声にしたりすることもできる。それらを他人に公開するかしないかは自由だ。あなたは日常生活で話したり書いたりするときに、自分の考え方を練っている。友人、恋人、家族に宛てた手紙の執筆は、内省の機会になる場合がある。そのモデルが必要であれば、エミリー・ディキンソンやヴァージニア・ウルフなど、著名な著述家たちの手紙を読むとよい。彼らは真剣に手紙を書いている。彼らにとって、それは真剣な内省の機会だったのだ。

私が毎朝ツイッターにつぶやきを書き込むようになって三年になる。五千人のフォロワーに向けた一四〇文字以内のつぶやきを書き込むことは、毎日の始まりに様々な事柄について内省することを促してくれる。この実践は簡単で有益だ。

繰り返しておきたい。内省は非常に重要である。ソクラテスが彼の裁判で最初に話した有名な言葉を念頭に置いておこう。「吟味のない人生に生きる価値はない」。あるいは、ギリシア語の原典によると、「試されない人生は、人間のためのものではない」。私たちは自分に何が起きたかについて考える能力を呼び覚ます必要がある。おそらくそれが人生の挫折と失敗の目的だろう。キーツは言う。「苦痛と苦悩の世界は、魂を作り、知性を育むために必要である」。苦痛それ自体が助けになるのだろうか？　それとも、試されることによる内省が助けになるのだろうか？

本書の要点の一つは、シンプルな考え方である。出来事に打ちひしがれ、ほんの少しでも変容したときに、あなたは文字通りの意味でポジティブに、そして望ましく、真に老熟する。そのときあなたは、あなたがなることのできる人になる。あなたは人生から学ぶ。あなたは自分の性格や人格を前進させる。あなたは成長する。あなたは成熟する。あなたは人として円熟する。

バート・バカラックの老い

私は本書を執筆している最中に、古い友人ロリ・パイが設立、運営しているウィリディス大学院大学の環境保護プログラムのコースで教える機会があった。ある学生が、有名な作曲家バート・バカラックの友人であること、そして、バートが私と老いについて話したがっていることを教えてくれた。彼は八十六歳だった。

バートと私の会話を詳しく語る前に、彼は作詞家ハル・デイビッドとの共作で数多くのヒット曲を持ち、世界中に知られた作曲家であることを記しておきたい。「クロース・トゥー・ユー（遙かなる影）」「アルフィー」「ホワット・ザ・ワールド・ニーズ・ナウ（世界は愛を求めている）」「アーサーズ・テーマ（ニューヨーク・シティ・セレナーデ）」そしてミュージカル『プロミセス、プロミセス』。二〇一二年に彼はホワイトハウスでアメリカ議会図書館ガーシュウィン賞（訳註：ポピュラー音楽で世界の文化に大きな影響を与えた作曲家に送られる賞）を授与された。また、彼は三つのアカデミー賞と六つのグラミー賞を受賞している。

私たちは電話で話したのだが、その会話はあらゆる点で私を面食らわせるものだった。最初、私が電話をかけたとき、彼は忙しかった。彼はかけ直してほしいと言った。私が再びかけ直すと、彼が出た。彼は「質問を言ってくれ」と言った。私はただ会話することを望んでいたのだが、バートが私のことをインタビュワーの長い列の一人と考えたことが分かった。私自身もこのやり方をよく知っていた。バートほどでないことは確かだが、私は三十年にわたって知らない人たちにインタビューされてきた。

私は、これは難しいと思った。どうやって私たちは深い会話に至ることができるだろうか？　しかし、次の言葉で、彼は自分自身について、そして彼が問題としている事柄について、オープンにかつ思慮深く語り始めた。彼は人生で成功していたが、困難も多かった。彼が語ってくれたことによると、駆け出しの頃、彼は自分の音楽にあまりにも没頭し、親しかった人と縁遠くなってしまった。しかし、彼は明らかに変化した。彼に何かが起こったのだ。彼は愛情を込めて元妻アンジー・ディキンソン、現在の妻ジェーン、息子クリストファーとオリバー、娘ローリーについて話した。彼は娘ニッキーについて悲しそうに話した。ニッキーは、アスペルガー症候群についてあまり知られていないときに、その症状に苦しんで、結局自殺していた。

ここに卓越した才能と素晴らしい成功、多くの苦痛と喪失を与えられた男の人生がある。私は彼の声に感情の揺れ動きを聞き、彼のオープンさと感情の透明性に打たれた。彼には孤独である正当な理由があり、私は彼の声の調子にそれを聞いたと思った。しかし、彼は孤独な人物ではなかった。彼は自分の孤独感と同一化していなかった。しかし、彼はひとりでいることを好む人物だった。それは彼の一部であり、あなたもすぐに感じ取ることができるだろう。しかし、それは彼の全体ではなかった。

そこには孤独感に関する重要なレッスンがある。孤独感は人生の一部であり、大切にされ、語られるべきである。しかし、孤独感に飲み込まれてしまってはいけない。あなたはいつも寂しい老人になる必要はない。あなたはときどきひとりになる老人になることができる。この違いは大きい。

心理学的問題については、様々な感情や気分を受け入れ、生活の中でそれに場所を与えるのが良い。抑圧は、どのような形式であっても、うまくいかない。バート・バカラックと話して感じたことは、彼の感情が成熟しているということだ。それは老いの最高のあり方である。彼は様々な感情を持っていた。そのいくつかは悲しく、いくつかは苦痛で、その他のいくつかはポジティブで希望に満ちていた。それらすべての背景に自分の創造性と成し遂げてきた仕事についての深い満足感があった。

もう一つの本質的な要因は、八十六歳になるバートの態度における内省的性質である。彼は老いたからといって自分の創造的な人生を終わらせようとはしていなかった。彼はそのときもコンサートを開催し、楽曲を制作し、フィットネスの時間を含む毎日の日課をこなしていた。

バートが私たちに教えてくれているのは、若い頃に何らかの活動にのめり込んで対人関係で間違いをおかしてしまい、深い後悔の感情を抱えることがあるということだ。しかし、あなたが成熟すると、後悔によって自分の希望や幸福感を台無しにしない地点にたどり着くことができる。実際、苦しくて物悲しい思い出を色付け、深めていくことは幸福感を与える。幸福感は価値のある目標だが、苦痛な感情を含めて様々な感情を深め、もっと心を複雑にしていかなければならない。

八十六歳になるバートの卓越した創造性は、孤独感に対する一つの処方箋を示している。私たちは、高齢者になったら隠居するものだと考えて、あるいは他人から歳を取ったと見られたくないので、あるいは以前よりも能力が衰えたと思われたくないので、人生から引き下がってしまう。生きないことを選択する言い訳はたくさんある。しかし、たいてい言い訳は恐れに由来する。あなたは弱々しいと見られたくないのである。強く生きることができたら、孤独感は問題ではなくなるだろう。

孤独感の癒し

子どもの頃から、私はひとりになることを強く求めていた。おそらく、私にとって理想的な環境は修道院の生活だったのだろう。私には個室があり、誰も入ってこないので、静かにひとりでいる時間がたくさんあった。しかし、人生のほとんどの期間、私には常に何らかのパートナーがいた。今、私は結婚して二十五年になるパートナーがいる。そのため、ひとりになりたい気持ちに対処しなければならない。さもなければ、私は孤独感の反対の状態に苦しむことになる。その状態を表す言葉はあるのだろうか。

私はひとりでいることを愛しているが、自分でも驚いたことに、妻と子どもたちがいなくなると寂しくなる。最初、私はひとりでいることを楽しみにしている。数日間、それを楽しむ。しかし、しばらくすると、孤独感が忍び込んでくる。この孤独感は大切にしたいと思っている。なぜなら、この孤独感は自分が普通の人間であることを教えてくれるからだ。私は孤独を感じることができる。私は自己完結しているわけではない。このことはまた、ひとりでいることを重視し過ぎないことが大事だと気づかせてくれる。いつか、私は自分自身が孤独であることを感じることで、孤独感の深みを発見するかもしれない。

孤独感とは、あなたの周囲に人がいるか、人々があなたに関わっているか、ということだけではないのではないだろうか？　あなたが自分自身に対して孤独を感じているのではないだろうか？　自分という人物に対する孤独、あなたの人生を形作った人々に対する孤独ではないだろうか？　あなたが関わったプロジェクトに関する孤独、いつも逃げ出したいと願っていた仕事生活を今は失ったことに関する孤独ではないだろうか。

孤独感は唯一無二の人物になりたいという感情と結びついている。それは、あなたの家庭、住んでいる街、生きている惑星に多くの人がいるにもかかわらず、究極的にあなたが孤独であるという学びと結びついている。

対人関係は、自分の人生を他の誰にも手渡せないという実存的な事実において、気晴らしになる場合がある。孤独感を癒すために対人関係に向かうならば、それは自己愛的な操作であり、そのときの対人関係とは何だろうか？　あなたの問題を解決するために誰かを利用するというのだろうか？　奇妙に思われるかもしれないが、私はあなたの人生に親しい人がいないことが孤独感の原因ではないと考えている。そして、新しい対人関係を育むことによって孤独感が癒やされることは少ないと考えている。

オリビア・ラングは『パブリッシャーズ・ウィークリー』のコラムで孤独感に関する本の書評を行い、「これらの本の不思議な、ほとんど魔術的な秘密は、孤独感について検討しているこれらの本が、孤独感への解毒剤にもなることだ。孤独感とは元来、経験を深く疎外することである。しかし、小説や伝記が孤独感という凍てついた領域の地図化に成功しているならば、世界全体から切り離された孤島化として感じられる急性の苦悩をやわらげることができる」と述べている[22]。

小説は孤独感をやわらげることができる。人や群衆が孤独感をやわらげるのではない。ラングは彼女の著作『孤独な都市』で、想像力は孤独感の苦悩に抵抗することができると述べている。再び、ここでも癒やすのは想像力であり、人ではない。これは高齢者の孤独感に効果的に対応する鍵になるのではないだろうか。彼らは対人関係よりも想像力を必要としているかもしれない。人々にあふれかえる都市で生活している人が孤独になり、人ではない何かを必要としているように。

しかし、どうすればいいのだろうか？　孤独な人が家族、友人、社会を必要としていることは明らかではないだろうか？　孤独な都市シンドロームについて考えてみてほしい。人々は人々に取り囲まれているが、まったくもって孤独になっている。孤独な人は、第一に孤独感を別の方法で想像することが必要といえるかもしれない。第二に、彼らは自分を活気づける人とつながることが必要かもしれない。孤独な人が集まった集団は孤独感の問題を解決してくれないに違いない。第三に、彼らは自分自身と親密につながることが必要かもしれない。あなたは孤独感を引きずりながら集団に加わろうとする。必要なのは、あなたが孤独でないときに、コミュニティに参加することではないだろうか。

まずは孤独感がときに自分自身や、あなたの魂の何らかの側面を疎外していることを指摘しておきたい。このことについてはさらに詳細に述べたい。小説家ジョン・チーヴァーがとりわけ強烈な孤独感の例として、ときどき引き合いに出す短い物語がある。彼のその物語を聞くと、あなたは彼がゲイの自分を受け入れていないことによって、本当の自分を疎外して孤独になっていると思うだろう。自分の性質の明白な部分を歓迎しないときに、あなたが孤独になるかもしれないということは理解しやすい。人生の中で多くの人と関わっても、その問題が解決されることはない。

騒々しい都市で暮らす人は、都市の友人になると孤独感がやわらぐかもしれない。私たちの関係はすべてが対人ではない。家、近所、都市を活気づけているすべての事柄に対する親密感は、孤独感をやわらげるのではないだろうか。なぜなら、それは私たちを生き生きとさせることができるからだ。対人交流だけでなく、活力を与えてくれるすべてが、孤独感を乗り越える方法となる。言い換えると、世界それ自体が魂（アニマ・ムンディ：世界の魂）を持っている。それは、人生は生きるに値すると思わせるつながりを私たちに与えることができる。孤独感の中で危機に瀕しているのは、対人交流だけではなく、つながりそのものである。

年老いたあなたはこれまでのように都市に外出できない日が来るかもしれない。しかし、そのときでさえ、あなたの介護者、友人、親戚は、ほんの少し都市を経験することが、たとえば窓から「外」を眺めたり、特別な食事を「出前」注文することが、どれだけ重要であるかを念頭に置いておくとよい。あなたが小さな町や田舎に住んでいても、状況は同じである。ただ、その経験の内容が変わるだけだ。

人と関わらないようにしたり、友情やコミュニティを重視しないようにしたりすることを勧めているわけではない。言うまでもなく、友人は私たちに活力を与えることができる。しかし、それは相互的であるために、私たちも最初から元気でいなければならない。すでに述べたように、活力の源を求めて人に向かってもうまくいかない。それは孤独感に対する防衛といえる。それは孤独感に対するレシピになるだろうか。群衆の中の孤独な個人は、孤独感をやわらげることができなくなっているのではないだろうか。

老いていく自分を受け入れることができないので、孤独になっているように見える人もいる。彼らは自分がもっと若かったらと願い、ときに別の年齢になることを試みる。第1章で述べたように、あなたは若々しい精神を高齢期に持ち込むことができる。しかし、自分の年齢を否定することは、自分自身の内面に分裂を生み出し、深い孤独感の源となる。この孤独感の源を修正することは難しいかもしれない。なぜなら、多くの人は、自分の年齢を否定することと、孤独を感じることに、つながりを見いだせないからだ。

ここで作業のパラドックスについて指摘しておきたい。人というものが一個のブロックではなく、様々な側面や人格を持つことを受け入れるならば——ヒルマンはそれを心理学的多神教と呼んでいる——、あなたは若さを追い求めながら、同時に老いを引き受けることができる。実際、心の多面性を受け入れると、若さと老いを分裂させなくてすむ。

孤独感に取り組む最良の方法は、たとえ小さな事柄であっても、活力を追い求めることである。それはあなたの好奇心、興味、冒険の精神、学習に対する愛情、創造的な人格、人に対する関心、奇抜さ、瞑想的なライフスタイルを生き生きと保つことを意味する。私の友人ジョン・ヴァン・ネスは、妻の認知症についての動画を作っている。その中で、彼は、認知症の人の困難が進行したときでさえ、その人が重要な発見をしたり、人生とつながっていることを示そうとしていた。彼がその動画を撮影していたのは、八十六歳で、そのことが説得力を高めていた。

鏡のコミュニティ

孤独感に対するもっとも重要な対策は、自分自身の一部を封鎖しないように気をつけることだ。あなたの周囲の世界における人々は、あなたの様々な自己の側面を反映している。私自身のことを例に挙げよう。

内面の一部として受け入れられたいのはどのような自分だろうかと自問したとき、私はそれを見分けるのが難しいことを見いだした。しかし、私は試さなければならない。繰り返される夢の中で、隠れていた私が撃たれる場面を見た。ある夢では、警察が来た。警察が従えていた女性は狂乱していて、長い時間にわたって撃たれていた。普通の男性が警察で、狂った女性の世話をしていたことには驚かされた。

この夢は、自分自身の狂気やヒステリー傾向、危機の解決に公的に関与させられることへの抵抗について考えさせるものだった。私は自分の夢の中の銃を恐れていたように思う。私は強い男性を受け入れていなかったのだろうかと思った。これまでの人生で、私は静かな物腰の柔らかい男性と褒められてきた。修道士のような人物と見られてきた。私は社交的な場面で積極的になることや、コミュニティの活動に関わることに課題がある。私は講演したり、世界中で読まれる本を出版したりすることはできる。しかし、社会の問題に関与することに困難を抱えてきた。それはどうにかして歓迎しなければならない人物像なのではないだろうか。孤独を感じ始めるとき、私はいつも間違いなくそのことが気になる。

あなたは、私が今やったように、自問することができる。どのような人物が自分の内面のコミュニティの一部になりたがっているだろうか？　否定され、無視されてきた自分はどのような自分だろうか？　おそらくあなたはそれが誰なのかについてのヒントを持っている。あなたが恐れている内なる性格があるだろうか？　あなたは親密さ、愛情、創造性、怒り、権力から自分を引き離しているだろうか？　あなたの内面のコミュニティの中に、そうした性質を具現化した人物像がいるかもしれない。

歳を重ねるにつれて、あなたは何年も見ないようにしてきた自分の可能性に、特に気づくようになるだろう。多くの場合、高齢者は過去を振り返り、自分が見落としてきた機会を見る。あなたは今ならば自分を拡大することに抵抗したために、そうした機会を失ってきたことが理解できるだろう。ところが、たいていの場合、あなたは高齢になっても試すことができる。もっと様々な自分を含めるような方法を見いだし、より大きな人物になるのだ。老化は自分を小さくすることを意味するわけではない。自分は何者なのか、何者になれるのかについての感覚を増大させることもできる。これが孤独感に対する別の滋養剤である。

孤独ならば、孤独感に溺れてはいけない。内側からもっと大きく、もっと多様になっていくのだ。もっと複雑な人物になり、あなたの複雑さを必要としている世界と新しい方法で関わるとよいだろう。

［脚注］

(22) Olivia Laing, "10 Books About Loneliness," *Publishers Weekly* Tip Sheet, February 26, 2016, http:// www.publishersweekly.com/pw/by-topic/industry-news/tip-sheet/article/69506-10-books-about-lonliness.html.

第五部：老いのスピリチュアリティ

PART FIVE: THE SPIRITUALITY OF AGING

あなたは、たとえ晩年でも、特に自分が正しいと思っていることを力強く話すときには、疲れを知らないことを示す。そして、再び若々しく成長しているように見える。

——ニコラウス・クザーヌス

第13章：友情とコミュニティ

よくあることだが、複数の友人たちの身体に、私たちは一つの魂を見る。
——マルシリオ・フィチーノ、アルマンノ・ドナティへの手紙

妻が、義父ジョーの葬儀に関する物語を語ってくれた。葬儀には、義父が軍隊にいた頃の古い友人が参列していた。葬儀が終わったとき、彼は葬儀事務所に行き、ジョーの隣の区画を注文した。一見したところ、彼には友情の気持ちがあふれ、なんとかそれを永遠のものにしたいと望んでいるようだった。妻は友人の気持ちの深さに驚かされたという。しかし、友情は、心からの意味を人生に与えてくれる、魂に根差した情熱の一つである。

この物語は、歳を取ったときに友情がいかに重要であるかを思い起こさせてくれる。ときに友情は家族のつながりよりも重要に思える場合もある。友情が他の対人関係よりもたいてい安定していることは疑いようもない。友情は高齢者にとって重要である。高齢者には前章で述べた孤独感に向かう傾向があるからであり、また親しい友人なしに老いの困難に直面することは容易ではないからである。

友情とソウル・メイキング

友情の利点を列挙してみる。

1. 親しい関係であっても、個を大切にすることが容易である。
2. 相手をパートナーにするというよりはむしろ、相手にあなたの魂を開くことに基づいている。
3. 家族関係や恋人関係と比較して、たいてい感情が安定している。
4. 身近な家族や恋人よりも、友情をあなたの人生に織り込むことのほうが容易である。
5. 友情は他の関係ほど頻繁に変化しない。
6. 友情は親密である。しかし、個別性と相互性のほどよいバランスで、適度な距離が取れる。
7. 友人は年中一緒にいるわけではない。そのため、親密さが重荷に感じられない。
8. 友情は長く続く。幼少期に形作られた友情が生涯にわたって続く場合もある。
9. 友情の形は柔軟である。したがって、離婚や養子縁組のように難しい変化を経験しなくて済む。
10. 友情においては、息苦しさや支配される感覚なしに、愛することができる。

友情にも限界や問題はある。しかし、他の形式の関係よりも複雑ではなく、とても自由である。それゆえ、高齢者には適している。しかし、もちろん、常にシンプルで簡単な対人関係などない。誰もが学ばなければならないスキルの一つは、面倒な人とどのように関係したらよいかということであろう。そして、私たちは皆、面倒な部分がある。

私たちのいう老熟、あるいはもっと素敵な人物になることにおいて、友情は触媒である。夫婦関係、親子関係、恋人関係は、しばしば荒れるため、老熟に向かう道は激しくなる。しかし、多くの場合、友情は長期間にわたり、破壊的な期間なしに作用する。

アメリカの歴史でもっとも注目に値する友情の一つは、スーザン・ブローネル・アンソニーとエリザベス・キャディ・スタントンの長期間にわたる生産的な連携である（訳註：両者はアメリカ合衆国で女性参政権獲得のために活動した）。彼らは一八五一年に出会い、一九〇二年にアンソニーが八十六歳で亡くなるまで、親しく一緒に仕事をした。アンソニーは戦略家そしてオーガナイザーであり、スタントンは著述家そしてアイディア・パーソンだった。スタントンは結婚し、七人の子どもを授かった。一方、アンソニーは独身を貫いた。彼らの気質はまったく異なっており、いくつかの基本的な考え方については意見が合わなかったが、二人は一緒に合衆国の女性の生活を変化させた。

スーザン・ブローネル・アンソニーは、彼女が亡くなった一九〇二年に友人へ宛てた手紙に書いている。「私たちは最初に出会ってから五十一年になります。私たちは女性の権利を認識させるために世界を動かそうとしていたので、毎年常に忙しくしていました」。彼女たちは「世界を動かそうとして」五十年を超える友情に燃料を注ぎ続け、また互いへの感謝を大切にし続けた。

人類学者エディス・ターナーは、共通の動機を共有することがコミュニティ感覚の引き金になること、友情にも同じことが言えることを述べている。友人は単に楽しいから互いに惹かれるのではない。彼らは世界をより良くするために、一緒に働くのだ。多くの場合、彼らは超越的な目的を持っている。

スタントンは女性やアフリカ系アメリカ人の生活全般を改善するために働きたいと常に思っていた。しかしそれはとてつもなく困難だった。宗教的信念が障壁となっていたのだ。アンソニーはそれほど包括的であることは、女性の参政権獲得という目標に対する多くの女性たちの熱意を消してしまうだけではないかと恐れていた。スタントンはリベラルな傾向、アンソニーは保守的な傾向があった。けれども、彼らはなんとか互いに効果的に支え合い、社会の考え方や価値観を変化させるために五十年間にわたって努力した。高齢になったアンソニーは、スタントンに一緒に住もうと誘わなかったことをずっと後悔していると述べている。

これは誰かと一緒に老熟していく物語である。彼女たちは、人々の生活に本当の違いを生み出すという使命を受け取り、互いに人生に取り組むことを助け合った。彼女たちの関係は、老いることが単なる加齢ではなく、自分の使命を受け取って立ち上がること、あなたが生きる時代の世界のために何かを為すことであることを示している。スタントンとアンソニーは、一つの最強チームの二つの側面のようだ。長い年月をかけて、二人の友情は、彼女たちが一般的な社会的平等のモデルであり、とりわけ女性の高潔さのモデルとされる地点にまで二人を導いてきた。

私たちは自分自身の老熟を同じように想像することができる。それは世界のあり方を変化させるために活動するプロセスなのだ。スタントンとアンソニーの例は、生涯にわたって自分の人生に意味を与えてくれる活力となる友情の機会を見落とさないことを教えてくれる。

また、私たちは友情の力と重要性を理解できるかもしれない。彼女たちの物語を聞くと、スタントンあるいはアンソニーが単独で同じことを成し遂げることができたとは想像し難い。友情は平等を表しているので、女性の参政権獲得、奴隷制の廃止、その他の自由に向けた非常に重要な活動を振り返るとき、私たちは二人の女性の友情に鼓舞される。二人の友情は個人的な事柄に見えるかもしれないが、桁外れの公的な結果をもたらした。

二人の女性が老熟するにつれて友情が深まった、あるいは友情が深まるにつれて二人は社会の価値観の指導者そして教師へと老熟したと言えるかもしれない。ある意味では、友情が老熟する。友情は夢中になることを通してあなたの成長を促す。そして、二人を世界のニーズに向かわせた。

彼女たちが互いにいかに違っていたかということにも注目してほしい。とりわけ私たちの時代においては、政治的、人種的、宗教的、あるいはスピリチュアルな境界を超えた友情を想像する必要がある。

関係を操縦する

友情とコミュニティ生活は両方とも、良い関係においてさえ常に生じる諸問題の取り扱いが上手になることを必要とする。親密さは生活の重要な側面だが、それは簡単ではない。私が老いのテーマに取り組んでいると人に言うと、高齢になって退職後のコミュニティ、家族関係、夫婦関係でうまくやっていくことの難しさについて書いてほしいと必ず言われる。なぜ高齢者は一緒に生活するのが難しいのだろうか？と人は聞いてくる。

高齢者に特有の課題を見る前に、あらゆる年代の人が付き合いで経験する困難について考えてみよう。夫婦関係、家族関係、ビジネス――人間のあらゆるコミュニティにおいて、私たちは理想と現実の乖離を経験する。私たちは人がそうした関係を楽しんでいると想像するが、あらゆる関係に葛藤を見いだすことができる。協調的な関係を持つことが難しい理由は以下の通りである。

1. 人間は合理的な動機ではなく、不安定な感情によって動かされる。人間はホモ・サピエンスと呼ばれる――洞察力、知性、意識を持つ存在である。しかし、実際のところ、私たちは皆、無意識的である。

2. 私たちはなぜそのように行動したのか、なぜそのように発言したのか、分かっていない場合が多い。私たちは相手の不合理な行動を前提にして、ときおり合理的な行動に満足するほうがよいのではないだろうか。

3. 私たちは皆、無限の深さを持つ神秘的な創造物であり、自分自身や自分たちの動機を完全に知ることはできない。あなたはコミュニケーションにおいて、何が起きているかを相手は分かっていると仮定するかもしれないが、実際のところ、相手の気持ちはあなたにとって神秘であるように、本人にとっても神秘なのである。繰り返すが、あなたは相手が自分自身のことを分かっていないと仮定するほうがよいかもしれない。あなたが相手のことを分かっているほど、相手は自分自身のことを分かっていないと仮定するほうがよいのではないだろうか。

4. 私たちの行動の多くは過去の表現である。それは、多くの場合、非常に初期の子ども時代の経験である。子ども時代と人生経験をやり直すことはできない。それらは生起して、私たちの心に残る。子ども時代や家族に関する物語は、私たちのまさにアイデンティティにおける重要なテーマとして演じられ続ける。問題は、それが現在進行中の大人になってからのやりとりの背景で起きていると理解できないことだ。誰かがそれを指摘しない限り、私たちはそれに気づけない。

5. 過去から続くパターンの多くは未消化のままであり、私たちに影響を与え続けている。心理療法を受けた人は、過去の経験を整理する機会を持ったことがある。心理療法の作業は、複雑な事態から相対的に自由になるために、過去を十分に整理する助けになったのではないだろうか。もちろん、心理療法だけが過去を整理する唯一の方法ではない。しかし、心理療法は効果的な場合がある。

人の人生は合理的に統制できるわけではなく、悪魔的なときもある。悪魔的とは、私たちが突然現れる衝動に襲われることを意味する。私たちは普段ならば選択しない行動に踏み出したり、思いがけないことを言ったりしてしまう。ダイモーンについて考えてほしい。多くの哲学者や心理学者がダイモーンについて述べてきた。それは愛情、怒り、創造的な表現、さらには暴力に向かう神秘的で強力な衝動である。ユングは誰もが持っている圧倒的な衝動を名付けてコンプレックスという用語を使った。それは合理的に統制された人生の妨げとなる。

これらは人の状態に関するいくつかの「真実」であり、関係に直接的な影響を与え、しばしば明快なコミュニケーションを難しくする。歳を重ねるにつれて、私たちは人生を切り拓いていく挑戦や世界に貢献することへの関心が薄くなり、悪魔的な人生の強さを感じるようになる。コンプレックスは消え去らない。それどころか、コンプレックスはより難しくなるかもしれない。歳を取ると、コンプレックスに取り組むエネルギーも少なくなるだろう。古い怒りや欲望がこれまでにないくらい私たちを圧迫する。

本書の別の章で、老いにおける怒りの重要性について述べた。しかし、友情とコミュニティを維持するという文脈においては、受動的攻撃を通して状況を「解決」しようとする誘惑を自覚しなければならないことを指摘しておきたい。

会話中に誤解が生じたとき、誤解を解けないと、あなたは「もういい。伝わっている気がしない。私は立ち去る」と言う。高齢者のコミュニティでは、このような反応をときどき聞くことがあるだろう。しかし、これは純粋な受動的攻撃である。受動的攻撃とは、あなたの不満と怒りをそれと見えない形で吐き出すことを意味している。立ち去るという宣言は、相手に対する反撃の方法である。相手に文字通り怒りをぶつける代わりに、あなたは関わらないという形で怒りを隠している。どちらの方法も相手に怒りをぶつけているが、後者は怒りが隠されているため、あなたの怒りによって傷つけられている人は反応することが難しい。

本人は感情を吐き出すことによって一時的にすっきりするかもしれないが、状況は改善しない。このような受動的攻撃は、多くの場合、感情発達の未熟さを示している。あなたは解決に至るために、関わり続ける方法、怒りを表現する方法を学ばなければならない。繰り返すが、多くの問題は、直接明快に伝えることによって解決する。

この不快な受動的攻撃は、高齢者が必ずしも「成熟」しているわけではないことを示している。彼らは自分自身をどのように表現したらよいか、友人に対してどのように明快に伝えたらよいかを学んでいない。結局のところ、本当の問題は高齢者の怒りではない。むしろ怒りを成熟した方法で扱えないことにある。それは老いの問題ではなく、本当に成熟しているかどうかの問題といえる。

見られることの重要性

一般的に、高齢者において強くなる関係の問題は、自分が何者かになることの苦悩である。多くの人が有名人の話題に魅了される理由の一つは、自分自身の価値とつながれなくなったからである。自分自身への肯定感を失ったので、有名人を重視するのだ。同じ理由から、周囲の人を見下す習慣を身につける人もいる。ここでも、問題は友人が失われたことではない。自分自身が失われているのである。

嫉妬と羨望が高齢者のコミュニティにおいて問題となることは理解できる。自分の職業人生や身体能力を失うと、たとえ小さな変化であっても、嫉妬する誘惑は強くなる。嫉妬と羨望は両方とも自分自身の価値を感じる必要性から生じる。高齢者にとって同じコミュニティの誰かが高く評価されたり、明るく元気だったりすることは苦痛かもしれない。なぜなら、それはかつてのような価値ある人物になること、特別な存在になりたいという深い気持ちに直接的に作用するからである。

特別な存在になりたいという気持ちは、子どもじみているように見えるかもしれない。子どもも似たような気持ちを持っているからである。しかし、両者の状況はまったく違う。フロイトは幼児期に自然に見られる認められたいという気持ちを「一次的ナルシシズム」と名付けた。その後、それはより神経症的になる。大人は認められ、好意を得ようとする状況を作るべきではないとされる。しかし、高齢者は尊敬されたり評価されたりする機会を失うために、「老人ナルシシズム」を持つ。一般的に、すべての人にとって見られることや高く評価されることがいかに重要であるかについては、あまり理解されていない。高齢者の価値を正確にポジティブな言葉で肯定することは、うまく関わることの基盤を作る助けになるだろう。それはまた、怒りや気難しさに対する根本的な解決になる場合がある。

高齢者はしばしば過去の物語を語りたがる。世界に自分が何者であるか、自分が何を成し遂げたかを知らしめたいのである。介護者はこの気持ちを理解し、その物語にしっかり耳を傾けることが望ましい。今日、私はときどき自分がそうしていることに気づいている。私の著述家としてのキャリアのピークは駆け出しの頃に遡る。私の本当に成功した著作は、現在の大人が乳幼児のときに出版された。私は過去について人に知らしめたい欲望を抑制しようとしているが、いかにたくさんの人が私を見るために集まってきたかということをときおり話してしまう。高齢者として、私は高く評価されることがいかに助けになるかということを知っているが、過去を自慢することがいかにイラつかせるかということも知っている。

他人の成功を認めることは、友人であることの一部である。称賛の言葉なんて必要ないと感じるときは、逆にとりあえず称賛の言葉を言うべきである。人の心理に普遍的な原則があるとしたら、人は常に認められたい気持ちを持っているということだ。その気持ちは感情を超えている。それは自己の基盤と関連がある。人は認められるとき、人としての基盤が安定するのである。

嫉妬と羨望

嫉妬と羨望は何かがうまくいっていない症状といえる。症状はサインあるいはシグナルである。そうした厄介な感情は、あなたが強い自己感覚を必要としているというシグナルかもしれない。たとえば、退職して余生を送るとき、どのように自分自身のプライドを維持すればよいのだろうか？　あなたは本書が今まで述べてきたことを試みるかもしれない。自分の栄光の日々について物語を語るのだ。しかし、物語を語っても満足できない場合がある。家族が古い物語を聞くことに飽き飽きして、称賛よりも憐れみを抱くからである。

嫉妬は苦痛である。あなたが愛している、あるいは尊敬している人が、あなたではなく、他の誰かに注目しているからである。羨望は苦痛である。あなたが欲しい何かを他の誰かが持っているからである。これら二つのシンプルな定義について考えてほしい。幸運や美しい何かを持っている人は何も悪いことをしていないので、これらはまったくおかしな話である。あなたは他の人が友人や親しい人を選ぶことをコントロールしたいとは思わないが、それにもかかわらず自分にも価値はあると考える。どちらの感情においても、その苦痛は、愛情の対象ではなく、「私」に関することである。嫉妬——自分はすべてを得るに値すると考え、もし自分が得られないならば、悪意のある人に奪われていると思う——は、特によく見られる感情である。

嫉妬におけるマゾヒズム——苦痛に喜びを感じ、それを必要とすること——は、裏切りの証拠を見つけようとする努力に示されている。その感情は、肥大した自我を示している。この症状をよく見ると、嫉妬や羨望を抱く人は、愛情や注目、あるいは価値のある何かを受け取る必要があると理解することができる。マゾヒストは自分自身を愛しておらず、関係や所有に恵まれる価値が自分にあると思っていない。根本的な解決は、愛情や幸運に恵まれる価値のある人物になることである。愛情や注目に恵まれると、嫉妬や羨望は弱まるか、消え去るだろう。

いかにして自分自身を愛するか

自分自身と自分の人生を愛することが何を意味するかについて詳しく見ていこう。

多くの人は、たくさんの試練や批判の下で成長する。理解できることではあるが、両親は子どもに、複雑な世界において慎重に扱うべき対人　関係でいかに振る舞うかを学ばせたいと思い、子どもの荒っぽさを矯正しようとする。また、両親は自然に、自分がしつけられた方法で自分の子どもをしつける。両親は子どもの自発性をコントロールすることに関して、熟慮していない思い込みや無意識が大きい。言うまでもなく、それは問題になる場合がある。

それにより、私たちの多くは、警告、批判、支配の声を内在化させる。それはしばしば個人的な審判になる。「おまえは悪い子どもだ。おまえは言われたことをやらない」。教師も同じように無意識の場合がある。教師は本当に生徒を導く代わりに、生徒を厳しく批判する。こうして、私たちの多くは、頭の中に審判の声を内在化させて育っていく。自分自身を愛することは簡単ではない。実際、自分自身の欠けた部分や、とても不完全な部分を見いだすほうが、ずっと簡単である。

高齢になっても、あなたはそうした批判の声に対抗して、自分自身に優しくなり、過去の過ちを許し、なぜ自分を苦しめることを行ってしまったのかを理解しなければならない。あなたは頭の中でそうした批判の声がどれくらい続くのか気づいていないだろう。その批判の声は、次第に消えていく録音テープではなく、常に手元にある恒久的なイメージである。それは自分自身を愛し、自分の人生を承認することを難しくする。

しかし、そうした批判の声は、あなたがそれと向き合い、最初にそれが生じた文脈全体を思い出すと、弱まっていく。あなたは信頼できる人にそれについての物語を語ることができる。あなたが頭の中で聞いている漠然とした審判の声に表情や物語を見いだすと、その力の一部は取り除かれる。そして、あなたが自分のベストを尽くしているときでさえ、自分の内面で聞こえている非難や批判の感情の源を正確に捉えると、あなたはそれと距離を取れるようになり、ほんの少し安心できる。このような発見を繰り返し続けると、問題全体が消え去っていくだろう。私は心理療法で、両親から情け容赦なく怒鳴られた経験を持つ男女の物語を聞くことが多い。そのような両親は自己覚知力がなく、振る舞いが無意識的で、子どもにひどい言葉をぶつけているのに自分は正しいことをしているだけだと考えている。私たちは何週にもわたって相当な時間を費やし、子どもから大人に至るまでの思い出を振り返っていく。私たちはクライエントが自分の両親と親としての自分をどのように関連づけるかを見ている。それはしばしば同じダイナミクスを示す。古いパターンはしつこい、そしてしぶとい。それはとても自然に習慣化しているため、古いパターンなしの生活を想像することは難しい。

自分の人生でずっと重要な大人からひどく裁かれてきたために、自分自身を愛することができない人がいる。このプロセスを前進させることを援助する私の試みは、それを理解したり、説明したりすることではない。私は自分自身の気持ちを調べ、その人の魂の複雑さを愛する自分自身を見つける。私は長年にわたる否定に対抗するために、愛情と受容の立場から話す。

友人や家族も同じことができる。彼らは自分の心に持っている純粋な愛情を見つけ、誇張や心にもないことを言わないように、その愛情を表現できるのだ。あなたは、たとえ相手の行動の特定の側面が面倒でも、相手の深い自己を愛することができる。私は個人的に、外的な行動よりも、その人の深層の魂を思い起こすことを好んでいる。彼らが何者であるかは、彼らがどのように振る舞っているかと同じではない。

コムニタス

コミュニティという考え方にひねった解釈を加えるために、人類学者はときどきコムニタスというラテン語を使用する。ラテン語に馴染んでいるので、私もこの単語を使いたいと思うが、私自身の解釈を加えることにする。

第一に、コミュニティは、自分と似ている人の集まりではない。それどころか、厳密に言えば、共通の目的もない。本当のコミュニティは、真の個人の集まりである。自分自身の心を話すことができないならば、あなたはコミュニティの一部になれず、単なる群衆の一人でしかない。コミュニティの喜びは、グループの精神に従順であることに由来するのではなく、素晴らしい価値を持つ人、能力を共有したい人、人間性を愛している人と共に集うことのシンプルな喜びである。究極のコミュニティは他人を抱擁する。

著名な精神分析家D・W・ウィニコットは、従順であることは喜びの敵であると述べた。彼は子どもについて述べているのだが、この原理は大人にも当てはまる。このことに関する彼自身の言葉は強力である。「個人にとって従順さには徒労感が含まれており、何も大事なことはない、人生は生きるに値しないという考えと結びついている」[23]。

これまであなたはこのようなことを考えたことがないかもしれない。誰かの要求、ルール、期待に従順であることは、あなたの人生の活力を奪う。子どもや高齢者と仕事をしている人は、このことを念頭に置いておくとよいだろう。人に従順であることを求めるときは常に、シンプルにその人らしくあることの喜びを奪う危険を犯している。従順さはコミュニティの静かな敵である。私たちはその破壊的な力に対して全般的に無意識なので「静かな」という言葉がふさわしい。

私のいうコムニタスとは、表向き非常に多様な人々の集まりを意味する――多面的、多様、自由、雄弁。それはみんなが他人に開かれている集まりである。言い換えると、コムニタスとは、自分という厳密で神経症的な感覚によって区切られていない人生に向かっていく深い指向性である。コムニタスは個人に始まり、たくさんの人々のあいだで生きられる。コミュニティはあなたの内面にあり、それゆえ、他人の個性を認めながら他人と一緒にいるということが比較的容易である。自分自身の考え方や味わいを持つ個人として見られることがいかに重要であるか、あなたは直接経験を通じて知っているはずだ。

コムニタスは外へ向かう指向性を持つ。それをジェスチャーで表すと、腕を伸ばして握手したり、身体を抱擁する動きになるだろう。コムニタスは人生がそれ自体を示す多様なあり方に深く気づいていることであり、同一性や従順さといった安全を求めない。

高齢者は他人と一緒にいる準備ができている。高齢者は自分ではなく他人に気持ちを向けられる。今では他人と一緒にいることにより満足する。しかし、いつものように、本当の意味で老熟せず、ただ歳を取っているだけならば、社会的生活に気まずさを感じるかもしれない。そのような人は自分の殻に閉じこもり、個人という殻を破っていないので、より大きな世界に開かれていない。

六十代のエレノアというクライエントがいた。彼女は心理療法家だった。最初のセッションから、それもほとんどドアを入ってきた瞬間から、私は彼女が老熟していないと思った。今では、カウンセリングを行っている多くの心理療法家が自分の人生と向き合っていないと聞いても驚かない。殻に閉じこもった人がトラブルを抱えた人を導こうとする、何らかの微細な心理学的メカニズムがあるに違いない。いずれにせよ、彼女は私やプロセスを信頼しなかった。彼女は変化に反発し、また誠実に自分自身を見つめることにも抵抗していた。

ところで、私も自分自身の人生の原材料に取り組まない心理療法家の一人であることを否定できない。それは単純に、取り組まなければならない課題が「影（シャドウ）」だからである。それは深刻な問題に膨らむ場合もある。しかし普通は、自分の課題に取り組まなくても、キャリアに暗い影を落とすぐらいだろう。

エレノアがなぜ毎週やってくるのか、私は不思議だった。彼女は新しい視点を考慮することができなかった。文化的価値に対する彼女の視点は、私の視点とまったく違っており、私はいつもその相違を個人的な反発と受け取っていた。私は文化に対する自分自身の考え方を押し付けないように心がけた。私は彼女とつながるためにベストを尽くした。私は彼女にとって何かいいことがあることを願い、少なくとも不安がやわらぐまで通い続けてくれることを望んでいた。

何週にもわたって私たちは話し合ったが、彼女を取り囲む防衛の泡が弾けることを一度も感じられなかった。私は何かが起こることを待ち続けた。言うまでもなく、私は彼女の悲しみに何が含まれているのかを彼女が表現することを援助するために、自分のスキルを総動員した。ある日、彼女は専門職女性のためのリトリートに参加するのでしばらく休むと言った。それ以来、彼女と会っていない。

彼女はひどい男性としか関わったことがない寂しい人だった。ある男性は彼女を威嚇していたが、それにもかかわらず、彼女は彼と関係を続けていた。「私には選択肢が多くないんです」と彼女は言った。彼女は人とつながることを切実に求めていたが、他人に心を開けなかった。それにもかかわらず、彼女はいかに生きるべきかをみんなに語りたがっていた。

魂のある老熟は、自動的に起こることではないと明確にしておきたい。ジョセフ・キャンベルに言わせると、人は冒険への呼びかけを拒否し、人生を前進させる機会にノーと言うこともできる。もちろん、多くの場合、この拒否は抑圧や批判だらけの生育歴に根差した恐怖に由来する。ユングは、私たちの心理学的思考が、あまりにも多くの場合、歴史を割愛してしまうことに不満を述べている。私たちのアイデンティティは、多くの世代の影響を受けて生じている。私たちは、特有のコンプレックスや行き詰まりに苦しんでいる家族の中で、人生の原材料に取り組んでいく。

たとえば、今日の多くの家族は、ホロコーストの恐ろしい悲劇に取り組もうとしている。まるで、それが昨日起きた出来事であるかのように感じながら。家族がいまだに想像を絶する恐怖によろめいていることは理解できる。それは祖父母や叔父や叔母や従兄弟にとって日常の経験だったのだ。この歴史はその後の世代に大きな傷跡を残した。私自身の家族のことで言うと、アイルランドの歴史におけるある時代の倫理的にすごく几帳面な態度が私たちに影響を与え、今日でも私の心をうろついていることに気づかされる。

そうした出来事は恐怖と勇気の両方の気持ちを刺激する。その時代の子孫は、今日でも自分自身を人生に委ねることが困難になることは理解できる。ジョエル・エルケ博士と彼の妻サリーをフロリダに訪れたある昼下がりのことを思い出す。ジョエルの家族はホロコーストによってほぼ完全に抹殺された。彼は長い生涯にわたってずっとそのことに苦痛を感じていた。彼と彼の妻はホロコースト図書館を設立した。私が彼とある昼下がりを過ごしたのもその図書館だ。そこはまるで聖堂の中にいるかのように感じられる聖なる場所だった。私たちは図書館に収められた本に語られているストーリーに聖なる恐怖を感じ、ジョエルはとても長くて深い瞑想に入っていった。

私はエレノアを裁くことはしない。彼女は愛したり愛されたりする人生を信頼することを学ぶために、もっと時間を必要としているのだろう。ところで、彼女の行動や判断の多くは恐怖に由来する行き詰まりを反映していた。私は、彼女が自分の人生の周囲にフェンスを築くのではなく、いつか彼女らしく生きることができるようになることを願っている。私の願いが彼女にとって少しは役に立つことを願っている。心理療法は作用するかしないかという機械的な活動ではない。それは生きている人の神秘的な関与である。それは見かけよりもずっと相互的である。セラピスト自身もクライエントと共に自分自身の原材料に取り組んでいく。そして、二つの人生が交差するとき、心理療法は前進する。

コミュニティで歳を重ねる

歳を重ねるにつれて、自己という感覚が開かれ、心が前面に出てくる。あなたの慈悲心やつながる能力が浮上し、少なくとも一時的に、隠れていたあなたの一部が表に連れ出される。コミュニティでどのように在るべきかを学び、あなたはもっと定義された人物になる。あなたは自分の価値を体現する機会に自分の個性を示す。あなたは貴重なフィードバックを得る。あなたの内に秘めた能力が世界に流れ出て、他の人々の中で現実になっていく。

高齢者を世話する人は、コミュニティの中で人間らしさが実現するという複雑な規則を自覚するとよいだろう。また、高齢者がコミュニティに参加する準備ができていることを自覚するとよい。それは感傷的なニードではない。歳を取ると、社会が若さを渇望するのとは違い、コムニタスが人の心の中で呼び覚まされる。若い頃は、コミュニティの中のモデルを通して、大人のアイデンティティが形作られることを見いだす喜びがある。その後、人はより大きなアイデンティティを見いだし、集団の中にいても安心を感じるようになる。そして、何年もたくさんのエネルギーを吸い取られてきた生活の課題が解決される。若者にとってコミュニティは自分を鋳造する場である。一方、高齢者にとってコミュニティは自分を魂に開く場である。

私は臨床実践を通して、高齢者がしばしば人生の特定の期間に関する夢を見ることを何度も経験してきた。夢が内省や整理を求めて人生のその期間を強調するかのようである。私たちはそのときに何が起きたのかについて話し合い、問題を整理し、今日の生活にどのように影響しているかを見ていく。すると、過去の他の期間に重点が移っていく。夢の自律的な動きに従っていると、ゆっくりとライフストーリーを通して自分の道が見いだされていく。

その都度、人は様々なコミュニティの問題に取り組んでいくことになる。それぞれの時代に登場する人々は重要な役割を果たしている。やがて、私たちは内なる夢のコミュニティがあるという感覚を得る。それは現在の人生のコミュニティに影響を与えている。内的な世界が外的な世界を映し出しているのである。そして、その逆もまた然りである。私たちはいかにコミュニティが外的であると同時に内的であるかを発見する。

高齢者は様々な家族やグループについての物語を語る必要があるのかもしれない。その登場人物は彼らが何年も知っていて、自分のライフストーリーに付け加えたい人々である。多くの物語は、私たちが普段思い描いているような直線的な見方と違って、人生を多層的に描く。語ることは、とりわけ高齢者にとって、整理の方法として必要なステップといえる。それは人生の錬金術の一部であり、出来事や人格の整理となる。

フォトアルバムの写真を眺めることは人生の整理を促す場合がある。あなたは人生の特定の時期に一緒にいた人々を見る。すると、思い出を通して、あなたの思考が活性化する。あなたはたくさんのコミュニティが自分の経験の一部であったことを見て、その人たちが自分を形作っているという洞察を得る。あなたはコミュニティの中に自分の人生の歴史を見る。

私は自宅の書斎の壁にニューヨーク州オーバーンに住んでいる大叔母の古い写真を飾っている。彼女は美しいガウンを着て、写真を見る人を見返している。その写真は風変わりなガラスの額縁に入っている。大叔母のイメージは、描かれた色あせた花と黒い金属の鎖で縁取られたガラスに囲まれている。私は毎日その写真を見る。そして、私が小さい頃――彼女は一九五〇年代に亡くなった――の家族と、そこで感じた愛情を思い出す。

生涯にわたって、私たちはたくさんのコミュニティを経験する。そして、他の思い出と同じように、コミュニティの思い出も積み重なっていく。それらの思い出は常にそばにあり、思い出を呼び出す何かが起きると、自発的に意識に浮上する。私はアンティークの額縁に囲まれた大叔母の写真を見ると、祖父の表情が意識に浮上してくる。私は祖父のコミュニティにいたときに起きたことと、今の生活で起きていることのあいだにつながりを見る。私は自分の経験に深い元型的な背景を発見する。

ネキア（Nekyia）とは、『オデュッセイア』において、オデュッセウスが地下から一人ずつ現れる死者と会話したときの経験を描写するために使用された単語である。感動的な会話の一つは、彼の母がどのように自分が亡くなったかを語る場面である。彼は戦地から故郷に向かう長い旅路の途中だった。「おまえのこと、おまえの賢さや優しさが恋しかった。それが私から生きる甘美な力を奪っていった」[24]

女神キルケはオデュッセウスに、困難な冒険を完了し、故郷に戻るためには、まず彼が冥界に下り、たくさんの死者や特に預言者テレシアスと会わなければならないと教えた。「彼はあなたに道を教えるでしょう。また旅の段階を教えるでしょう。魚が群れで現れる海を通って、いかに故郷に戻るかを教えてくれるでしょう[25]」

この神話の魅力的なイメージは、死者の存在に触れることによって、より魂のある人生を生きることが可能になることを示している。すでに亡くなった人の思い出に触れることは助けになる。彼らは深い想像の中に今でも存在しているコミュニティのメンバーである。死者は旅の段階を教えることができる。望んでいるが見つけにくい故郷への道を教えてくれる。

写真はこのようなネキアの機会となりうる。過去の思い出話や、すでに亡くなった人と関連するアイテムもそうだ。ほぼ毎日、私はすでに亡くなった父や母、友人たちの人生について考える。こうした内省はある種のネキアといえる。オデュッセウスのように、死者と近づくのである。それは人生により深く入っていくイニシエーションの一部であり、それゆえ、老熟に向けた強力な作業となる。

老熟とは帰郷であると理解することができる。そこは自分が真に属している場所であり、自分の英雄の旅の目的地である。あなたはこの旅を通して人生と自分を創ってきた。それが成就する場所である。

私の友人ジョン・モリアーティは、著述家であれば誰もが使いたくなるような、美しい示唆に富む言葉を常にたくさん使っている。彼は自伝『ノストス（帰郷）』で、「私たちの意志に反して、最後の輝かしい可能性の感覚が立ち現れる。私たちの意志に反して、私たちの帰郷は私たちにかかっている[26]」と述べている。

この一文は、知性を超えていくこと、すなわち老いとともに向かう場所について述べた章に書かれている。

私たちはほとんどの年月を自分の経験の意味を足し合わせること、トラブルを合理的な言葉で説明すること、とりわけ今日では心理学の言葉で説明することに費やしている。しかし、ジョンは知性や合理的な説明を超えた地点にたどり着くことを勧めている。それは静寂、感嘆、自分が何者になったのかの無言の表現ではないだろうか。死者と関わることは、この神秘的な知識を獲得する良い方法である。

私たちは、死者と関わることが、どのように働くのかを知る必要はない。しかし、それが永遠への道であることは明らかだ。少なくとも私たちの視線をあの世へと向ける方法となる。逆説的なことに、このような超越的な視線は、私たちをより人間らしくする。老熟の一部は、より人間らしくなり、人間の可能性が個人の中で実現されたのを見ることである。

死者と身近にいる方法は伝統によって様々である。私は機会があるときに親戚や古い友人の物語を語る。彼らの物語を語ることで、彼らに敬意を表しているのだ。私たちよりも前に亡くなった人たちに敬意を表することは、本質的に人間らしい行為といえる。

ちょうど最近、私は魂のある老熟についてのワークショップを行った。私は参加者に自分の祖先の写真をいくつか見せた。ミシガン湖で小さなボートを漕ぐ祖父の写真には、叔母ベティと私も写っている。それから、参加者に一九四四年の新聞の切り抜きを見せた。すでに述べた私の事故に関する記事だ。私が四歳のとき、祖父は溺れている私を救出して亡くなった。

焦点を移して、父母の結婚式の写真を見せた。父の最盛期である教員時代の写真、そして父の百歳の誕生日パーティの写真。

私は普段、すでに亡くなった親戚の話を公共の場でしない。しかし、そのワークショップでは、写真を見せながら彼らの物語を語ることで、いかに私が彼らに敬意を表しているかをシンプルに示したかった。それは魂のこもった活動であり、あなたの繊細さを深め、老熟する助けになる。彼らはあなたのガイドでありモデルなのだ。

また私は、先駆者の仕事を引き継ぐことにベストを尽くす。たとえば、ユングやエミリー・ディキンソンの文章を引用するとき、私は単に権威や良い考え方を引き合いに出しているのではない。私は死者に、彼らの著作や記念碑に残されている知恵でもって、私たちを育ててくれることを求めているのである。死者に敬意を示す儀式を行うことは、老熟するための良い方法といえる。それは若者に自然に起きることではない。しかし、歳を重ねるにつれて、私たちは私たちの祖先の人生に敬意を抱くようになるだろう。

死者に敬意を抱くことは、病的なことではない。私たちが知っている、あるいは読んだことがある誰かの人生に見いだした良い性質を祝うことは、楽しい活動である。先駆者の文章を引用するとき、私は彼らにもう一度語ってもらっている。オデュッセウスが偉大な帰還のクライマックスで行ったように、私は死者を呼び起こしているのだ。

死者と関わることは、私たちに生きるためのより長い時間枠をもたらす。人生の最終期に近づいている私たちは、死の部外者ではない。私たちは老いについて話すことを好まないが、老いは人生の展開であり、人生の終わりに向かう生命に満ちている。誰もが老いるのだ。若いときは、すべてが誕生と人生への参加に関することに感じられる。しかし、やがてすぐに、人生は出口を作ることであるという自覚が強くなっていく。

生きとし生きるもののすべてのコミュニティの感覚は、人間と非人間、生者と死者、人生とは何かに関する本当のイメージを私たちに与えてくれる。死者が人生の一部であることを否定するならば、私たちは十分に老熟できない。それが私たちの時代や個人にとっての大きな問題である。

若いカトリック少年だったとき、私は「聖徒の交わり（communion of saints）」について教えられた。私はそれを愛情と奉仕の人生を生きる聖人たちのコミュニティと解釈したい。それはキリストが教え、具現化した人生である。私の見方では、たとえば、仏教の教えや歴史上の様々な非宗教的なヒューマニストの知恵を通して、人は様々な方法でそうした人生を生きる霊感を与えられる。この愛情のある人々のコミュニティには死者が含まれている。私は祖父が自分の人生を私に与えてくれたと考えている。その行為は、祖父が聖人の一人であったことを示していると思う。

歳を取り、最終期に満足感を得たいならば、寛大な愛情のあるコミュニティの一員になることが助けになる。私は祖父の寛大な愛情によって生かされているので、誰かの命を左右するような瞬間に、私も寛大でありたいと願っている。人の人生における偉大な神秘の一つは、独りで行くことはできないということである。最高の自分であるためには、他人が最高であることを必要とするのだ。

［脚注］
(23) D.W.Winnicott, *Playing and Reality* (New York: Routledge, 1971), 65.
(24) *The Odyssey of Homer*, transl. Richard Lattimore (New York: Harper & Row, 1967), 173.
(25) 同書、166.
(26) John Moriarty, *Nostos* (Dublin: Lilliput Press, 2001), 682.

第14章：年老いた天使

ここに彼らの恐れや心配がすべてある。
あなたの魂を私たちの祈りに加えなさい。
知らないうちに汝は私たちの天使になる。

——スコットランドの祈り

歳を重ねると、あなたは世界の出来事に煩わされることが少なくなるだろう。あなたは内省的になり、深く想いを巡らせるようになる。あなたは自分探し、キャリア追求、何者かになることにそれほど焦点を当てなくなる。あなたはスピリチュアルな生活へと自然に開かれ、人生の意味や目的を問うようになる。もちろん、すべての人がそうなるわけではない。高齢になって強いスピリチュアリティを育むためには、長いこと自分の人生について考えなければならない。あなたは精神的に老熟しなければならない。

病気は、加齢と共により一般的になるが、沈思黙考や深い問いの触媒である。あなたの人生の流れが変化し、リタイアに向けて動いているときも、若いときには考えもしなかった深い問いと向き合い始めるだろう。老いと共に、あなたは翼を得る。あなたは飛翔する。あなたの視野は自然に拡大し、もっとスピリチュアルになる。

子どものときに教えを受けた宗教を信仰し続ける高齢者がいる。今日、「教会の高齢化」が進み、多くの伝統的な宗教の信者が高齢化に傾いている。もちろん、これは若者に人気のある教会には当てはまらないが。古いスピリチュアリティは教会の伝統と結びついているといえるが、その教会は消えゆきつつある。公的な宗教は、刷新されなければ、もはや長く続かないだろう。今や、高齢者のために、高齢者を本当に元気づけ、希望と強さを与える新しいスピリチュアルな生活を探求する必要がある。

それでも、家族や介護者が、特定の年齢の人にとっては公的な宗教がすべてである、と知ることは重要だ。若者は、自分たちのほうが現代的で、賢くて、情報に通じていると思っていて、高齢者が時代遅れの宗教に愛着を持っていることに我慢できないかもしれない。様々な宗教的な伝統を研究し、自分は新しいスピリチュアリティの最先端にいると信じている人に対して、私は伝統的なアプローチの多くは効果的で価値があると言いたい。私は、病院、介護施設、家族と共に自宅で療養しているすべての高齢者が、彼らの好みのスピリチュアルな信仰、彼らの慣れ親しんだ公的な宗教を続けられるようサポートされることを祈っている。しかし、今や次の世代も高齢化しつつある。彼らは教会に足繁く通っていたわけではなく、個人的な探求者そして実験者であった。彼らもまた、最終期において彼らのスピリチュアルな生活をサポートされる必要がある。彼らは自分の人生でスピリチュアルな側面に真摯に向き合っていた世代である。したがって、彼らの信仰の形式はもっと多様で、もっと点在しており、もっと個人的であるだろう。

最近出版した拙著『自分自身の宗教』に書いたことは、こうした困難な時代を生きる高齢者に適用できる。個人的な探求者そして実験者であっても構わない。あなたは自然、奉仕、文学、芸術、瞑想、ヨガ、その他あまり知られていない様々な方法から、スピリチュアルな滋養を吸収することができる。伝統的なスピリチュアルな教えや実践を、ユニークかつ効果的な方法で自分自身のやり方としてまとめることは正しい。

リンダ・セックスソンは、宗教に関する著作『日常の神聖性』で美しい言葉を使っている。「宗教は人間の経験の中の個別のカテゴリーではない。それはすべての経験に浸透する特質である」。宗教とは、ある意味で、人生や世界と分割できない。それはどこにでもいつでも生じる。とりわけ、私たちが宗教について考えていないときに。自分の感情や思考がポジティブでカラフルな暗さの中にもぐりこんだとき、私たちが経験するすべての中に常に神秘がある。

この新しいスピリチュアルな冒険のモデルとして、私はヘンリー・デイヴィッド・ソロー、エミリー・ディキンソン、ラルフ・ワルド・エマーソンをしばしば引用する——彼らは、ニューイングランドの著述家で、私たちが今日考えているよりも、ずっと世界の変革に反応していた。彼らは深く探求し、自分自身を美しく表現し、伝統的な宗教の公的な構造の外側でスピリチュアルな生活を営む豊かなアイディアを提供してくれた。同時に、彼らは伝統を重んじ、伝統から多くのインスピレーションを得ている。

スピリットが自然にやってくる

ガブリエル・ガルシア・マルケスのある物語は、高齢者が自身のスピリチュアルな側面を持っていることを美しくそして象徴的に描写している。『大きな翼を持った老人』である。この物語は、大きくて、汚くて、臭くて、虫がわいている翼を持つ老人、年老いた天使についてのファンタジーである。彼をどうしたらいいか誰も分からず、人々は彼を軽蔑して扱う。長い間放置され、ひどく扱われたあと、ある日、彼は新しく生え揃わった翼をなんとか羽ばたかせて、飛び去っていく。

この物語は細部が豊かで、多くの読み方に開かれている。私にとって、この老人は老いることそのものである。この老人は、誤解され、ひどく扱われている。この神秘的な侵入者は、半分人間そして半分天使であり、まったく不完全な存在だが、飛ぶことができる。人はこの老人を理解せず、嫌気が差している。

私たちは半分人間そして半分天使であるというのは古代の考え方だ。これは私にはうなずける。実際に、私たちは病気や衰弱によって痛んだ身体に苦悩し、機能不全と情緒不安定を抱えているからだ。一般的に、私たちの心はあまり洞察力がない。けれども、私たちの心には自分の無知と人間の限界を知り、超越したいと願う部分もある。心身の欠陥にもかかわらず、私たちは偉大な事柄を成し遂げることができる。

私たちは超越的な芸術や音楽を創作し、哲学や神学を通して思考の中に飛び立つことができる。ある意味で、私たちは比喩的な翼を持っている。カール・セーガンがバッハの音楽を宇宙に送信したとき、天使的な心による仕事を送信したといえる。私たちは皆、病気や衰弱に影響を受けやすい翼を持っている。高齢になると、私たちはこうした翼を見落とし、自分が老いて弱くなったと思う。物語にあるように、私たちは翼を持つ老人を癒やさなければならない。つまり、私たちは高齢になったからこそ、飛び立つことが必要である。私たちは、歳を重ねるにつれて、高く飛び立つために自分の翼がより重要になるということを理解する必要がある。

高齢期のスピリチュアリティ

スピリチュアリティは人生や自分自身からの逃避ではない。しかし、多くの場合、そのように利用されていると思われる。高齢になると、先の見通しが見えない中で、自分がどこにいたのか、何を行ってきたのかを振り返ることが始まる。様々な出来事やそれに対する自分の反応が、自分が何者であるかを形作ってきたことを思い出し、満足感と後悔の両方の気持ちが同時に生じる。今の自分は仕上がった形か、それに近い。私たちは自慢、希望、後悔の気持ちを抱くだろう。通常、そうした様々な感情は、人生を振り返るときに渾然一体となっている。それゆえ、自分の物語を語ることは、傷ついた関係や未完了の計画といった未完了の仕事を解決する。それらを片付けて元来の自分自身に触れることは、スピリチュアルな生活の基盤となる。

しばしば、人はスピリチュアリティについて、この世界からの逃避と考えている。その結果、スピリチュアリティは非現実的で意味がないと思われている。魂と精神、魂の仕事としての心理学と超越的なスピリチュアリティは両立すると知ることが助けになるだろう。両方がないと決して成り立たない。

私のいう超越とは、究極の存在や超自然界を信仰することではない。私たち自身が自分のなりたい姿になろうとしてあらゆる努力をすることや、より包括的でより大きな自己感覚に向かって常に前進し自分を高めていくことを意味する。私たちは狭い個人的な人生から出発し、まず自分を拡張して愛情や親密さを発見する。その後、様々なコミュニティの一部になり、世界や普遍的なコミュニティという感覚を育むことに関わる。私たちは、見たことも経験したこともない現実を想像することで、さらに先に進むこともできる。

あなたが神や死後の世界を信じているかどうか、出来事の背景に意図を想像できるか、来世という思想を楽しめるかは、それほど重要ではない。あるいは、あなたはできる限り誠実になろうとして、究極の存在に証拠がないことを確かめようとすることもできる。あなたのそうした誠実さは超越の表現といえるかもしれない。あなたは証拠のない信念を大事にすることを拒絶する。

食事のためというよりも会話のために人々が集まるピーターボロの騒がしい朝食コーナーで、リズ・トーマスが私に言った。「私は死後の世界を信じないわ。私に死んだら宇宙の原子や分子の一部になるのよ」。そう言う彼女は幸せそうに見えた。しかし、私は考えていた。「私は物事を曖昧なままにすることを好んでいる。私は未知なる部分を残したい。私はどちらかと言えば、死後に何が起きるかについて宣言せず、知らないままでいたい」。私には確信を持って言えることだが、私たちは二人ともオープンかつ正直であることにベストを尽くし、会話に喜びを感じていた。

スピリチュアリティとは、知的にそして感情的に自己の拡張を続ける努力である。宗教は私たちに、宇義主義的、唯物主義的、そして自我肥大的な人生哲学で行き詰まらないことを教えている。スピリチュアリティは、目に見えない神秘を真剣に考慮する理由を私たちにもたらしてくれる。たとえば、スピリチュアリティは愛情を現実として扱い、比喩的に、それが人物であるかのように語る。それはエロス、アフロディーテ、神霊と呼ばれる。私たちはそうした呼称を聞くと、関心を向けるべき想像的現実というより、昆虫のように飛び回っている、宇宙に生きている創造物であるかのように考える傾向がある。私たちは、ガルシア・マルケスの物語に登場する人々のように、天使について真剣に考えない。なぜなら、私たちはスピリチュアルな領域に対する認識を失ってしまったからである。

歳を重ねるにつれて、私たちの時代に根深い唯物主義を手放すことが可能になり、自分自身のことを考えるようになる。あなたは何かを信じる必要はない――信念に費用はかからない。しかし、あなたは自分自身を可能性に開くことができる。あなたは永遠に意味のある宇宙に生きることができる。あなたは現代の世慣れた人たちに丸め込まれて、何が現実なのかに制限された見方をする必要はない。あなたはあなたの想像を自由に羽ばたかせることができる。

私はときどき現代の生活が分厚い円の中に封じ込められているように考えることがある。この円の内側では、すべての人が科学はあらゆる回答を持っていると思い込んでいる。それは何が現実かに関するとどめの一言になっている。最先端の機器で見ることができるならば、それは現実とされる。一方、見ることができないならば、それは妄想とされる。

スピリチュアルな生活はこの円の外側に踏み出し、そうした見方の厳しい制限から自分自身を解き放つことに始まる。あなたは知性的そして良識的でありながら、より多くの可能性を考慮する自由を持つようになる。おそらくあなたは魂を持っている。そして、その魂は今のあなたには理解できない永遠性を持っている。私にとって、スピリチュアリティは物事や目標ではない。それは自分の知性や想像力を拡張する終わりのないプロセスであり、人生に対するアプローチである。あなたの倫理観や正義感はもっと感度を高めることができる。あなたの寛大さや奉仕の度合いはもっと増加させることができる。重要な事柄についてのあなたの知性と知恵は、もっと深めることができる。

超越とは、あなたの現在の限界を超えることを意味する。ある意味で、「神」とは動機づけの言葉であり、目標ではなく、物事ではなく、固定化した現実でさえない。あなたがその単語を使う必要はないが、神はリアルである。今までのところ、神とは、制限なしに知性と心を拡張するためのイメージといえる。想像力が開くにつれて、私たちが生きる世界も広がっていく。「向こう側」には何もない。私たちは「向こう側」を際限なく想像し続ける。したがって、想像力の教育に終わりはない。

歳を重ねるにつれて、人生に対するこれまでの理解の仕方を超えていかないならば、あなたは拡張していない。その場合、あなたはスピリチュアルではない。あなたは考え方で行き詰まってしまった。スピリチュアリティはダイナミックかつ実存的である。それは単なる概念ではなく、プロセスであることを意味する。したがって、高齢者であるあなたは、これまでの自分を拡張した自分といえる。この意味におけるスピリチュアリティは、概念ではなく、自分が何者であるか、どのように生きるかである。あなたがより大きな世界やより大きな人生の一部になりつつあるならば、あなたのスピリチュアリティは生き生きとしている。それは変化と展開が持続していることを意味する。この終わりのないプロセスにおいて自己は進化する。

スピリチュアリティにおける別の障壁は単純な無意識である。ただ世間に従い、みんなが重視している目的を追い求めることは簡単だ。経済的利益、キャリアの成功、財産、名声、快楽。あなたはメディアに踊らされて、いろんなものを手に入れようとするかもしれない。そのとき、あなたは自分自身について考えることが疎かになっている。堅実な思考を持っているならば、おそらくあなたは周囲の標準的な価値観から手を引く必要があるだろう。あなたはそれにぴったり適合しようとせず、それと距離を置き、機会を捉えて、自分自身について考えなければならないのではないだろうか。

あなたはコミュニティ、奉仕、社会変革に対する自分自身の理想的な価値観を生き抜くことができるだろうか？　あるいは、あなたは時代の考え方に従属して沈黙にとどまりたいだろうか？　後者の場合、たとえ瞑想や教会通いといった個人的な実践をしていても、自分はスピリチュアルであると冗談を言うべきではない。人生は一つの全体性である。あなたは人類というコミュニティの変革に参加するか、あるいは、メディアに踊らされる世界の無意識にとどまるかのどちらかである。

高齢になると、価値観の粉砕は危機となる。十全に意味のある人生を生きるための時間、そして過去の過ちを埋め合わせるための時間はほとんど残されていない。しかし、あふれるほど満たされたスピリチュアルなヴィジョンがあれば、それはできる。あなたは人生とは何かについてより大きな視点を真剣に捉えることができる。あなたはスピリチュアルな諸伝統について学ぶことに時間を割き、それを実践することができる。

高齢期のスピリチュアルな教育

あなたはわざわざ一からやり直す必要はない。世界の宗教的そしてスピリチュアルな諸伝統は偉大な芸術、詩、教えに満ちている。あなたはそれらに触れても決して疲れ果てることはない。それらの著作はあらゆる書店やオンラインで見つけることができる。それらを読み、研究し、心に取り入れ、自分自身のスピリチュアルな冒険の基盤として利用するとよいだろう。

いろいろ試すことで表面的になることを心配する必要はない。しばしばあなたが耳にするそのような批判に根拠はない。様々な伝統は同じようなアプローチを助言する。ただし、それらはまったく違うので、折り合いをつけようとすることは勧めない。自分が受けてきたスピリチュアルな教育を出発点にすればよい。それは自分の老いに意味を与え、自分の人生を拡張するための活動を始める刺激になるだろう。いくつかの本を具体的に紹介しよう。

1. 『道徳経』。私はあなたのスピリチュアルな教育を中国の美しいテキストで始めることを勧めたい。この本は無為自然を促し、「物事を自然の成り行きにまかせよ」と提案する。

2. 『オデュッセウス』。これは故郷へ帰還する男が経験する人生のイニシエーションの聖なる物語である。キーワードは「ノストス」、帰郷である。それはノスタルジアやホームシックと関連する。これは旅行や寮生活で経験するような通常のホームシックではない。最終的には世界に居場所を感じることへの切望である。それは病気や愛情といった深い神秘との遭遇、そして、死者との出会いを含んでいる。それは魂の旅路であり、終着点は自分が何者であるかの発見である。

3. 『創世記』。世界中の創世物語はあなたのスピリチュアルな人生の重要な一部となりうる。それは実際の自然界の起源と発展、そして、あなた自身の世界についても想像することを助ける。『創世記』は始まりについての美しい物語である。しかし、それは何世紀にもわたってあまりにも文字通りに読まれてきた。最新の的確な翻訳と解説を見つけてほしい。そして、あなたのスピリチュアリティに関する本棚に創世物語を加えてほしい。様々な創世物語を読むことができる。私のお気に入りは、デニス・テドロックの『中心を見いだす』に収められたホピ族の創世神話である。

4. 『禅マインド・ビギナーズマインド』。鈴木俊隆は一九五九年に北カリフォルニアのベイエリアに禅仏教を持ち込んだ。そして、サンフランシスコの禅センターで多くの生徒を教えた。この本には彼の非常に素晴らしい言葉が集められている。彼の言葉は教義から自由な禅の哲学を提示しているだけでなく、何と言ってもスピリチュアルな生き方のカタルシスがある。この本は、私自身のスピリチュアルな人生を形作った伝統的な教えに関する重要な資料であり、強く勧めたい。

5. 私はスピリチュアルな詩のコレクションから何年にもわたって元気をもらってきた。たとえば、深い視点を持つアメリカの詩人ジェーン・ハーシュフィールドが編集した『酩酊した宇宙：ペルシア・スーフィー詩の選集：聖なるものを称える女性たち』。そして、エミリー・ディキンソンやD・H・ローレンスによるたくさんの詩。この二人はスピリチュアル指向の詩を書いている。

6．数人のラビ（訳註：ユダヤ教指導者）は、私自身のスピリチュアリティを拡張し、豊かにしてくれた。歳を重ねるにつれて、私は彼らをもっと尊敬するようになった。アブラハム・ヘッシェルの古典的な仕事は時代を超越しており、知的である。ローレンス・クシュナー師の数多くの本は、ユダヤのスピリチュアリティに息吹を吹き込み、現代と関連付けた。また、ハロルド・クシュナー師は長いこと支援者そして助言者であった。彼の本は難しい問題を取り上げ、平易な言葉でそれらを賢明に扱っている。

7．私が初めて『ブラックエルクは語る』を読んだのは一九七〇年代である。今でも内容の豊かさに驚かされる。また、私はノーマン・O・ブラウンの『ラヴズ・ボディ』を手元に置いている。この本はスピリチュアルなイメージや教えに対するあなたのアプローチ全体を深めるだろう。

8．C・G・ユングとジェイムズ・ヒルマンの本も常に私のそばにある。私はすべてを彼らの視点を通して見ている。彼らは魂と精神を結びつけた。

私は多くの卓越した資料を紹介し損ねている。しかし、今紹介した資料はスピリチュアルな領域に向けて、あなたが自分自身を教育する出発点に過ぎない。

多くの人は、歳を取ると、長い間読もうと思って積んでいた本を今こそ読もうと考える。彼らは面白そうな本を集めているが、多くの場合、欠かせない必須の本がない。私は本当に大切な本から読み始めることを勧めたい。世界の偉大なスピリチュアルな文献に詳しくないならば、あなたに選択肢はない。今紹介した本を手にとってみてほしい。あなたが自分の老いを扱う方法は、これらの本に左右されるだろう。

テキストと翻訳について一言言っておきたい。多くの人は聖書やその他の聖なるテキストを読むときに、自分が馴染んだ古い翻訳を好む。しかし、そうした標準的な翻訳が、読者とテキストの重要なメッセージを隔てる障壁になっている場合がある。個人的に、私は『道徳経』や聖書の英語版を好んでいる。それは正確で、現代的で、読みやすく、平易で、見事な現代英語に訳されている。私は新約聖書のすべてをギリシア語から英語に翻訳したことがあるので、良い翻訳のために何をすべきか分かる。言葉の意味を探求すること、そして、読者にとって読みやすい言葉で原典を表現することによって、読者の原典理解を助けることが重要である。

とりわけ古いテキストはある程度の知識と解読が必要である。原典の内容の深さを理解することに招待してくれる良い解説を見つけることが大切である。それから、瞑想的に何度も繰り返し読むことが大切である。一度読んだだけでスピリチュアルなテキストは理解できない。スピリチュアルな諸伝統の古典的な言葉は、過去には字義的にそして道徳的に解釈されてきた。しかし、あなたはそうする必要はない。老いの利点は、軽やかにルールを破り、成熟したマナーで自分自身のやり方を押し通すことである。これはまだ深い知識と経験を持っていない若者が無知や衝動からルールを破るのとまったく異なっている。

あなたは、何が事実か妥当かではなく、洞察の深さを探求する。人生の決断に直面したときに方向性を与えてくれる文章を念頭に置いておこう。たとえば、私は『道徳経』の一節（第22章）を大切にしている。「曲即全、枉即直、窪即盈（曲がることで全になる、かがむことで真っ直ぐになる、窪みがあることでいっぱいになる）」。私は、こうしたシンプルな一節を、生きる上で、そして心理療法を行う上で参考にしてきた。

タオ、人生の流れは、土手のあいだを流れる川のようだ。病気のような、何か悪い出来事が起きても、私は不安になったり、心配したりする必要はない。私は心の声を聞く。「かがむことで真っ直ぐになる」。私は文字通りの意味で諦めることはしないが、すべてを掛けて運命と闘うこともしない。私は曲がることで強さを見いだすのである。

世界中の宗教的なそしてスピリチュアルな文献、儀式、詩歌、芸術、建築は、美と真実に満ちあふれている。それらは複数回の生涯にわたってあなたを導き、刺激するのに十分な量がある。にもかかわらず、多くの場合、人は宗教の教えに対して壁を作り、抵抗する。人は宗教を現代的な方法で厳しく吟味する：これは事実として正確なのか？　どれが事実としてより正確なのか？　証拠はあるのか？

これらは間違った問いである。スピリチュアルな生活は、特別な種類の詩的態度であるからこそ、心の糧となる。人生の意味は、疑似事実の中に絞り出すことはできない。それは私たちの内省を深める特別なイメージを必要とする。スピリチュアルなイメージは概念や思考を呼び覚まし、洞察の探求を前進させる。この探求は生涯にわたって続き、段階的に前進する。だからこそ、高齢期に伝統的な物語やイメージについて熟考する時間を持つことが非常に重要になるのだ。あなたは人生でどこかにたどり着くことを願っている。そのために、良い考え方を思慮深く維持することができる。高齢になったあなたは、もっと実践すべきである。世界のあらゆる場所から洞察を持ってきて、あなた自身の状況に適用することができる。あなたは座り込んで、どちらが正しいかを尋ねたりしない。あなたはどちらの側につくかという問題を回避し、シンプルに内省を深めていく。

繰り返しておきたい。事実かどうかを見定めるという古い考え方でスピリチュアルな教えにアプローチしてはいけない。スピリチュアルな文献の中の多くの素材は、あなたの人生に直接的に語りかける特別な種類の詩である。あなたは、内容が事実かどうかではなく、そのスピリチュアルなメッセージを見いだすために、それを探究し、研究しなければならない。字義主義はスピリチュアリティの未成熟、そして、詩的な言葉の多様な次元を見たり探究したりすることの欠如を示している。ある特定の貴重な角度から見た歴史さえ、ある種の詩といえる。

最高の場合で言うと、老いとは、全般的に人生について字義的に捉えなくなることを意味する。あなたは起きることすべてに多層の意味があることを学ぶ。過去の多くの要素が様々な層の中に存在している。出来事の意味は逆説的、反語的、暗示的だろう。すなわち、あなたが聞いた、あるいは経験した物語を指し示す。心理療法家である私の仕事は、多くの場合、一つの経験の中で様々な出来事が進行していることを人が理解するのを援助することである。

一般的に、私たちは宗教のことをよく分かっていない。私たちは科学や文化を素晴らしく洗練させた。しかし、私たちは宗教を単純化して見る傾向がある。最近のニュースで、ある人たちがトルコでノアの方舟を探しているというストーリーを報道していた。これはまたしてもシャーロック・ホームズ症候群である。ホームズは明らかにフィクションであるが、私たちはロンドンのベイカー・ストリートにある彼の部屋を訪問し、そこで彼がどのように生活したかに想いを巡らせる。フィクションのキャラクターに敬意を表したそのような場所を持つことは美しいと思う。しかし、私たちは彼を歴史上の人物と混同することはしない。ところが、宗教になると、私たちはこうした混同とよく出会う。

その一方で、神経科学と人工知能の時代において、多くの人がスピリチュアルな生活の余地はないと感じている。そのような人はスピリチュアルな生活をまったく受け付けない。スピリチュアリティを必要としていない。その意味で、二十一世紀の唯物主義はある種の宗教であり、他の視点に開かれていない教義である。それは不安が高くて用心深い。そのため、人は純粋な世俗主義のロボット的領域で生活しようとしている。

しかし、この新しい唯物主義は人間味のある生き方を育むことはできない。それはナルシシズムと利己主義を強める。そこでは有名人が成功し、大衆が彼らのような特別な生活を諦め、眺めている。鷲の翼のようにきれいな光沢は持てないかもしれないが、私たちは翼を生やす必要がある。私たちは高く飛び、舞い上がる、軽さを必要としている。

高齢期の個人的なスピリチュアリティ

古代のスピリチュアルな諸伝統は、高齢期のスピリチュアルな生活に素晴らしい指針を提示しているが、それは指針に過ぎない。男性も女性も豊かで意味のあるオリジナルのスピリチュアルな実践を創造するためにたくさんの事柄を行うことができる。

以下は、教会通いや基本的なスピリチュアリティに加えて、誰にでも実践できる事柄の一覧である。

1. 瞑想的な生活を生きる。あなたは自分の健康や身体状態のサインに従うことができる。可動性や壮健性が弱まるにつれて、徐々に、あなたは老いと同化し、より静かに穏やかに生活することができる。あなたはより静かで、より内省的なペルソナやライフスタイルを取り入れることができる。これは無意識的に行うのではなく、修道士のように生活を実際に整えるとよい。あなたは瞑想的なスタイルの人生哲学や実践を選択することができる。老いの問題の一つは、身体状態に限界があると感じることである。しかし、あなたはアイデンティティのスピリチュアルな側面に重心を置くことによって、自分の人生を引き受けることができる。

2. 異なる瞑想方法を探究する。私は多くの人から、瞑想を試みたがプログラムについていけなかったと聞いたことがある。退屈したり、教えられたテクニックを忠実に実践できなかったというのだ。この不満を聞いたとき、私は最初に、なぜ自分のスピリチュアリティに消極的なのだろうと思った。それから、なぜ瞑想について狭い考え方を持っているのだろうと思った。

　瞑想には様々な異なる方法がある。瞑想の主な要点は、自分自身の内側か、あるいは周囲の世界の深い内側へと、内向することである。とてもシンプルだ。どこでもいいので静かな場所を探してほしい。気持ちを落ち着かせる。一定の時間、瞑想のために座る。それほど長い時間でなくてもいい。集中する――呼吸に、座り方に、音楽や芸術や自然に。あるいは、ただ座って、漂う思考に煩わされないようにする。しかし、雑念を取り消そうと躍起になってはいけない。そのような試みは雑念よりもよくない。落ち着いて集中している自分自身を感じよう。

3. 自然の中を散歩する。自然界は無限や永遠への入り口である。私たちには自然界を完全に理解することは決してできない。私たちにとって、自然界は無限への架け橋である。生真面目になる必要はない。ただ散歩を楽しもう。ただし、自然界の深さの中に入っていく意図を持って散歩すること。驚異を感じ、大きな問いを抱き、詳しく観察しよう。

4. 自分の夢を記録する。私は高齢者の夢に取り組んだかなりの経験がある。彼らの夢は目覚めているときの考え方を拡張し、日常の視点と矛盾する視点さえ示す。夢はあなたの考え方を拡張し、新しい視点を与えるのである。もちろん、夢に取り組むためには、どのようにイメージに取り組めばよいかを知ることが助けになる。現代人はそうしたスキルをあまり学ばない。私はいろんな本でドリームワークのテクニックを研究した。しかし、高齢者の夢については、特別な本が必要といえるかもしれない。

ドリームワークはスピリチュアルな生活の一部である。なぜなら、それは自分の経験の神秘的な次元に触れることを保つ定期的な実践だからである。夢はあなたを意識の向こう側の深いところへ連れていく。そして、洞察をもたらし、想像力を喚起する。それは日常世界の知性を超えている。

夢は、内面の他者性や別の自己という感覚や、神秘的な時間崩壊をもたらすので、スピリチュアルな生活をより深め、魂に近づける役割を担っている。

5.

世界に奉仕する。エルダーについての章で、高齢者がどのように他人を助けることができるかを少し述べた。しかしまた、奉仕がスピリチュアルな生活の本質的な一部であることを理解するとよいだろう。偉大な諸伝統を見てみると、教えの核心に奉仕と倫理を見いだせるだろう。キリストの人生は良い例である。キリストは人生を教えと癒しに捧げた。聖書にはたくさんの祈りが引き合いに出されている。しかし、瞑想についてはほとんど直接的に述べられていない。奉仕が主な事柄である。仏陀の人生には、瞑想と奉仕の組み合わせを見いだせる。『道徳経』は、英雄的あるいは威圧的でないリーダーシップに強調を置いている。モハメッドの教えは援助を必要としている人への具体的な奉仕に重きを置いている。

たとえば、エマーソンやソローといった非組織的なスピリチュアリティの教師も、彼らの時代の政治的な問題（奴隷制反対など）に関わった。ソローと彼の家族は北からカナダに行く奴隷を支援した。エマーソンは、最初は乗り気ではなかったが、全般的に政治に対して活動的になり、奴隷制に反対する強力なスピーチをいくつか残している。

奉仕や社会活動がなければ、あなたの価値は理論的そして抽象的なものにとどまっている。それは知的であるが身体がない状態といえる。現代の倫理学者は、ある事柄の価値は社会活動において試されるまで本当の価値ではないと言うだろう。

6. 何世紀にもわたって、学習がスピリチュアルな生活の中心であった。今日、スピリチュアルな学習やスピリチュアルな知性の重要性について聞かなくなった。しかし、明らかに、現代のスピリチュアリティの最大の弱点は、献身、従事、実践、あるいは教師との取り組みではない。欠けているのは、熱心な学習よってもたらされる知性である。修道院生活の大部分は、書物、学校、知的な運動であった。今、学習に焦点づけられたスピリチュアリティに戻る時は熟している。

歳を重ねるにつれて、思想に対する欲求は増加するだろう。そして、あなたは、他の活動と違って、自分の身体状態についての不安をほとんど抱くことなく、学習には真剣に打ち込むことができる。もちろん、記憶は少し問題になる。しかし、多くの人は、スピリチュアルな事柄に関して自分で学習する喜びを発見するに違いない。

学習について私が見てきた問題の一つは、どれが信頼できる教えなのか、誰が最良の教師なのかを見分けることは簡単ではないということである。多くの場合、人は刺激がほしいと語る。彼らは自分を興奮させる教師を求めている。そして、周囲を見渡せば、そのような教師はたくさんいる。しかし、私は何と答えればよいだろうか。信頼できる思想であることのほうが、地に足のつかない、束の間の興奮よりも重要であることは明らかである。

本書のような本を執筆するとき、私はユングやヒルマンの挑戦的な本を参考にしたり、古典的なテキストをギリシア語やラテン語の原典で読んだりする。そして、その当時の思想に対する古代の態度を調べる。私は、現代の思想の語られ方だけでなく、思想の歴史を知りたい。その学習は、信仰や許しといった鍵概念に対する私の理解を深めた。私は学習しない現代の著述家が小手先で書いた本を読みたいとは思わない。

私のお気に入りの現代のスピリチュアルな著述家は、偶然にもアイルランド人である。マーク・パトリック・ヘダーマンとジョン・モリアーティだ。その他にも、ジョアン・チッティスターやデイビッド・ホワイティーはアイルランドで暮らしたことがある。彼らはみんな哲学者で、学究生活をしながら市井の人に語りかけている。私はジョン・ウェルウッド、ジェーン・ハーシュフィールド、ジョン・タラントを信頼している。そして、私はハロルド・クシュナー師とローレンス・クシュナー師に師事した。心理学的な著述家では、ナー・ホール、ロバート・サーデロ、パトリシア・ベリー、ラファエル・ロペス-ペドラザ、メアリー・ワトキンス、アドルフ・グッゲンビュール-クレイグ、ジネット・パリス、マイケル・カーニーが、私のお気に入りである。

世界の内側のスピリチュアリティと世界のスピリチュアリティ

スピリチュアルな生活は、世界の魂そして生きとし生けるものすべての魂を理解することに始まる。それは過去の表層だけでなく、出来事の脈動する心臓を見ることができる。そして、自分ではない他の存在の経験やニードを深い共感をもって理解できる。スピリチュアリティとは、雲の中の神ではなく、超越である。それは限界のある自分や小さな世界を超えて着実に前進することである。それは心を成長させることを意味する。したがって、あなたは子どもの頃に学んだことを思い起こしたり、常に発見や好奇心の態度でいなければならない。好奇心がなければ、あなたはスピリチュアルになれない。伝統、実践、教師、ワークショップは、あなたをサポートしてくれる。しかし、結局のところ、あなたが自分独自のスピリチュアルな生き方を創造していくのだ。誰か他の人があなたのためにそれをやってくれるわけではない。それには一生かかるので、あなたは高齢になってようやく、数多くの試行錯誤やいくつかの失敗の末に、自分が作り上げてきたスピリチュアリティを感じ取るだろう。失敗は正しい道を示すために役に立つことがある。

スピリチュアルな意味で洗練され、冒険的になることは、老いの本質的な一部である。それこそが魂のある老熟といえる。このプロセスは自分の時代の価値観と相容れない困難を必然的に含んでいるかもしれない。唯物主義の哲学は、ほとんどの科学的、技術的、文化的な「成果」の背後に横たわっている。宗教にさえ、唯物主義が浸透している時代である。高齢者は魂のない社会に関与しないことを選択する自由を若者よりも持っていると思われる。高齢者は変わり者になれるし、成果を出さずに外れていることができる。高齢者は自分の立ち位置の利点を利用し、スピリチュアルな変わり者になり、過剰な商業主義、科学崇拝、人生の数量化、人として十全に成熟することよりも売り物になるスキルの訓練としての教育に傾いている唯物主義を無視できる。

私は自分自身にお金を使わないことに喜びを感じ、交換よりも修理を好み、編集者にリクエストされても自分の本に量的研究を含めたくない老人である。私が大学の職をクビになったのは、ある部分では、私が物質的な生活ではなく、世界の魂を教えたからである。あるいは、もしかしたら、私が教えの中にエロスを含めたからかもしれない。エロスと魂（アニマ）は恋人同士である。私は量的研究を引用するよりも、よくバランスの取れた文章を書きたい。

大きな翼を持つ高齢者に関するガルシア・マルケスの物語は、人々が好奇心で男の価値からお金を稼ぐことを最初に試したあとに、彼の使い古した翼を拒絶することについて語っている。これはしばしば私たちが高齢者を扱うやり方である。おそらく、だからこそ、私たちは自分自身が歳を取ることに不安を抱くのだろう。私たちは老人を笑いものにしてきた。だから、自分に何が待ち構えているか分かっている。

あるおとぎ話は、母、父、子どもの若い家族が、年老いた両親（あるいは子どもにとっての祖父母）と暮らす物語を語っている。彼らは同じテーブルで食事をしていたが、老人には木製の椀が一つ与えられるだけだった。ある日、父は子どもが一生懸命に何かの作業をしているのを見かけた。「何を作っているのかな？」と父は尋ねた。子どもは「お父さんが歳を取ったときのために椀を作っているんだ」と答えた。言うまでもなく、祖父母はその晩の夕食を素敵なお皿で食べることになった。

これは簡単な方程式である。今あなたが老人に尊敬の念を持っているならば、おそらくあなたは自分の老いについて良い感じを抱いているだろう。しかし、あなたが老人に対して神経症的な蔑視をしているならば、あなたは老いのつらさを自分自身で呼び込もうとしている。

リズ・トーマスと私は、肌寒い十一月の午後に、ニューハンプシャー州ピーターボロのお気に入りの店ノニーズのテーブルに座っていた。「老いるということは」と彼女は言った。「人があなたを見るときに、あなたを見ないということなのよ。あなたはそこに立っているけれど、人はあなたと一緒にいる若者と話すわ。あなたは存在しないの」

ドナルド・ホールは、自伝エッセイ『八十歳のあと』で、高齢者がどのように扱われるかについて、いくつかの物語を語っている。それによると、子ども扱いされるか、無視されるか、あるいは両方であるという。「ある女性が新聞に、私のしたことを称賛する文章を書いていたが、彼女は私を『素敵な老紳士』と評していた。彼女は私を称賛しようとしていた……しかし、彼女は猫のようにのどをごろごろ鳴らすために頭を撫でることができる箱の中に私を押し込めたのだ」[27]。

高齢者の見えない翼、しかし確かにある翼に気づき、それを見てほしい。それは残りの数年を飛翔するための彼らのスピリットである。彼らは一年一年、人生を生きてきた。それが彼らを変容させた。彼らはもはや通常の人間ではなく、偏屈な不満にあふれているからこそ、もっと天使的な存在といえる。彼らの怒りっぽさは、魂のない世界に快適に休まないようにしているのだ。

私たちは、その人が何歳であろうと、人生を肯定して立派な人物になるべく平凡な見方や成果主義を超えようとしているすべての人に敬意を示すべきである。また、私たちは、人生が提示した機会を確かめるために、いつ快適な生活を手放して立ち上がったのか、いつ失敗したのかを知り、自分自身に敬意を示すべきである。みんなが想像した人物以上の存在になること、超越することこそ、老熟である。

[脚注]

(27) Donald Hall, *Essays After Eighty* (New York: Houghton Mifflin Harcourt, 2014), 8.

第15章：死と共に生きる

人は神秘の宇宙を漂流している。私たちにはまったく知らない事柄がたくさんある。単なる事柄ではなく、もっとも重要な事柄である。私たちは生まれる前はどこにいたのだろうか？　私たちは生物学的に生まれてきたのに、どうやって深い感情を持つようになるのだろうか？　私たちは普通の二人の情熱的な身体の結びつきによって妊娠した後、人体から誕生したが、どうやって真剣な意味の探求に従事するようになるのだろうか？　なぜ私たちはここにいるのだろうか？　私たちは何をすればよいのだろうか？　そして、もっとも偉大な神秘は、私たちが死んだ後、何が起こるのか？である。

あなたはどのように死の準備をするだろうか？　あなたはどのように死に意味を見いだすだろうか？　あなたは死後に何もない可能性とどのように向き合うだろうか？　私たちは輪廻転生、天国の恩寵、最後の審判、向こう岸への渡渉、愛する者との再会の教えを信じるべきだろうか？　愛は本当に永遠なのだろうか？

老いの中心的な意味と経験の一つは、死に近づく感覚である。あなたが何歳であろうと、自分の死すべき運命を突然自覚し、不思議に思い、純粋な恐怖や不安を感じる。そして、私たちは問わなければならない。人生の儚さと自分自身の死について考える知性とポジティブな方法はあるだろうか？

もし、ある視点からすると、老いとは本質的に終わりに近づくことであるならば、私たちはこの普遍的な状況に取り組まなければならない。そして、私たちは自分自身のやり方で死に関与しなければならないかもしれない。誰に頼ることができるだろうか？　誰が本当に信頼できる答えを与えてくれるだろうか？　終わりに直面したとき、誰が向かうべき方向性を示してくれるだろうか？

ある日、キリストについて私が書いた著作を読んだことを伝えるために、父が電話をしてきた。「キリストにとって天国とは、愛の原理が完全に確立したこの世の一つの状態でもある」と私が書いていたからである。「死んだ後に天国はないと思うのか？」と、父は大きな関心をもって尋ねてきた。父は九十代半ばで、死について考えていた。

父はキリスト教を固く、そして深く信仰していたが、教会の道徳的な教えに対して自由に疑問を抱く感覚の持ち主だった。

「いやそうじゃないよ。キリストは文字通りの天国ではなく、彼が思い描いた人間性のある生き方について語っているのではないかと書いたんだ。死んだ後に天国はないとは言ってないよ」と返答した。私は父が死後の生活を恩寵として考えるように育てられてきたことを知っていた。そして、確かにそれより良いアプローチを私は知らない。私だったらそれについて違う表現をするかもしれないが、死後に対する父の信仰にチャレンジするつもりはなかった。

私たちは様々な宗教の教えの可能性に開かれ、同時に、その教えに啓示や慰めを見いだす必要があると私は思う。輪廻転生と天国は、不可能に思えるかもしれないが、大きな意味を持つ。いずれにせよ、科学の唯物主義と宗教の幻想に分裂した世界において、この難問を本当に解決することは困難である。

人の人生における重大な問題の多くで、まず私たちは文化的信念の枠組みの外側に踏み出す必要がある。いわゆる現世の文化では、重要な事柄についての強い信念や信仰、特定の立場がたくさんある。あなたは自分のスピリチュアルな信仰の幻想から自分自身を解き放たなければならない。そして同時に、現代文化の宗教、特に限界のある科学的信念といくらか距離を置く必要がある。

ひとたび、文化の唯物主義と宗教の幻想の両方から自由になると、死についての問いを検証し始めることができる。あなたは、開かれた心と知的な検証の精神をもって、死と死後の世界についての自分自身の考え方に至るだろう。あなたのイメージは暫定的である。あなたは自分自身に言うことになるだろう。「分からない。答えが見つからない。しかし、よく考えてみると……」

あなたは、死後の生活で家族や親しい友人と再会したり、現世の生活が何らかの形で継続する希望を持ちながら生きていく。このような希望はリアルで、多くの人にとって慰めと活力の源になっている。あるいは、あなたはできるだけ現実的でありたいと思い、死後の生活について何も知らないことをシンプルに認め、分からないという態度で生きていくことができる。しかし、死後の生活なんて何もないと言うことは、ある種の疑似宗教的な信仰の告白といえる。そこに開かれた心はなく、希望も得られない。

私はすでに、ジェイムズ・ヒルマンの言葉について言及した。「私は死については唯物主義者だ。死で終わりだと考えている」

私は、永遠なる事柄——魂、精神、宗教——についての本をたくさん執筆してきて、字義主義を克服すべきであると強く主張していたこの知的な人物が、突然、字義主義的といえる唯物主義者になったことに驚いた。彼は常に自分の見方が感傷的になることを回避することに熱心だった。人生に対するアプローチがそうだったように、彼が死に対しても洗練されたアプローチを発展させていたかもしれないと今でも考える。死で終わりという見方は、私が彼に同意できない数少ない領域の一つである。

けれども、——誤解しないでほしい。私は純粋な信者ではない——私は希望にあふれたキャンプにいたいわけではないし、人であることの現実と向き合わなくて済む幻想を創造したいわけでもない。私たちは、すべての事柄において、何が起きているのか、そこから出発しなければならない。

ここでできるだけ明確に基本的な要点を示しておきたい。私たちは死や死後の生活についての無知を認め、絶対的に開かれた心を持たなければならない。同時に、輪廻転生や天国のような伝統的な教えに慰めと導きを見いだすことができる。私たちは言い続けなければならない。「確実なことを知ることはできないが、輪廻転生や天国という観点から考えるのが好きだ。私はずっと天国を信じてきた。それは意味があると思う」あるいは「私は生や死に意味を授ける美しい方法が輪廻転生であると考えている」

生涯にわたる老いと死

老いが誕生前から始まるプロセスであるのと同じように、死も生涯にわたるプロセスである。中年期がターニングポイントであると言う人もいる。私は人生全体を表裏一体の生と死として見ることを好んでいる。あなたが進んでいる道は上る坂であり下る坂でもある。それは、常に両方の視点で人生に取り組むことができるという意味である。あなたは毎日の生活で生と死を経験することができる。これは物事に対するネガティブな見方ではない。単純にそういうことなのである。そして、もしあなたがこのように生と死を経験するならば、決して死について思い悩むことはないだろう。これまでずっとそのように見てきたからである。しかし、生涯にわたって、どのように死のプロセスを歩むのだろうか?

すべての小さな死

一つの方法は人生が常にもたらす「小さな死」を受け入れることだ：喪失、失敗、無知、後退、病気、抑うつ――こうした経験はある意味で、平凡な人生を崩壊させたり、現在進行中の生活を停止させたり、あるいは遅らせたりする。私たちの社会においては、特にこうした経験に関して英雄的な立場をよく目にする。こうした経験の回避や支配を試み、かいくぐり、最終的にこれらのない人生を目指すのである。

別のアプローチは、こうした経験を受け取り、降伏することなく、人生を作り上げる出来事の一つとして人生に組み込むことである。こうした経験に対抗する英雄的な言動は必要ない。

臨床経験から例を挙げよう。五十代のある女性が非常に不安な面持ちで私のオフィスにやってきた。結婚生活がうまくいかなくなっていたからである。彼女と夫は両者ともに不倫をしていた。それは彼女にとって結婚生活が終わりに向かうサインだった。彼女は私に結婚生活を救う手助けを期待していた。そして、その目的を達成するためならば、できることは何でもしたいと彼女は言った。

しかし、私は状況が非常に複雑だと思った。加えて、私は結婚生活のためにできることは何でもしようとする彼女を手助けすることは役に立たないと思った。少なくとも、おそらく離別する時がきていた。私には分からないことだが。私は結婚生活を救うことが自分の仕事の一つであるとは思っていない。結婚生活の中にいる、あるいは別れようとしている人々の魂の世話が仕事である。ときにその観点からすると、結婚生活の破綻は良いことでもある。

さらに、結婚生活の失敗は深刻な終わりという死の味わいがある。もしこの意味での死が起きつつあるならば、私はそれを否定する側、生の側だけの味方につきたくない。なんとかして結婚生活を守ろうとする彼女の側に立つならば、結果的に、私もその終わりを急かしていることになるかもしれない。結婚生活は死のトンネルを通過しなければならないのではないだろうか。間違いなく、結婚生活の崩壊を食い止めようとする試みは、状況を悪化させるだけだろう。

だから、私は結婚生活を終わらせることに賛成しなかったし、それを守ろうとすることにも肩入れしなかった。私は、いつもと同じように、中立を保った。クライエントは私にあまり満足しなかった。彼女は私が憤慨し、彼女の結婚生活を守る味方になってくれることを期待していたからだ。しかし、何らかの理由で、彼女は私の中立性にそれほど動揺しなかった。彼女は私とのセッションを続け、私の反応を観察していた。

最終的に、物事はとてもうまく展開し、結婚生活は維持された。私は言葉で彼女に伝えたわけではないが、心の中では、結婚生活が維持されるために、そして結婚生活が解消されるために、生きることだけでなく、死ぬことも同じようにサポートしていた。私には、長い目で見ると、彼女は深い意味を含む危機あるいはイニシエーションの瞬間にいると感じられた。もし彼女が結婚生活の終わりと闘ったならば、彼女は自分自身の死と闘って文字通りの終わりを迎えるようなことになっていたかもしれない。

彼女の死は表面に浮上していた。彼女は、英雄のマントを身にまとい、死を打ち負かそうとするのではなく、死の世話をしなければならなかった。彼女は、死を恐れたり、英雄的に死と対抗したりせず、死と折り合いをつけ、死をよく知る者として生きていかなければならなかった。そのような経験を通して、彼女は深みのある、表面的だったりすごく防衛的だったりしない、子どもや友人の役に立つ、より純粋な人物になるだろう。この世界ではそうした深みを見ることはあまりないが、それは文化が本質的に英雄的であり、死を寄せ付けないからである。

人生を生きる中で、死は終わりや失敗という形で頻繁に私たちのもとを訪れる。良い形で歳を重ねることとは、人生の活動的なプロセスに死を取り入れることである。あなたは大きな意味で死ぬことによって人としての深みを増す。しかし、この象徴的な死は、人生の終わりの実際の準備となる。死のダイナミクスに馴染んでいると、病気による実際の死のシグナルや去りゆく年月が怖くなくなる。あなたは高齢期や耳元でささやく親密な死の感覚を歓迎できるようになる。なぜなら、死はあなたの人生の一部だったため、死に近づくことが人生の強度を高めうることを理解しているからである。

活力と長寿

人生は長寿が良いのではなく、強度が大事である。もし、あなたが何年も何年も生ぬるい人生を過ごしているならば、その価値は何だろうか？　しかし、ほんの数年の活気と陽気な雰囲気があれば、あなたは本当に生きていると感じるかもしれない。人生は量ではなく、質なのである。

私は大学で教えていたとき、エリザベス・キューブラー＝ロスについての短い映画を見せていた。大学院生対象のシンポジウムにおいて、彼女が末期がんの患者にインタビューしている映画である。その男性は、とても若いが死を諦めて受け入れているように見えた。学生たちは、彼が死を否定していると考えていた。しかし、キューブラー＝ロスは違う捉え方をしていた。

その男性は、農場で働いていたときにいじめられた話を語った。しかし、がんになって、それはすべてどうでもよくなったと。彼はがんになってその経験のことを考えるようになっていた。キューブラー＝ロスは、彼のその経験が死の準備になっていたと捉えていた。とりわけ、自分の物語を語ることで、彼は死を受け入れた自分を示していた。その若者は良い人生だったと感じていた。がんによって短くなってしまったが、それは彼にとって絶対的な悲劇ではなかった。

彼は長生きすることについて考えていないように見えた。むしろ、活力を大事にしていた。その視点が人生に違いを生んでいた。彼の物語は三十年間も私の心に残った。私は、自分が病気になったり、友人が亡くなるのを見るとき、彼の傑出した視点を思い出した。彼に勇気があったとまでは言わないにしても、彼は人生を豊かに生きていた。彼は人生の良い面と悪い面の両方を生きることができていた。

死につつある人々と近づくと、私たちは死ぬことを助けられ、そして、生きることを助けられる。生と死はとても密接で、一方が他方を支えている。私は、友人ジョン・モリアーティががんで死に近づいていたとき、亡くなる数週間前にダブリンの病院に彼を訪ねた。彼はがんであることを知った後、抑うつと恐怖の時期を経験し、それと向き合っていた。私が彼に会ったとき、彼は輝いていた。がんが彼の生命力を奪おうとしていたが、私は彼の雰囲気に幸福感の輝きを見ることができた。また生命力を感じることができた。

一、二時間集中して話し込んで、彼のいる病室を去る時間が来たとき、短い祈りの時間を持った。私たちはラテン語で公式の簡単な儀式を行った。それは二人が必要としていた安らぎを与えてくれた。私はその祈りと彼の幸福感の輝きを忘れない。私は大きな死の準備となる自分の小さな死と向き合う勇気を授けられた。

善、悪、神、そして、死

あらゆる点において、死はもっとも個人的な出来事である。もし、幸運ならば、自分の人生について振り返り、それを味わう時間があるだろう。私たちは本当に新しい冒険へと旅立つが、誰も参加することはできない。もちろん、愛する人たちが近くにいて旅立ちを助けてくれることは役に立つかもしれない。しかし、彼らはこの大切な瞬間において、私たちがどのように生きて、何者になったかを表現することを支えてくれるのが関の山である。可能であれば、私たちが何を助けとして求めているかをはっきりと伝えるとよいだろう。

現代文化は死を医療化しているが、死はスピリチュアルな経験になる場合がある。きわめて挑発的な元神父そして哲学者であるイヴァン・イリイチは、何らかの医学的疾患で死にたくないと言うことを好んでいた。彼は死によって死にたかったのである。この価値のある考え方を念頭に置くためには努力が必要となるかもしれない。死にまつわる様々な医学的問題でさえ、私たちはスピリチュアルな経験として尊重することができる。それを単なる医学的問題と捉えるならば、あなたは唯物主義に屈服している。そのとき、死は臓器の機能不全とみなされ、魂の生における唯一の瞬間ではなくなる。

人はときに問う。魂は病気になるのだろうか？　魂は死ぬのだろうか？　もちろん。魂はそうした重要な移行期において、本当に重要な部分、主要な部分を担っている。ジェイムズ・ヒルマンは、彼のがんを治せないことを告げられたとき、「魂に衝撃」を感じたと後に述べている。

なぜシステムや自分に衝撃を与えないのだろうか？　なぜなら、魂は私たちの存在の中で、もっとも個人的な要素であると同時に、内なる他者でもあるからだ。魂は「私は」ではなく、「私に」という感覚に近い。しかし、それは私以上でもある。あなたは自分の魂への衝撃を感じることができる。そして、魂はあなたが同一化できるすべてを超えてとても深く、根本的である。

では、どうやって魂のある死を迎えればよいだろうか？

もし可能ならば、独りで死を迎えてはいけない。これまで以上に、家族や友人と近づく努力が必要である。傷ついた関係を修復するために、あなたにできることをすべてやるとよい。この機会に、必要な対決を避けることを止めよう。自分の気持ちを明確に伝えるために、それまで使ったことがない単語を使ってみよう。特に愛情や友情の気持ちを伝えることが大切である。

もし可能ならば、あなたの愛する人たちがあなたに望んでいることを考慮に入れながら、あなたが望む方法で死ぬことができるとよいだろう。あなたたちは互いに寛大で、責任を負い、両者がリーダーであり、リスナーである。モリアーティが『ノストス（帰郷）』で書いているように、あなたは知性を超え、自己さえも超えなければならない。彼は追記している。「知恵は明確な思考には宿らないだろう」。私はさらに付け加えたい。死の経験を回避せずに生きることは、自分という明確な感覚を超えることを意味する。あなたはここにいると同時に、向こう側にもいる。あなたはこちら側の人物であると同時に、向こう側の物事であり、向こう側の人物でもある。

自分の死のプロセスのデザイナーになるためには、ずいぶん前から準備を始めなければならないだろう。したがって、自分の死の可能性を初めて感じたときから、何年も準備をして計画を立てることを勧めたい。自分にとって重要なことは何かを考えることが大切である。自分の死についての考え方や見方を詳細なプロセスとして書き記しておこう。

医学的治療について早期に決定し、リビングウィルを真剣に考えよう。死のプロセスにおける治療や身体のケアに関する希望を人々に伝えるとよい。あなたが望むスピリチュアル・ケアの種類や、特に医療従事者などの専門家と面談するときに自分を助けてほしい代理人は誰かなど、重要な詳細を書き記しておくことが大切である。あなたには自分のそばにいてほしい医師や看護師がいるのではないだろうか。

治療やリハビリの最中に聴きたい特別な音楽はあるだろうか？　自分のそばに置いておきたい特別な小物はあるだろうか？　あなたはひとりの時間と仲間といる時間の両方を必要としているだろうか？　自分を慰めたり、鼓舞してくれたりする視覚的アートがあるだろうか？　写真やレコードは？　衣服や化粧品は？　アロマテラピーや音楽療法に適している時間かもしれない。ノイズ＝キャンセリング・ヘッドフォンは助けになるだろうか？　見る映画や聴く音楽は？

死の大部分はスピリチュアルなプロセスである。あなたは自分の人生で行ってきたスピリチュアルな実践に集中して取り組みたくなるだろう。もしかしたら、それはしばらくの間あなたがすっかり忘れていた昔の実践かもしれない。どの実践が自分にしっくりきて、誰が理論的に正しいかについて、自分の闘いをリラックスさせるときが来たのかもしれない。あなたは信頼や愛着を磨く努力を心がけ、自分が見捨ててきた実践にもっと開かれた態度を取るとよいのではないだろうか。

個人的に、私は旅行するとき、母のロザリオを身に着け始めた。幼少期に戻りたいからではなく、母の強いスピリチュアリティを握っているように思ったからだ。それは私が何十年も従わなかった実践である。私は、母のロザリオを身に着けることが魔術的であることは理解している。それもすべて正しい。私は自分の人生の終わりに直面して、母と父のスピリチュアルな物品のいくつかを持っていたいと思うようになった。信仰やスタイルに相違点はあるが、両親は私のモデルである。

哲学者が死ぬとき

プラトンが、哲学者たちはその深い思索において死の準備をしている、と述べたことは有名である。哲学者は肉体ではなく、魂に焦点を当てている。したがって、死に向かって肉体と魂が分離するとき、哲学者は恐れず、くつろいでいるだろう。この頻繁に引用される考え方は、興味深い示唆を含んでいる。十分に深い思索は、私たちの死を助けてくれるに違いない。

私は経験を振り返る価値を強調してきた。経験は振り返ることによって意味のある記憶となり、良い人生を探して前進するときの教訓になる。哲学者の主な仕事は、内省し、洞察を深め、良い人生の準備をすることである。哲学者によっては、その思想があまりにも抽象的で、読者が人生と思想のつながりを見抜くために、かなりの努力が必要になる場合もある。しかし、全体として、哲学は単なる実用的な分析から私たちを遠ざけ、私たちの考え方にいくらかの高尚さを与える。

私たちは皆、経験をより深く包括的に振り返ることから恩恵を受ける。それは字義的そして実用的な思考を減らし、あなたを魂に近づける。それはあなたを人生と切り離すことではなく、経験を見る視点を持つために十分な距離を取ることを意味する。唯物主義者、つまり実用的な判断や経験の量的側面のことしか考えない人たちは、死を考えるとすべてを失う。しかし、哲学者は過去を字義通りに見るだけでなく、死が終わりではないことを様々な点で尊重する。モリアーティは「哲学者になるのに知的である必要はない」と述べている。

したがって、魂のある老熟に関心があるならば、実用的そして技術的な本を読むだけではいけない。人間ドラマ、フィクション、ノンフィクションを読み、あなたの思索を深めることが大切である。良い文学は、スピリチュアルな実践となる。私たちは神聖と考えられている本を区別する不必要な境界線を張り巡らせ過ぎている。私は古典的な聖典の読書を補うために、ウォレス・スティーブンス、D・H・ローレンス、エミリー・ディキンソンの詩が特別に気に入っている。

文学、音楽、絵画は、芸術のほんの一部に過ぎないが、これらは魂を育て、元型的ないし永遠性の問題や、人生の本質に関心を向けさせる。あなたの信仰が何であれ、芸術は永遠性との究極の遭遇である死の準備になる。

良い芸術に触れながら生活するという提案は、すでに述べた考え方と結びついている。魂に方向づけられた人物は、死に対する態度において唯物主義的ではない。私たちは、死とは何であるか、どのような影響を与えるのか、について知り尽くしているふりをしたり、死に対する解決策を持っている必要はない。その代わりに、私たちは人生に対する信頼と開かれた希望を抱くことができる。

この希望が違いを生み出す。しかし、希望と期待は同じではないことを注意しておきたい。希望は喜びに彩られたポジティブな視点であり、特定の結果を要求しない。それは人生の素晴らしさに信頼を置く態度である。死について自分が何を信じているか、誰かと議論する必要はない。そのような議論は無駄である。あなたは人生それ自体についての自分の思いを、哲学的に、そしてスピリチュアルに、他人と語り合うことができる。その会話において、あなたは死についての新しい捉え方を得るかもしれない。決して最終的な結論に至る必要はない。

詩人―占星術家

ユング派の占星術家であり、詩人のアリス・O・ハウウェルと友情を交わしたことは、私の人生における恩恵の一つである。アリスは尽きることのない活発な想像力と言葉の力を持っていた。彼女は英国の島々、特にスコットランドのアイオナ島をこよなく愛していた。彼女は、たとえば、スコッチウイスキー「タリスカー」を小さなグラスで飲み干す「スコットランド式の乾杯」や、お別れに大きなハグをすることなど、いくつかの素朴な儀式を大切にしていた。

その他にも、彼女は、自分が亡くなる日を意味する「アバダフィーの日：Aberduffy Day」について頻繁に語ることを実践していた。私は、彼女と知り合いだった約三二年間、何度もその日の話を聞いたことがある。彼女は自分の死を決して遠ざけなかった。その実践こそ、彼女が私に残したもっとも大きなレッスンの一つだったと感じる。今という瞬間を心から生き、同時に、終わりの近くにいるという姿勢を大切にするのである。

言うまでもなく、私たちには皆、各自のアバダフィーの日がある。それは誕生日と同じくらい重要である。アリスはそれについてよくよく思い悩むことはしなかった。むしろ、いつもと同じように人生として受け入れていた。私は、人生を通じて自分の最後の日を祝うことを勧めているのではない。しかし、移行の通過儀礼の一つとして、それを念頭に置いておくとよいかもしれない。

私は、移行という単語を使うとき、向こう側の人生を暗示しているわけではない。向こう側に何があるかは分からない。しかし、私は永遠の生命という希望をもって生きることができることを知っている。エミリー・ディキンソンは「希望には翼が生えている」と言った。何がやってくるかは分からない。私たちは想像したように物事がうまくいくことを願う。希望は開かれている。ディキンソンの念頭にあったのはそのことだろう。

アリス・O・ハウウェルは、賢明な言葉を残している。

あなたがつかんだものを
手放しなさい
落ちた種だけが
育つ

結び：自然の成り行きにまかせる

死の恐怖は生きることの恐怖につながっている。精一杯生きている人は、いつでも死の準備ができている。
——マーク・トウェイン

結局のところ、老いに対処するもっとも効果的な方法は、ありのままの自分でいることだ。どうしたら老いを止められるかを想像することで、老いを回避しようとしてはいけない。あなたより若い人たちと自分を比較してはいけない。青春時代が戻ることを願ってはいけない。老いのネガティブな側面を否定してはいけない。ありのままの自分でいることだ。自分の正確な年齢を生きることだ。

ありのままの自分でいることは、人生のあらゆる分野でうまくいく。あなたは、私がしばしば願うように、音楽の才能があったらいいのにと願うかもしれない。あなたは、実際の配偶者ではなく、学校で見かけた素敵な人と結婚できたらいいのにと願うかもしれない。二十年後に生まれたら良かったのにと願うかもしれない。そうだったら今日のあなたはもっと若い。こうした願いは実りのないファンタジーであり、あなたが何かを避けることに役立っている。あなたは、ありのままの自分でいることができなければ、真の個人になるプロセスに参入できない。

この原理は病気にも応用できる。この本を執筆している間、私は老いについてたくさんの人と会話した。私がよく聞いた懸念は、まだ老いを感じ始めたばかりという言葉である。それは病気になる恐怖といえる。病気は大いなる未知であり、いつ降り掛かってきて、人生を変化させるか分からない。

しかし、病気は人生の一部である。活力を感じることは、病気を含めて、人生が与えてくれるすべてを受け取ることを必要とする。ただ単純にそうなったのだ。あなたにやってきて、他の人にはやってこないかもしれない。病気はあなたであり、あなたの様々な業績と同じように、ありのままの自分の一部である。病気を「神の意志」、自分の運命、あるいは、性格に新たな側面を追加する機会として受け取る以外に何ができるだろうか。

親友ジェイムズ・ヒルマンの自宅で死の床にある彼の隣に座っていたとき、看護師が訪問し、彼に様々な処置を行ったが、彼は決して不満を言わなかった。彼はこの挑戦を避けることができたら良かったのにと決して言わなかった。彼の治療をする医師に反発する言葉を言わなかった。少なくとも、私は一切泣き言を聞いていない。もしかしたら、彼はそうした感情をもっと他人に向ける必要があったかもしれない。私には分からない。

私がダブリン病院で友人ジョン・モリアーティのベッドの端に座っていたとき、最後のがん治療が失敗に終わったことが分かった数分後でも、彼は他の運命を願ったり、不満を言ったりしなかった。彼は病気と一年以上向き合っていたが、病気を自分の人生の一部として受け入れなければならない場所にたどり着いていた。単純にそうだった。

あなたの運命はアイデンティティの一部になる。歳を重ねることは、私たちの一般的な運命である。それもまた、常に私たちは何者かを定義づける。人々はあなたが何歳かを知りたがる。そうすると、彼らはあなたが何者かをもっと知るのである。本当に活力をもって生きるために、自分の人生そして自分の年齢をありのままに生きなければならない。

自分の年齢をどのように伝えるか

自分の年齢を生きることは、周囲の人たちがあなたの年齢を知ることを意味する。周囲の人たちは、あなたの年齢を若く見積もっているかもしれない。すると、あなたはこの間違いの罠にはまる。彼らに真実を伝えることを避けたい誘惑に駆られるのである。その誘惑により、あなたはありのままの自分を生きる機会を失ってしまう場合がある。年齢は抽象的な観念ではない。あなたは年齢を言葉にすることで、それをリアルなものにできる。今日、私ははっきりと大きな声で「七十六歳です」と言わなければならないのである。

周囲の人たちは、あなたの年齢を若く見積もっているかもしれない。年齢を伝えると、彼らはあなたに関心を持たなくなる場合がある。単純に、高齢者に対する一般的な社会的偏見のせいである。しかし、それがあなたなのだ。あなたは、今日ではあまり尊敬されない老人という部類に入る。あなたがこの事実を認めることができるならば、周囲の人たちはあなたを年齢に対する恐れで操作することができなくなるだろう。脅迫されることを恐れていない誰かを脅迫することはできないのである。

あなたは年齢の社会的スティグマの変化を試みることができる。しかし、そのときでさえ、あなたはありのままの自分を生きているべきであり、年齢差別に対する闘いを自分自身の年齢についての個人的な防衛にしてはいけない。あなたは同時にたくさんのことができる。年齢差別と闘う/より若く感じることを試みる/自分自身の年齢をありのままに生きる。

自分の人生の歳月を含む、自分の状況の正確な様相を受け入れることが大切である。状況を曇らせる願望や後悔の中に防衛的に滑り落ちてはいけない。人生を諦めたり、自分自身を放棄することに溺れたり、埋もれたりしてはいけない。それらは老いを避けるためのネガティブな方法である。様々な落とし穴にはまることなく、自分の年齢を生きる自分自身を見いだそう。あなたはありのままの人生を生きるための道を見いださなければならない。

中心点

人生をかすかに否定したり、かすかに諦めたりすることのない態度が必要である。心に静穏な中心点を持ち、ほとんど感情的になることなく、何が起きているかを認識することが大切である。長い時間がかかるかもしれないが、この中心点にたどり着いたら、あなたはそこからもっと情緒的かつ創造的な方法で進んでいくことができる。

この静穏な中心点を発見することは、欠かせない到達点であり、また出発点でもある。たとえば、私の場合、単純に「私は七十六歳です」と言わなければならない。私はときどき四十歳のように感じているが、年齢を言う大切な瞬間は、四十歳について忘れて、自分の年齢を認めなければならない。私は若くありたいと願っているし、空想の生活においてはそうした願望も重要である。しかし、年齢を受け入れる瞬間には、そうした願望については忘れることが大切である。

願望ではなく現実に焦点を当てることは、一回きりではなく、繰り返される。それは老いのスピリチュアリティの一部である。鈴木俊隆老師は『禅マインド　ビギナーズ・マインド』で、この考え方について明確に表現している。「真の存在は、一瞬一瞬、無から生じてくる。無はいつもそこにあり、そして、そこからすべてが生じてくる」。彼はこれを自然な心、あるいは、「柔軟心（やわらかくてしなやかな心）」と呼んでいる。

私の理解では、この核となる態度で自分の経験をありのままに受け入れるとき、あなたは自然である。冗長な説明や防衛的な但し書きで経験を粉飾しないからである。「私は七十六歳です。でも、もっと若く感じています」とは言わない。「私は七十六歳です」と言うのである。このように自分の心を整えることは、あなたが考えているよりも簡単ではないだろう。人々が年齢について語っているとき、自分の年齢の認識をやわらかく言い換えて、現実を覆い隠すために様々な方法を使っていることに注意するとよい。

ある人は「私は五十歳ですが、今では五十歳って若いですよね」と言う。その通り。相対的には若い。しかし、自分の年齢を生きることが大切である。別の人は「もうすぐ三十歳になるんです。人生の最盛期です」と言う。その通り。友人よ。しかしあなたは老いに向かってもいる。「ちょうど六十五歳になりました。もうよれよれです（笑）」。その通り。フロイトならば、あなたの笑いは防衛であると言うかもしれない。それは老いを遠ざけようとする神経質な方法である。

『道徳経』には、以下のように書いてある。

物事を自然の成り行きにまかせることで人生は流れていく
干渉すると流れない。

老いを成り行きにまかせよう。最良の動機があっても、干渉してはいけない。良かれと思って行うことが、最悪の事態を招く。私たちの善意の干渉が人生の流れを妨げる。人生の流れを妨げると、川の流れのように行き詰まり、混乱が大きくなる。心理療法で見かけるクライエントのもっとも一般的な問題は、人生の流れに抵抗することである。私は神経症という単語をそのようなものとして定義したい。

老いについて、私はしばしば二つの視点に押しつぶされているように感じる。老人になることがどれだけ悲惨かということを単純に認め、素直になるべきだ。あるいは、若さを感じることができるように何でもやるべきであり、老いに屈服してはいけない。どちらの立場も柔らかさやしなやかさに欠けており、自然でないし、空っぽでもない。

禅や老荘思想の視点を身につけると、年齢のことを考えずにそれを受け入れることもできる。すると、老いの世界の中心は、空っぽの中心点になる。「私は七十六歳です。話は終わり」。この中心点に立って、自分の若さをどうやって保つかを考え、老いに屈服しないようにするのである。そうすれば、自分が若い人たちに嫉妬していることや、繊細な願望に溺れていることを受け入れることができる。この中心点はあなたの自由と満足感を守るだろう。

これは韓国のアーティスト、パク・カンジョン（Kwang Jean Park）による大きな絵画である。私が述べている中心点を描いたこの作品は、私の家族の家に数年間飾ってあった。

これを「老いの禅」と名付けよう。生涯を通じて、私たちは単純に、老いの意味を見いだすために必死になることなく、気楽に歳を重ねたいと思っている。一歩一歩、私たちはありのままに歩んでいく。

ここにあなたを導く原則がある。自分の年齢を単純に認め、老いることについて感じているすべての恐れや誘惑にこだわらないようにするならば、あなたは自分の若さを保つための自由を得るだろう。そして、老いと若さの両方を保つことは、良い形で老いるためのもっとも深い秘密である。どちらか一方に偏り過ぎてはいけない。自分のゼロ点、出発点として、ありのままの自分を十分かつ正確に認めていないならば、あなたはおそらく若さを保つためのみっともない試みで埋め合わせようとするだろう。もう一度言わせてほしい。自分の若さを保つことは、一喜一憂することなく、自分の正確な年齢を認めることを必要とする。

　パク・カンジョンの作品においては、具体的な人生のイメージといえる四角形の真ん中に中心点があることに注目してほしい。そして、四角形の角をつなぐ線がある。それが私たちの実際の人生である。「禅の中心点」は無のイメージであり、それは歳を重ねていく道の中心にある自然な心である。この作品は、あなたを空っぽでありながら充満している状態に導く。あなたは人生の中心に深遠な無為を置く。同時に、時間のプレッシャーの下、あなたは積極的に様々な活動を行う。この中心点は、この瞬間、あなたが老いにおいてどこにいるかを示しているといえるかもしれない。この中心点を尊重し、その視点で語るならば、老いのあらゆる問題に解決策を見いだせるだろう。

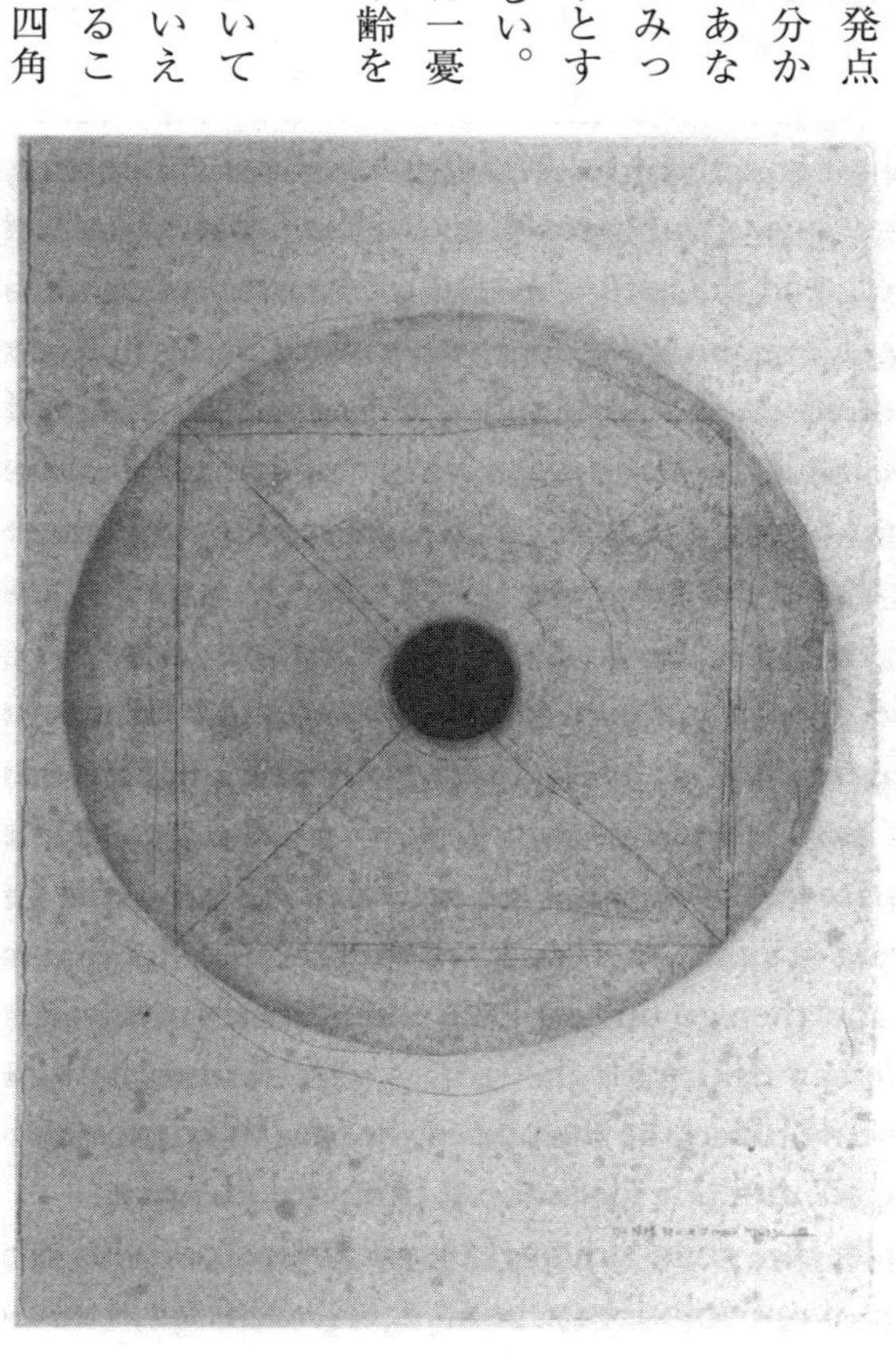

数十年にわたる人生で、私は禅の自然な心を生きることを試みてきた――分かっている。あなたが試す必要はない。しかし私は、私たちのすべての空想、何を善や悪と考えるかに価値があるという自分自身の哲学も含めた。もし老いを恐れているならば、私たちは自分の恐れを見通す禅の中心点から始めなければならない。それから、老いることに含まれる様々な複雑な事柄に向き合っていくのである。私たちは自分自身や他人に語る老いについての物語、年老いた友人や親戚の思い出、時間とアイデンティティに関する考え方などに取り組むことができる。

この中心点を見落としてはいけない。老いや死に対する恐怖心が、老いについての感情の中心にあるならば、それが解決策である。自分の恐怖心や嫌悪感を否定してはいけない。その感情から始めるとよいだろう。人生のまさに中心にある暗い要素が、必要とされている出発点、私たちの前進の鍵ではないだろうか。しかし、暗い要素に溺れたり、囚われたり、恐怖心にこだわったりしてはいけない。それを認めて、そして手放すのである。

自分の年齢を演じる

七十代になって、私の心をときどき襲うテーマの一つは、老いに気づくと、これまでのようには将来の計画が立てられなくなるという悲しみである。若い友人たちが今から二十年後の目標を設定しているのを聞くと、私にはそれができないことを痛感する。私は新しい著作の印刷にどれぐらい時間がかかるか気になってしまう。そして、フラストレーションを感じる。なぜなら、自分には残された時間が少ないと感じているからだ。私の思考は、自分に割り当てられた残りの年月に向かう。そして、私は自分自身が高齢であることを認めざるを得なくなる。

こうした思考は、自分の現在の年齢と調和するように、自分の時間感覚をリセットすることを私に強いる。ありのままの人生を生きるために。再び中心点である。私は、若くありたいとか、もっと時間があれば、と願う空想を受け入れている。なぜなら、それらには目的があるからだ。しかし、そうした逃避的な思考の真っ只中にあっても、私は自分のあり方や考え方を変化させることができる。私は今では、残された時間のことが気にならなくなってきた。あるいは、ユングの提案を実践できるようになった。自分の人生がこれから何世紀も続くと考えて、自分のしていることを続けるのである。結局のところ、解決策は同じということを意味する。

私は九十八歳で亡くなるまで活動を続けた非凡なアーティスト、ルイーズ・ブルジョアの美しい、謎めいた、悲しい言葉を思い出す。亡くなった年に彼女は書いている。

決して私を自由にしないで
決して私を自由にしないであろう
この重荷から

制限と重荷の感覚は、あなたが創造的に表現し、自由に生きることを止めたりしない。制限はある種の自由である。今日、私は執筆していて、五十代の頃よりも批判されることについての心配が少なくなり、もっと自由を感じている。私は五十代の頃の自分を好きだが、そのときの自分は今の自分よりも自由ではなかった。まったく自由ではなかったといえる。

ルイーズ・ブルジョアは古典的な精神分析を拒絶したり、フロイトを笑い者にする現代の傾向に背を向けていた。彼女は人生を通じて、特に高齢になってから、制作の素材やインスピレーションを探すために子ども時代の記憶に頻繁に浸った。彼女は私たちの良いモデルとなる。歳を重ねると、私たちは子ども時代について新しい視点を得ることができる。原材料として子ども時代の記憶と継続的に向き合い、ふるいにかけるのである。子ども時代の記憶のあらゆる細部はあなたの原材料である。それと向き合うことによって私たちは成熟した大人になる。そして、より成熟した老人になることができる。子ども時代の記憶は歳を重ねるにつれて、次第に鮮明になり、より関連を深めていく。ただし、それには内省と仕分けが必要とされる。大切なことは、自分自身を知的に理解することではなく、自分の内なる種子をたとえ高齢になっても開花させることである。

過去の悲しい記憶に溺れたり、後悔に打ちひしがれたり、うまくいかなかったことについて自分自身を責めたりしてはいけない。そうしたすべての痛ましい記憶を現在の空っぽの禅の穴に吸い込むのである。その空洞において、あなたは老いを受け止め、人生の記憶はひりひりする痛みと重みを失っていく。それらはありのままでいると決断したあなたの明るい無の中に吸い込まれる。

私たちの多くは、すべての人ではないかもしれないが、子ども時代の重荷を背負っている。私たちは転職するときも、関係を築き直すときも、人生で一度きりの重荷をずっと背負い続ける。私たちはこの重荷から自由になる必要はない。しかし、ある意味で、それを楽しむ必要がある。それは繰り返し向き合うべき原材料であり、そこからより親しみやすい人格とライフスタイルを作っていくのだ。

私は、心理療法で多くの男女に会ってきた。彼らは、子ども時代に受けた大変に痛烈な大打撃、衝撃的な出来事の記憶に圧倒されていた。ある人は、重荷から自由になる日なんて来るはずがないと思っていた。しかし、ここでブルジョアの言葉が身に染みる。重荷から自由になることを決して願ってはいけない。これはあなたの特別な人生なのだ。重荷はあなたの原材料であり、たとえつらかったとしても、あなただけに与えられた宝物である。

ここに禅の中心点の別の側面がある。それは自然の空洞というだけでなく、私たちのアイデンティティの中核にある。私が普段参照しているヒルマンは、アイデンティティの中核について話すことを好まなかった。彼はアイデンティティの多様性を保ちたいと思っていた。一方、私は魂の多様性と魂の中核や中心という感覚の両方について話すことを好んでいる。私は、中心というイメージが、多中心的な魂を尊重することを妨げないように用心している。

このことは『道徳教』における別の重要なイメージを喚起する。

三十本の輻が車輪の中心に集まる
その何もない中心において車輪の働きが生み出される

ここで輻は前述の絵画の四角形と円のようだ。そして、中心は点である。あなたは人生と空の両方とうまくやっていく必要がある。あなたは若さのために自分の思考や努力を総動員する必要がある。しかし、それらはあなたが空っぽの中心を持っているときに機能する。

ある若い女性ケイが、控えめに言っても難しい子ども時代だったと語ってくれた。彼女の両親は自制心を失い、若い少女の自信と価値の感覚を見下すために無数のめちゃくちゃな行為を行った。彼女のやることはすべて正しくないとされた。今でも、そうしたメッセージが彼女にこびりついていた。そして、大人になっても、彼女は自分の目的をまったく達成することができなかった。

「私はもうすぐ五十代後半になります」と彼女は言った。「そして、私は自分の人生に絶望しています。私は後悔しながら終わるのでしょう」

ヒルマンは、トラウマとは歴史の単なる事実ではなく、イメージだと言う。トラウマは私たちと共にとどまる。そのイメージは私たちが抱える重荷であり、私たちの希望を取り去ってしまう。

私はケイを何年も知っている。そのため、彼女の苦悩、彼女の心理学的で、スピリチュアルな知性を知っている。彼女は情緒的に苦しんでいたが、私が知っているほとんどの人たちと比較すると遥かにスピリチュアルだった。私は彼女のことをあまり心配していなかったが、とはいえ、彼女の苦悩をなんとか止めることができたらと思っていた。傍から見ると、彼女はかわいそうに見えるが、彼女は痛ましい記憶から素晴らしい自己を作り上げた。あまりにもひどい過去に、当初私は、彼女がゼロ点、すなわち癒しや変化を必要としない自然でやわらかい場所に向かう勇気があるだろうかと思ったほどだった。逆説的なことに、私たちの多くは癒しを求めて間違った方向へと探しに行く。私たちは自分自身の内側に深く入っていく代わりに、自分自身を遠ざけてしまうのである。

ケイの苦悩の要因が年齢であったことに注目してほしい。彼女は自分の人生の悲劇的な要素に取り組む時間がどれくらい残されているだろうかと思い悩んでいた。実際、彼女はずっとその問題に取り組んできたのである。彼女の魂と精神は卓越した状態にあったが、彼女の人生は残り少なかった。私は将来、彼女が自分の物語にもっと取り組むことができることを願っている。私は彼女ならばそれができることを確信している。彼女は決断力、忍耐力、そして知性がある。そうした徳がなかったら、彼女がどうやって癒しに向かうのか見当もつかない。

高齢者の大きな仕事は、時間の円環そして人生の流れを完了することである。この円環はときにウロボロスと呼ばれる。そして、尾を噛む蛇として想像されている。ユングにとって、これは生涯にわたって取り組むべき錬金術的過程の本質であった。それは私たちが受け継ぎ、経験したすべてから、魂を作ることを意味している。私たちは自分自身の尾を噛んでいる。蛇の裂けた口を通して、子ども時代が私たちに戻ってくる。私たちは人生の最初の歳月に戻ることによって年齢の問題を解決する。

私の終わりは私の始まりである。人生の秘密は錬金術師たちが頻繁に使用したイメージの中に見ることができる。蛇が美しい円環を描くのである。その蛇の口は大きく開き、その尾を噛んでいる。始まりは常に存在している。これまでとこれからのあいだにある人生のすべての瞬間が自己を構成しているが、それは現在の要素であると同時に記憶でもある。そうなると、大切なことは、単に若さを保つことにとどまらない。人生のすべての瞬間とつながること、特に自分のアイデンティティを鍛錬したと思える時期とのつながりを保つことが大切である。

分裂したコンプレックスを癒すことによって良い形で老いを迎える

ある若い女性が心理療法を受けるために私のオフィスにやって来た。スザンヌは仕事生活に満足していなかった。何が問題なのかははっきりしていなかったが、彼女は教師そしてカウンセラーとして勤めている学校に行くことが憂うつだった。最初、私は彼女の自己認識と落ち着きにとても感心した。この女性の落ち着きはどこから来るのだろうと思った。彼女は容姿端麗で、一緒にいて心地よかった。

私は二回目のセッションで、彼女の物語から耳障りな音調を聞いた。彼女はこれまでの人生にまったく幸せを感じていなかった。そして、語りの中に切り離されて散らばっているたくさんの感情や将来の計画が見えた。彼女は私が最初に思ったほど、自己認識があったわけではなかった。

もうすぐ五十歳になるスザンヌは、年齢にプレッシャーを感じていた。彼女は変化しなければならないと思っていたが、どの方向に向かえばよいかについて手がかりを持っていなかった。私は彼女が五十歳よりずっと若く見えたので、どのような若さが彼女の性格を彩っているのだろうと思った。もしかしたら彼女は個人的な経歴のどこかで行き詰まったのかもしれない。あるいは、彼女の若さは今も内面で活発なのかもしれない。

前面に浮上した課題はシンプルだった。しかし、私はそれが彼女の幸せの鍵だと感じた。彼女は周囲の人たちに対してノーと言ったり、傷つけたり、批判したり、失望させたりすることがまったくできなかった。彼女は好感の持てる、理解のある人物であろうとしていた。私たちは彼女の愛らしさの背景について話し合った。彼女は、ときどき自分がひどい言葉を投げつけて、周囲の人たちが傷ついてしまうことを語った。周囲の人たちは柔らかい物腰の女性が突然意地悪になることに驚いた。

私はどのようにそれが起きるかを整理した。物腰の柔らかさは本物ではなく、感情生活の表面に自動的かつ強迫的に貼りついている。一方、その対極に辛辣さが隠れていて、どちらも同じようにコントロールできない。感情におけるこの分裂は、感情コンプレックスを示唆している。スザンヌは自分の人生の喜びも個人的な影響力も自分のものにしていない。結果として、スザンヌはその両面に翻弄されている。

そして、ものすごく重要というわけではないが、とても興味深いことが起きた。彼女がオフィスを出るとき、私は「あなたはもうすぐトイレの夢を報告することになるかもしれませんね。そうなっても驚きませんよ」と言った。

次のセッションに来た彼女は目を丸くしていた。どうして先生はトイレの夢を見ることが分かったのですかと聞いてきたのである。彼女は困惑しながら、排便の夢を語ってくれた。それは表面的な愛らしさとコントロールできない辛辣さで分裂している多くの人たちからよく聞く種類の夢だった。たいてい、夢見手はトイレがあふれて立ち往生する。そして、夢見手は周囲にあふれた汚水の価値を何かつかまなければならない。スザンヌの場合、夢で排泄物にまみれて、汚れたと感じて、困っていた。彼女はその姿を見られたくなかった。

この種類の夢は、イニシエーションの夢といえる。夢見手は自分自身の汚い部分そして不快でさえある部分とつながることを求められている——スザンヌの場合、ノーを言えるようになること、そして、もっと強い人物になることを意味するのだろう。彼女があらゆる内なる可能性を自分のものにするプロセスを始めることができるならば、彼女は変化するに違いない。彼女の表面的な愛らしさは確固たる気品そして善意となり、辛辣さはノーと言うことが必要なときにノーと言える能力になるだろう。トイレは彼女の変容にとって完璧な場なのである。

このイニシエーションは老いの文脈で起きている。彼女は五十歳を迎え、更年期の最初のサインを感じていた。それは人生のある段階を通過し、より十分な人物になるための、完璧な時である。スザンヌの夢は、嫌悪感を掻き立てるものだったかもしれないが、彼女が今、老いに向かい始めているという希望をもたらしてくれた。もし彼女がここで変容しないならば、彼女は歳を重ねるだけだろう。しかし、私は彼女の人生に対する欲望を強く信頼していた。彼女がより賢明で、より魅力的な人物になることは確信できた。

それから数か月をかけて、言うまでもなく、スザンヌは生活面で注目すべき変化を遂げた。彼女は人と関わるときのスタイルにおいて神秘的な錬金術的変容を見せたのだ。彼女は実りの少ない仕事を辞め、自分の能力を活かすことのできる、自分の気質にあっている別の仕事に就いた。彼女は自分自身のオリジナルな方法で教えたり、執筆したりして、自分自身を外の世界に表現した。彼女がそうした変化を遂げるにつれて、彼女の雰囲気も変化した。彼女は不必要な愛らしさを賢明で現実的な女性の輝きに変化させようとしていたが、確実にその方向で進歩を遂げた。

魂のある老熟は、長期間にわたって分裂と向き合うことを求めてくる場合がある。不満足という原材料を拾い上げ、深みのある人格そして自己理解という洗練された素材へと変容させる手助けが必要とされる。あなたには自己分析と勇気のある変化の時期が求められるかもしれない。

スザンヌと私が彼女の夢について話し合っていると、両親のイメージが彼女の心に浮かんできた。彼女は自分の課題のルーツを見抜いた。彼女は自分自身の人生が母の未解決の課題や父の短気と関連していることを理解した。彼女は様々な解決策や希望を整理し、それを実行することが必要と思った。私の考えでは、スザンヌは、自己一致した人物になるという意味で、老いに向かっていた。彼女は自分の人格やライフスタイルと深層にある永遠の魂を調和させせようとしていた。

老いることはチャレンジである。それは自動的な活動ではない。あなたはある段階から次の段階へと通過していく。あなたは何者かになる。チャレンジに直面したあなたは、その障害を避けるのではなく、その障害を通過する人生を選択しなければならない。あなたはプロセスに参入し、積極的に参加する決断を下さなければならない。

しばしば、そのプロセスは、克服されていない若さと再び出会うことを求めてくる。それは中途半端な認識や隠された思い出を手放す時であり、すべてを明るみにして、一つずつ、許し、受け入れ、安らかに寝かせる時である。蛇は自らの尾から養分を得ることによって、すなわち頭が尾を消化することによって、時間の輪の円環を完成させる。

老いることとは、生々しい記憶や人格特性をリアルな自己に変容させる勇気のいるプロセスである。あなたはもはや原材料ではない。あなたの分裂は人格のクオリティ、そしてライフスタイルの一側面になる。老いという単語を別の意味で捉えよう。それは歳を重ねるだけでなく、人生経験を振り返りながら、自己一致した人物になり、自分自身の運命を受け入れていくことである。

現在の瞬間に生きるべきだと言っているのではない。それは別の考え方である。私が提案しているのは、あなたが自分自身そして周囲の人たちに、自分が何者であり、何歳であるかを正確に伝えるべきということだ。年齢を伝えるのである。そうすると、あなたはそこから自分の老いを深めることができる。語源に従えば、魂は呼吸と共に始まる。あなたは今どこにいて、何者だろうか。資格は必要ない。防衛的な「しかし」や「もし」は必要ない。老いることとは、より複雑な人物になることだが、常にありのままの自分と関連している。あなたは自分の若さを感じ取り、それを磨くことができる。あなたは過去が違っていたらと願い、別の未来を期待することができる。しかし、自分の年齢をごまかしてはいけない。ありのままの年齢を生きることは、若く見えるように無理に試みるという神経症的なあり方を防ぐ。

この点における秘訣は、あなたの願望と実際を明確に区別するということである。願望はありのままの自分の否定になる。それはあなたを自分の自己、あなたの魂から遠ざける。多くの人たちは年老いたくないと願うことで、老いのポジティブな利点を無駄にしている。

願望のための心の空間も残しておこう。もっと若かったらよかったのにと願うことは、人生に対する愛情の表現であり、決して終わらない人生を望むことや、少なくとも終わりに近づきたくないという気持ちである。あなたは、現実の否定としての神経症的な願望と、人生に対する愛情としての美しい願望の区別を知らなければならない。本当に老いたときに、私たちの多くが感じる悲しみの背景にあるのは、人生に対する愛情である。私は、避けられない死を受け入れることはよいことだと思うが、同時に、生きるために最後まで闘うこと、簡単に諦めたりしないこともよいことだと思う。

そう、私たちは逆説の逆説で終わることになる。あなたは、適度なもの悲しさと共に、自分の年齢を受け入れることによって、同時に、あなたに奮い起こすことができる最大限の喜びと共に、年齢を気にせずに生きることを選択することによって、良い形で老いを迎える。そのためには、あなたが、自分は身体ではないこと、自分の経験の合計ではないこと、自分が考えているように時間に制限されているわけではないことを理解する必要がある。あなたは魂を持っている。それは活力の源であり、そこからあなたの生命は流れている。それはより大きな世界の魂の支流である。あなたの魂は、時間の中の経験のあらゆる瞬間にある。しかし、それはまた永遠でもある。あなたは両方の場所で生きることを学ばなければならない。フィチーノは「魂は、半分は時間の中に、半分は永遠の中にある」と述べている。永遠性とつながりをもって生きることは、科学技術や時刻重視の現代社会においては難問である。しかし、老いに対する諦念と喜びを同時に持つことがベストではないだろうか。

訳者あとがき

本書は、Thomas Moore, "Ageless Soul–The Lifelong Journey Toward Meaning and Joy–" St. Martin's Press, New York, 2017 の全訳である。

著者のトマス・ムーア（http://thomasmooresoul.com/）は、本書にもたびたび登場するジェイムズ・ヒルマンが創始した元型的心理学の立場で心理療法を実践する傍ら、現代社会の様々な問題を元型的心理学の視点から論じる著述家として活躍してきた。なかでも、一九九二年初版の "Care of the Soul"（邦訳：『失われた心　生きられる心』経済界）は、アメリカで「魂ブーム」を巻き起こすほどの大ベストセラーになり、一躍人気エッセイストの仲間入りを果たしている。二〇一九年一月時点で二四冊の著作があり、いずれも元型的心理学の「魂」という視点を中心に据えた内容になっている。日本語に翻訳された著作には、『ソウルメイト　愛と親しさの鍵』（平凡社）、『メディテーション　ゆっくり生きるための修道士の知恵』（時事通信社）、『内なる惑星　ルネサンスの心理占星学』（青土社）、『ヨブ記』（コスモス・ライブラリー）があり、今回の『老いること』で六冊目になる。

ムーアは、一九四〇年にミシガン州デトロイトで生まれ、一三歳で家族と離れてイリノイ州シカゴ郊外の神学校に入学、一二年間にわたってローマ・カトリック教会の修道院生活を経験している。しかし、本書でも述べられているように、聖職者になる叙階式の直前に修道院を離れた。その後、デポール大学で学び、ミシガン大学大学院で音楽学修士の学位を取得、さらにウィンザー大学大学院で神学修士の学位も取得、最終的にシラキュース大学大学院で宗教、神話、深層心理学、芸術を統合的に研究して、三五歳のときに宗教学博士の学位を授与されている。そして、テキサス州にある南メソジスト大学宗教学科で七年間、宗教学と深層心理学の教鞭をとった。しかし、同大学の終身在職権を得られずに辞職を余儀なくされ、テキサス州ダラスで個人開業の心理療法家として生計を立てながら、数年間にわたって「人間性と文化」ダラス研究所（The Dallas Institute of Humanities and Culture）で深層心理学と神話学を教えている。当時、ダラス研究所には、ジェイムズ・ヒルマン、アドルフ・グッゲンビュール-クレイグ、パトリシア・ベリー、ディヴィッド・ミラー、ロバート・サルデロ、ゲイル・トーマス、イワン・イリッチ、ラファエル・ロペス-ペドラザといった著名な教授陣が集結し、ユング心理学の流れを汲む元型的心理学の中心地になっていた。ムーアはダラス研究所で元型的心理学の発展に寄与した後、ニューハンプシャー州ピーターボロに移り住み、画家でヨガ教師のハリ・キリン（ジョーン・ハンリー：https://www.artandyoga.com/）、スピリチュアル・ミュージシャンの娘アジート・カウアー（https://ajeetmusic.com/）、建築家の継息子エイブラハムと共に、現在に至るまでピーターボロで暮らしている。

ムーアのエッセイは、当初から、元型的心理学の「魂」という視点を、日常生活のちょっとしたエピソードを通して紹介するスタイルである。本書のテーマは「老い」であるが、「老い」との向き合い方についても、相変わらずのムーア節で貫かれている。ムーアは、加齢に伴う生物学的な老化ではなく、「老い」の体験によって引き出される空想に焦点を当て、その心理学的な意味に想いをめぐらせる。平板な外形にとらわれている字義的な態度に楔を打ち込み、イマジナルな心の動きを活性化して、「老い」の体験の深みに私たちの眼差しを向けさせようとするのである。この点において「老い」は絶好の機会となる。誰もが「老い」によって心を強く揺さぶられるからだ。日頃、私たちは「老い」から目を背け、一面的な「若さ」を追い求める。しかし、歳を重ねて過去を振り返り、自分の人生に残された日々とその先の未来を想うとき、きわめて個人的な体験である「老い」の深みにふれることができる。ムーア曰く、「私たちは内省によって思慮深い人物になる。そのような変容も老いの一部である」。本書を読み進めるにつれて、読者は自然に自分の人生を振り返ることになり、様々な喪失感や後悔の念を含め、「老い」がもたらす豊かさに気づかされるに違いない。そして、読後には、自分の「老い」に対する見方の変化を静かに感じ取ることができるのではないだろうか。

訳出について一言述べておきたい。本書では、頻出するagingという単語を、文脈に合わせて「老い」と「老熟」に訳し分けた。そのまま「エイジング」と訳すことや、「円熟」や「老成」といった訳語も検討したが、ムーア自身がチーズとワインの例をあげて、「年月と共に熟する味わいの複雑な深み」という意味合いでagingという単語を用いていると強調していたため、あまり日常的に使われない言葉ではあるが「老熟」と訳した。「老い」と向き合うとき、生物学的な側面の「老衰」に気を取られ過ぎず、心理学的な側面の「老熟」を常に忘れないようにしたい。「老い」の体験は、私たちに人生の意味を問いかける通過儀礼であり、今よりも複雑で深みのあるより大きな自己感覚に導いてくれるのである。

最後になるが、出版に際して大変にお世話になったコスモス・ライブラリーの大野純一氏に心から感謝の意を表したい。また、河村誠氏がとても素敵な装丁をデザインしてくださった。本書が多くの読者のもとに届き、「老い」と向き合うヒントになれば幸いである。

遠く離れた病院のベッドで最期の時を迎えようとしている父のことを想いながら

二〇一九年一月

青木　聡

著者／訳者プロフィール

〈著者プロフィール〉

トマス・ムーア

ニューヨーク・タイムズのベストセラー#1『失われた心、生かされる心』の著者。成熟したスピリチュアル・ライフを啓発する著作、魂を深める生き方に関する著作多数。三つの著作でベターライフ賞を受賞。古い順に、修道士、ミュージシャン、大学教授、心理療法家という異色の経歴を持つ。現在は、魂のある世界を創るためにスピリチュアリティについて各地でレクチャーを行っている。ニューハンプシャー州在住。

www.thomasmooresoul.com

〈訳者プロフィール〉

青木　聡（あおき・あきら）

上智大学大学院文学研究科心理学専攻博士後期課程単位取得満期退学。現在、大正大学心理社会学部臨床心理学科教授。臨床心理士。公認心理師（登録申請中）。東京の池袋で「あずま通り心理臨床オフィス」を個人開設して心理療法を実践している。a_aoki@mail.tais.ac.jp

AGELESS SOUL
by
Thomas Moore

老いること

エイジレス・ソウル：人生の意味と喜びを探求する生涯にわたる旅路

2019年2月6日　　第1刷発行

発行所　(有)コスモス・ライブラリー
発行者　大野純一
〒113-0033　東京都文京区本郷 3-23-5　ハイシティ本郷 204
電話：03-3813-8726　Fax：03-5684-8705
郵便振替：00110-1-112214
E-mail：kosmos-aeon@tcn-catv.ne.jp
http://www.kosmos-lby.com/
装幀　河村　誠
発売所　(株)星雲社
〒112-0005　東京都文京区水道 1-3-30
電話：03-3868-3275　Fax：03-3868-6588
印刷／製本　シナノ印刷(株)
ISBN978-4-434-25764-3 C0011
定価はカバー等に表示してあります。

「コスモス・ライブラリー」のめざすもの

古代ギリシャのピュタゴラス学派にとって〈コスモス Kosmos〉とは、現代人が思い浮かべるようなたんなる物理的宇宙（cosmos）ではなく、物質から心および神にまで至る存在の全領域が豊かに織り込まれた〈全体〉を意味していた。が、物質還元主義の科学とそれが生み出した技術と対応した産業主義の急速な発達とともに、もっぱら五官に隷属するものだけが重視され、人間のかけがえのない一半を形づくる精神界は悲惨なまでに忘却されようとしている。しかし、自然の無限の浄化力と無尽蔵の資源という、ありえない仮定の上に営まれてきた産業主義は、いま社会主義経済も自由主義経済もともに、当然ながら深刻な環境破壊と精神・心の荒廃というつけを負わされ、それを克服する本当の意味で「持続可能な」社会のビジョンを提示できぬまま、立ちすくんでいるかに見える。

環境問題だけをとっても、真の解決には、科学技術的な取組みだけではなく、それを内面から支える新たな環境倫理の確立が急務であり、それには、環境・自然と人間との深い一体感、環境を破壊することは自分自身を破壊することにほかならないことを、観念ではなく実感として把握しうる精神性、真の宗教性、さらに言えば〈霊性〉が不可欠である。が、そうした深い内面的変容は、これまでごく限られた宗教者、覚者、賢者たちにおいて実現されるにとどまり、また文化や宗教の枠に阻まれて、人類全体の進路を決める大きな潮流をなすには至っていない。

「コスモス・ライブラリー」の創設には、東西・新旧の知恵の書の紹介を通じて、失われた〈コスモス〉の自覚を回復したい、様々な英知の合流した大きな潮流の形成に寄与したいという切実な願いがこめられている。そのような思いの実現は、いうまでもなく心ある読者の幅広い支援なしにはありえない。来るべき世紀に向け、破壊と暗黒ではなく、英知と洞察と深い慈愛に満ちた世界が実現されることを願って、「コスモス・ライブラリー」は読者とともに歩み続けたい。